唯美四川
话说广元

张文敬 ◎ 著

世界知识出版社

图书在版编目（CIP）数据

唯美四川：话说广元/张文敬著 .— 北京：世界知识出版社，2021.12

ISBN 978-7-5012-6449-0

Ⅰ．①唯… Ⅱ．①张… Ⅲ．①广元 – 概况 Ⅳ．① K927.13

中国版本图书馆 CIP 数据核字（2021）第 234873 号

书　　　名	唯美四川：话说广元
	Weimei Sichuan：Huashuo Guangyuan
策　　　划	张兆晋　席亚兵
责 任 编 辑	苏灵芝
责 任 校 对	陈可望
责 任 印 制	王勇刚
封 面 设 计	张　乐
封 面 题 字	张昌余　大　可
出 版 发 行	世界知识出版社
地 址 邮 编	北京市东城区干面胡同51号（100010）
网　　　址	www.ishizhi.cn
电　　　话	010-65265923（发行）　010-85119023（邮购）
经　　　销	新华书店
印　　　刷	汇昌印刷（天津）有限公司
开 本 印 张	710毫米×1000毫米 16开 18印张
字　　　数	300千字
版 次 印 次	2021年12月第1版　2021年12月第1次印刷
标 准 书 号	ISBN 978-7-5012-6449-0
定　　　价	55.00元

版权所有　翻印必究

前　言

作为一名长期从事冰川科学研究的科技工作者，几十年来深入不毛之地进行科学考察、科学探险已成家常便饭。无论是被称为世界屋脊的青藏高原，还是极度寒冷的南北极，很多"生命禁区"都不止一次留下了我的足迹。随着综合国力的日益增强，我国的交通基本建设日新月异，我曾经考察过的国内很多荒僻之地现已成为旅游热点，过去的"世外桃源"变成了"网红打卡"之地。

随着年龄的增大，我这个科研战线上的"老兵"虽然不在科研一线"冲锋陷阵"了，但科普工作已成为延续自己科学生涯的不二选择。我想，将自己几十年来的科考经历、思考与总结留给后辈，多少也算是"泽被后世"的一点功德吧。如果我写下的这些用前辈们汗水、辛劳甚至宝贵的生命换来的文字能为后来者留下一些值得参考、借鉴的经验，成为他们前进路上的一块"垫脚石"，那也足以慰藉平生了。这也正是我从事科普创作的初心。

作为一名从四川走出去的科学工作者，我在写作"唯美四川"系列之前已发表过很多科考报告和科研论文，也出版过20多本科普图书，但因科研任务在身，系统介绍自己家乡的内容涉猎不多。退休后有了更多可以自由支配的时间，我也得以更深入地考察养育过自己的这块热土，去重新审视她的山山水水、一草一木、厚重的历史和独特的文化，并将其用文字记录下来出版发行，这也算是对家乡的一点回馈吧。如果因此对家乡的发展起到一定作用，让后辈更了解、热爱并更好地保护和建设这片大自然馈赠给我们的美丽家园，那么也算无愧家乡的滋养了。正是在这种想法的支配下，诞生了《唯美四川：米仓山（旺苍篇）》和《唯美四川：米仓山（巴中篇）》这两本介绍家乡的科普书。其后，介绍甘孜州海螺沟和凉山州螺髻山——那曾是我长期工作过的地方——的《唯美四川：海螺沟》和《唯美四川：螺髻山》也相继出版。

这四本科普书出版后的影响远远超出了我的预期：《唯美四川：海螺沟》被原国土资源部评为优秀科普图书，获得中国科普作家协会的优秀科普图书银奖，并且作为申报国家5A级旅游景区的重要材料上报当时的国家旅游局，促使海螺沟于2017年被评为国家5A级旅游景区；《唯美四川：米仓山（旺苍篇）》首次提出的"米仓山大峡谷"概念，在国务院公布的第9批国家级风景名胜区中被正式采纳，并以此对景区定名。这一切足以令我欣慰。

受广元市科学技术协会邀请，近年来我多次返回家乡，到广元市的各区县考察、调研并进行科普讲座，因此对广元的自然地理、山水形胜、人文历史有了更加深入的了解并被其深深地吸引。在与时任广元市委书记王菲、市长邹自景的一次交谈中，他们希望我能够再写一本全面介绍广元市的科普书。于是，我在原计划写作任务大致完成之后，趁新冠疫情期间少有人打扰之机，开始写作这本《唯美四川：话说广元》。

在撰写本书期间，我又多次踏足广元的崇山峻岭，收集资料、拍摄图片，进一步领略了家乡的自然与人文之美，屡屡为其惊叹。

希望本书的出版能为有"剑门蜀道，女皇故里，熊猫家园，红色广元"之称的广元市的经济和社会发展，尤其是生态文明、旅游文化、乡村振兴等领域的建设起到些许作用。也希望更多科研领域的同行者能与我为同道，将自己的专业科学知识用大家喜闻乐见的方式向广大群众普及、传播，因为我们的科普任务仍然任重道远。

目　录

广元，我的故乡	1
嘉陵江，广元人的母亲河	11
一瓢饮，我的家乡情结	17
日月当空照，千古皇泽寺	22
千佛崖，摩崖石窟南渐的重要"驿站"	38
广元窑，广元又一张金色名片	51
南河湿地，广元城的生态"肺"	54
来雁塔，巴金故居，大华纱厂和豫剧团	61
古香古色的昭化古城	71
辜家大院和广元的祠堂文化	89
朝天，也是古老温润珊瑚玉的故乡	94
明月峡中古栈道	107
曾家山，生态康养的福地	117
雪溪洞，赋值蜀道文化的喀斯特溶洞	133
剑阁剑门关，一夫当关，万夫莫开	140
剑门后山的照壁村	158
剑阁县的普安镇和下寺镇	168

剑门石斛"还魂草" ………………………………………… 179
元宝枫，又一个芬芳的优质生态产业 …………………… 182
苍溪，一个赋值谦虚美德的地方 ………………………… 189
苍溪雪梨，甜蜜的故事 …………………………………… 193
维C之王猕猴桃 …………………………………………… 199
西武当，川北道教圣地 …………………………………… 205
九龙山，苍溪野生猕猴桃原产地 ………………………… 210
青川，名副其实的绿水青山之地 ………………………… 213
阴平古道摩天岭 …………………………………………… 218
青川木牍，中国最早隶书的活化石 ……………………… 220
唐家河，大熊猫的又一个家园 …………………………… 227
唐家河的真假冰川 ………………………………………… 246
又闻香菇香 ………………………………………………… 249
旺苍，米仓山中的兴旺之地 ……………………………… 253
红城绿谷家乡美 …………………………………………… 257
后　　记 …………………………………………………… 276

广元标志建筑凤凰楼

旺苍七里峡

广元，我的故乡

20世纪80年代广元建市之后，我的家乡旺苍即隶属于广元市下辖的一个县，所以再论及家乡，那当然就是广元市了。如果再追根溯源，旺苍早在东周战国时期就与广元一样均属于蜀地的苴（jū）国管辖。不过那时的广元不叫广元，旺苍也不叫旺苍。历史上，"广旺"基本上不分家。据史料记载，早在公元前368年，旺苍所在的平州就属于苴国的一部分，苴国的国都就设在现在广元的昭化古城。自那之后，无论是后来的梁州还是利州，或者是再后来的广元，不管朝代如何更迭，旺苍几乎都没有脱离过广元行政区划的辐射范围。

秦国统一巴蜀之后，在原来的苴国范围设葭萌县，广元与旺苍均隶属葭萌县治。到了南北朝至隋唐五代之间，旺苍时而与广元为伍，时而又与巴中或者阆中同治，但是多数时间仍然与广元的关系更为密切（尤其是旺苍东河流域）。到了元代，设广元路，旺苍与广元"同路"。元世祖至元十四年（公元1277年），旺苍将原嘉川县的辖区归入广元路的绵谷县，治所就在现今的利州区老城（曾经的嘉陵镇）。到了明洪武廿二年（公元1389年），旺苍以原嘉川县的辖区正式成为广元县的一部分。

家乡或者故乡的概念是随着人生岁月的增长而有不同变化的。小时候对家乡的概念就是白天可以与玩伴出去上树掏鸟蛋、下河打水仗，晚上回家吃完饭后围炉而坐听大人讲家长里短或者鬼怪传说。于我而言，所知的地域范围就是自己出生的那个张家岭村。后来去了乡场上小学，范围有所扩大，但最多也就是一个乡的范围——五权乡（即现五权镇）。再后来，去县上上中学，去外省上大学，然后留在外地就业成家，家乡的概念就由出生的那个村，变成上小学的那个乡，再扩大为上初中、高中的那个县——四川省旺苍县。改革开放之后，广元建市，旺苍县划归广元市管辖，于是我的家乡理所当然地再一跃变成了广元市。

我的出生地五权镇，距旺苍县城大约50多千米，距广元市区大约110千米，是广元市最东面一个较大的乡镇。家乡有条河叫龙河，龙河一路南下大约12千米即流进了巴中市的南江县，与南江的河流汇合后被巴中人称为巴河。在交通不发达的年代，水路流域与一个地方的政治、经济、文化和历史变迁等有密切关系，比如中华文明最具代表性和影响力的黄河文化、长江文化都是以河流命名的。沿着这条河，无论为亲结姻，还是生活所需的贸易往来，以及地方方言，五权镇还是与近在咫尺的南江甚至巴中联系更多，所以我小时候耳濡目染中对巴中和南江的印象更为深刻，这也是我要为巴中写一本《唯美四川：米仓山（巴中篇）》的缘故。

由于行政从属的关系，我小学毕业后想上初中、高中就只能离开小小的五权镇而一路向西求学。我先是在五权小学上了一年的"戴帽初中"，然后再到西距家乡约30千米的普济镇上初二、初三，初中毕业后再考入西距家乡50多千米的旺苍县城读高中。那时正值20世纪60年代初经济困难时期，全县只有一个完全中学，而且高中只招收一个班，能够到县城读高中已经是百里挑一甚

旺苍红军城南凤寺

至千里挑一了，而高中毕业生在家乡就算是大知识分子了。每次寒暑假回家，老远就有人和我打招呼，而我总是羞羞答答的，并没有任何优越独特的感觉，乡亲们则更觉得我很有出息，将来是个可以做大事情的人。一些左邻右舍有了闲暇工夫就会找我问长问短，比如县城有多大、有几条街、人多到啥程度等等，不一而足。如果适逢生产队开会，队长就会先找来一张近几天才从乡上、区上转来的报纸，让我给大家选读那上面的文章。

米仓山秋景

在上高中的三年时间里，有同学会不时提到更远的广元县城。这些同学的老家大都在旺苍县城的西边，有几个同学还随同父母

五权茶园

去过广元县城。但对我这个老家在县域最东面的学生而言，广元则显得遥远而神秘，直到高中毕业后才有机会来到广元，一解心中对广元的神秘之感。

这个机会来自我要参加的全国大学统一考试。

那是1965年7月初，三年紧张而愉悦的高中生活结束了。由于毗邻的旺苍县、广元县和剑阁县都各只有一个高中班，都不具备单独设立高考考场的条件，所以四川省教育厅决定将我们这三个县的高考考场集中设在广元县的广元中学内。在广元中学附近还有一所中等师范学校，简称"广师"。我的好多小学老师和初中老师都毕业于广师。我也曾经梦想考入广师，毕业后当一名老师。但我初中毕业那年国家正处于三年自然灾害后的恢复调整巩固时期，广师不招生，我只能报考高中，所以"坏事"变成了好事，就有了此次参加高考的大好机会。

不过，当我从广元中学隔壁的广师大门口路过时，还是难免感到一些遗憾。

一辆从四川省运输公司37队（驻地广元）租来的解放牌大卡车载着我们在"广旺公路"的沙土路面上行驶了将近3个小时才抵达广元中学。那年7月的少雨天气加上学校宿舍的拥挤让我们酷热难当，好在广元县政府在仅有的条件下，尽量为我们做好服务，每日三餐的伙食自然比平时"油水"有加，中午和晚上的正餐至少有两个荤菜，不仅吃得饱而且还吃得好。让我记忆犹新的是，还能喝到可以消渴解暑的酸梅汤。同样记忆犹新的还有广元县一位姓李的县长在考试前为我们所做的"临战"动员讲话。在讲话中他鼓励大家放下包袱，全力以赴，考出好成绩，考上好大学，为家乡人民争气，为改变自己和家乡的现状努力并且作出贡献。他还宽解大家说，即使考不上也没啥关系，"毛主席和我不是也没有上过大学嘛。"

第一天第一场考试刚刚结束时，我听到一阵由远而近的长长的汽笛声——火车！当年的广旺铁路只通到旺苍的白水区，那里距离旺苍县城还有20多千米呢。所以一听到火车的汽笛声，我将正在演算复习题的钢笔往身上的白汗裙左

南河湿地

胸上口袋一插，就三步并作两步地朝着学校后面的山坡上奔去，但却只看到快速驶去的火车车尾，听到车轮撞击铁轨时发出的"哐当、哐当、哐当"声。这可是我平生第一次见火车啊！正在意犹未尽时，一位同学指着我的上衣口袋说："看你的衣服啊！"我低头一看，糟糕！因为急着跑出去看火车，竟然忘记将笔帽套在笔管上，白白的对襟大褂的左胸处一大片都被溢出的墨水染成了蓝黑色。好在还穿着一件贴身的跨栏背心。我急忙跑回临时宿舍驻地，找来洗脸盆，在凉水里加上几滴蓝墨水搅匀，脱下衣服浸入水中，在污染处反复搓揉，再经过两次清洗后拧干，晾在室外的晾衣绳上。夏天气温高，十几分钟后衣服就干了，我穿着如新的衣服回到了教室。有眼尖的同学问我："张文敬，你家富裕啊，白衬衣都是两件两件的哦！"其实他们哪里知道，我是利用了化学老师讲过的原理：当一些化学成分处于离子状态时，彼此之间有"同类相吸"的吸附效应。衣服被蓝墨水浸染后，趁着还没有完全凝固将其泡进同样掺入蓝墨水的水中，衣服上的污染物就会被水中的同类物质吸附溶入水中……

衣服洗干净了，火车也看到了，我怀着更加愉悦的心情继续投入到紧张的复习和考试中。

三天的高考结束后，除了有些后怕心爱的白汗褂差点被染脏外——庆幸我的化学知识被我活学活用了——我的心情很平静，因为在一些同学们场下对题时，我实在不记得自己有什么试题答得不对呢。

在到广元参加高考临行前，哥哥托人给我带了15元钱，这是我从小学到高中毕业拿到手最多的一次钱。须知，那

旺苍红军城牌楼

米仓山瀑布与潭池

时高中生每月的伙食费只有3元人民币哦。除了上交此次高考所有的费用外，似乎还有几元钱的结余。

我从小就有一颗好奇之心。考完试后的第一个想法就是去广元县城看看。那时的广元中学位于广元老城的郊区，也就是现在的东坝。一条同样是低等级的土石公路可以一直通向西面嘉陵江岸边的老县城。一路上蝉鸣风静，天气闷热，口渴难耐。在快到江边的魁星楼附近，我看到一个卖瓜的农民，就用5分钱买了一个碗大的西瓜。这是我平生第一次看到西瓜，也是第一次吃到西瓜。街道两旁都是青瓦盖顶穿斗木结构的房屋，临街一侧几乎都开着经商的铺面，街道上的行人比老家五权镇多得多，比旺苍县城也要多。听老师讲过，广元的千佛崖和供奉武则天的皇泽寺很著名，就找人打听。有人说，不远，也就二里多点儿；有人却说千佛崖在嘉陵江上游几十里（那时许多人没有准确的距离概念），显然去不了。站在嘉陵江边倒是可以看到南面山丘上的来雁塔和斜对面的皇泽寺，那时一般的县城都没有公交

广元嘉陵江南岸的来雁塔

车，虽然看起来近在咫尺，可是有嘉陵江水的阻隔，无论是去来雁塔还是皇泽寺，没有一天半天的时间是回不到广元中学的。带队老师通知说下午要组织大家参观位于市中心的大华纱厂，我只好原路返回。在一家副食店，我花5角钱买了一包水果糖，在回去的路上见到三三两两的考生同学，都有糖果散发，见者有份。有心的同学都猜我这次高考成绩一定不错，要不怎么会提前散发"喜糖"呢？

那天下午，我们去参观了据说是创建于抗日战争初期的大华纱厂。广元大华纱厂位于老城东南的凤凰山下，为了防止日本人的飞机轰炸，主厂房都建在凤凰山的山洞中。在参观时记得厂方负责人介绍说，大华纱厂在抗日战争初期

由陕西咸阳的大华纱厂迁来,目的就是保障军需品棉纱的供应。据说当时国民政府领导人蒋介石的夫人宋美龄还有股份呢。

如今,广元市的标志性建筑凤凰楼就坐落在大华纱厂背后的凤凰山上。

广元地处山区,纱厂靠山隐蔽,那时的川陕公路已然打通,是抗战物资运输的大通道,无论出川到前方还是南下成都重庆大后方,广元都是通衢要冲之地。

回家不久,我就收到了录取通知书——我被兰州大学录取了,这可是我填报的全国重点大学的第一志愿啊!记得去邮政所领取通知书时,那位平时很熟悉的工作人员(记得叫周兰芳)硬要我去刻一枚私章,说这是从省城成都寄来的挂号信,必须要本人凭借私人名章才能签字盖章取走。那天五权老街逢场(乡

隔江远眺皇泽寺

村的赶集日），正好有刻章的手艺人从外乡来赶场营业。来赶场的四姐就给了我1角钱，几分钟后，我拿着新刻的私章来到邮政所。周兰芳笑个不停，原来她是在和我开玩笑呢，哪里是让我真的去花钱刻章呢。那时的物价低，肉包子2分钱1个，1角钱可以买5个呢。哎，这玩笑开到我这个还没有出茅庐而且不谙世事的学生身上，只有认了。这枚小小的私章一直被我保存到现在，已经大半个世纪了。

一个多月后，我怀揣兰州大学的录取通知书，离开家乡五权镇。在到达广元下西坝火车站即将乘坐火车北上远赴大西北的时刻，心中油然生出一种依依不舍的情结：再见，广元！再见，我的家乡！

广元地处四川省北部要冲，位于北纬31°31′~32°56′，东经104°36′~106°45′，北与甘肃省陇南市的武都区、文县，陕西省汉中市的宁强县、南郑区交界；南与南充市的南部县、阆中市为邻；西与绵阳市的平武县、江油市、梓潼县相连；东与巴中市的南江县、巴州区接壤。辖区面积16314平方千米。

据《广元县志》记载，广元有大约2300多年的建制历史。在东周战国时代为苴国所治（广元市利州区现有一条苴国路算是后人对于历史的怀念吧），治所就在现今的昭化古城。公元前316年，秦始皇派兵先后占领了包括苴国在内的巴国和蜀国，在原广元县一带设置葭萌县，治所仍在昭化。到了西魏时期的公元554年改称利州。利州的称谓一直沿用到元朝初叶，蒙古人为了巩固对西南疆域的统治，将利州更名为广元，以示"广我元路"之意，并且将原来设置在陕西咸阳的川陕行中书省治所移至广元。自此，广元的名称历经元、明、清、民国，直到现在变成广元市。

在中华人民共和国成立之初的1950年，广元曾经一度归属川北行政公署（治所在南充市）下辖的剑阁专署，广元为县级行政单位。1952年8月7日，中央人民政府决定撤销包括川北行政公署在内的4个行政公署（其他为川南行政公署，川西行政公署和川东行政公署）。剑阁专署延长至1953年1月，变更为广元专署，直接隶属于四川省政府管辖。仅仅2个月后的1953年3月，广元专署改为广元专区，随即并入绵阳专区（后于1968年改为绵阳地区）。1959年，昭化县并入广元县，原昭化县降为昭化区。

1985年2月，经国务院批准，撤销绵阳地区，将原绵阳所辖的区域分置为绵阳、遂宁和广元三个省辖地级市。原广元县改为市中区，原属于绵阳地区的青川县、旺苍县和剑阁县划归广元市管辖。同年9月，将原属于南充地区的苍溪县划归广元市。1989年5月，元坝和朝天从原广元市中区分离出来，设立为元坝区和朝天区。2007年3月，广元市中区更名为利州区。2013年4月，元坝区更名为昭化区。至于将市中区更名为利州区，是为了突出广元在历史上曾经被冠名为利州的时间长达近千年，而且中国唯一的女皇帝武则天的出生地就在广元，即那时的利州！而将元坝区更名为昭化区，也是为了彰显昭化古城在几千年前曾经是胤国和苴国的都城，且昭化古城也是我国目前保护的最好的古镇之一，具有相当高的知名度。

就我所知，在我国带有广字头的地方名称有六处：广东、广西均为省名；广州是广东省的省会；在四川从

广元千佛崖

南到北先后有广元、广汉和广安三个城市，广元和广安为地级市，广汉为县级市。

由于众所周知的原因，广安市的名气在当今的中国那是家喻户晓，以至于许多次有人问及我的家乡在哪里，我说是广元，对方马上就会以赞美和羡慕的口气说道，啊，小平同志的故乡啊！——他们将广元误听成广安啦。

广安名称的来历与广元大同小异。有记载说，宋太祖开宝二年（公元969年），在渠江县（现达州渠县）的浓洄镇置军，称之为广安军，有广疆土安社稷之意。浓洄镇就是现在的广安市政府所在地。

广汉市距离成都市中心不过25千米，是一个县级市。可是在公元前201年的西汉最初设广汉郡时，它的级别和管辖的地域并不亚于广元和广安，而且以广字命名的时间也远远早于广元和广安两地。据《前汉·地理志》载，汉高祖六年（公元前201年）将蜀郡（成都）以东甚至巴郡一些地方划归广汉郡管辖，其范围后来甚至可以北至广元和陕西省宁强以及甘肃省文县一带，东南可及遂宁、潼南甚至重庆一带。

广安因为诞生了改革开放的总设计师邓小平而闻名天下，广汉却由于与成都毗邻，往日的光辉逐渐式微且已经被国际大都会成都所熔断，成为成都的一个小小的县级卫星城。

广元不仅因为唐代的武则天而有人杰地灵的历史文化优势，且还具有川陕甘通衢地带的地理区位优势，以及川陕革命根据地老区的红色文化优势，相信未来会有越来越多的人像知道广东、广西、广州和广安一样知晓我的家乡——广元！

嘉陵江，广元人的母亲河

常言道，一方水土养一方人。说到广元，不禁想到《三国演义》中张飞大战马超的古战场——就在广元昭化古城附近的葭萌关，同时还会想到《诗经·秦风》中那首著名的诗歌《蒹葭》：

> 蒹葭苍苍，白露为霜。
> 所谓伊人，在水一方。
> 溯洄从之，道阻且长。
> 溯游从之，宛在水中央。
>
> 蒹葭萋萋，白露未晞。
> 所谓伊人，在水之湄。
> 溯洄从之，道阻且跻。
> 溯游从之，宛在水中坻。
>
> 蒹葭采采，白露未已。
> 所谓伊人，在水之涘。
> 溯洄从之，道阻且右。
> 溯游从之，宛在水中沚。

葭萌关位于广元昭化古城东南。蒹葭是芦苇的古称，顾名思义，"葭"是指这里生长的名为蒹葭的芦苇植物，"萌"就是这些蒹葭植物生长得非常茂盛。古代广元、昭化一带濒临嘉陵江的河流阶地上，土地肥美、水分充足、气候适宜，自然就是植被葱茏、水草繁茂的地方，加上那在水一方的"伊人"们（昭化、广元人），令我总是觉得，那位"蒹葭"诗的作者似乎来过广元，《蒹葭》中描述的好像就是我们广元和广元的嘉陵江流域的自然人文景色。

流经广元全境的嘉陵江不仅孕育了苍苍渺渺、浩荡连绵的蒹葭芦苇,还养育繁衍了世世代代优秀的广元儿女,嘉陵江是广元人名副其实的母亲河。嘉陵江是长江最主要的支流,广元市是它进入四川境内第一个流经全境的地域。无论广元本身还是广元市所辖的所有县区,都处于嘉陵江水系的全覆盖之中。

嘉陵江上游有两条主要的支流,西支流的白龙江和东支流的嘉陵江(与主流同名)。白龙江和嘉陵江在广元的昭化古城附近合流再与东支流合称为嘉陵江,然后有从旺苍县流来的东河水在流经苍溪县东部后于阆中东南汇入嘉陵江,一路南下在重庆合江市又有渠江与涪江汇入,再在重庆的朝天门汇入长江,全长约1345千米(也有资料为1245千米或1250千米)。主干流域面积为3.92万平方千米,全流域面积16万平方千米。流域海拔最高处为4070米,在广元境内最高海拔位于青川县唐家河自然保护区摩天岭附近的大草坪,为3837米。

嘉陵江到底发源于何处?这一直是我这个广元人非常关心的事情,尤其是

嘉陵江岸边生长的蒹葭草(对岸建筑为皇泽寺)

我还是个地地道道的地理人呢。

传统上认为，广元昭化古城以上的东支流的嘉陵江才是嘉陵江的主源或者正源。而东支流的上源又在秦岭的略阳附近一分为二，西支流称为西汉水，发源于甘肃省天水市秦州区齐寿乡境内的齐寿山。在略阳分开的东支流的上源又叫作东峪河，源于陕西省凤县秦岭主山脊海拔2598米的代王山南侧的大凤沟—大南沟（东经103°26'59"，北纬33°5'38"）。事实上，以前嘉陵江在陕西省境内的河段并不叫"嘉陵江"而是称为"古道河"，进入四川省境内才叫"嘉陵江"。

据《水经注·卷廿·漾水丹水》记载，"汉水南入嘉陵道而为嘉陵水"。此处的汉水即为西汉水，"嘉陵道"应为略阳以下的嘉陵江河段。可见古人也只是将四川省境内的嘉陵江称为嘉陵江，略阳以上的河段分别称为西汉水和东峪河。2011年10月，长江水利委员会正式确认，发源于陕西省凤县境内大散关附近的秦岭主山脊海拔2598米的代王山下的东峪河源头为嘉陵江的正源。

不过在地理学界，近年又有许多学者认为嘉陵江的正源或者主源应该是位于白龙江上游的若尔盖草原郎木寺镇以西大约7.5千米处的曲儿哈登钙化泉水群，而非天水市秦州区的齐寿山或者陕西省凤县大散关附近的代王山下的东峪河源。

著名的九寨沟流水的最后归宿也是嘉陵江的西支流白龙江。水流归入白龙

嘉陵江晚霞

广元嘉陵江明月峡

江—嘉陵江的还有著名的甘肃省腊子口河。

众所周知,九寨沟是我国第一个以保护自然风景为主要目的的自然保护区,也是入选《世界遗产名录》和"人与生物圈计划"世界生物圈保护区网络的著名风景名胜区。其中的诺日朗瀑布是目前中国已知的最宽的天然瀑布。

你看,这九寨沟的美也与我们广元相关呢。

腊子口则是中国工农红军当年长征途中经过的一处非常著名,也是最后一道天险关隘,是"腊子口战役"的遗址纪念地。1966年11月2日,我和兰州大学地质地理系共11位师生开始徒步"长征",从兰州出发,最后的目的地是贵州遵义。11月7日我们抵达腊子口,一睹了"一夫当关,万夫莫开"的险峻地形地势,凭吊了当年攻坚克难的革命英烈,同时也从地理学专业的角度发问:腊子口的一注清流最后会流向哪里?当我们一路顺沟南下走到白龙江岸时,高兴得差点跳起来——原来这也是我们广元人的母亲河嘉陵江的源流之一呀!

在广元市科协的特别邀请下,我有幸出任市科协科学顾问。作为发起人之一,在市科协的支持下,参与创建成立了广元市科普作家协会和广元市科学探险协会。为了弄清楚我们的母亲河到底发源于何处，在广元市科协支持下，广元市科学探险协会于2019年专门立项"广元人的母亲河——嘉陵江源头科学探险考察"。该项目还邀请了我国著名的地理学家担纲出任科学顾问一同前往探险考察。但是由于2019年广元市扶贫攻坚任务艰巨以及受2020年春季新冠疫情等影响，此考察项目不得不无限期推迟。相信通过该项目的实施，嘉陵江的真正源头一定会得到一个经得起历史和科学考验的正确结论！

白龙江在广元市青川县的姚渡镇西南面进入广元境内，嘉陵江从朝天区的茅坪村以北约5千米处进入广元境内，两者在昭化区的昭化镇东北汇流，成为嘉陵江的主干河流，之后在苍溪县的举台村以南约4千米处流入阆中市。

被誉为"川北第一楼"的广元凤凰楼

在广元境内，除了嘉陵江和白龙江外，属于嘉陵江水系的主要支流还有从青川县大草坪一路流来的下寺河以及从米仓山中流出并且流经旺苍县和苍溪县的东河。

发源于青川县唐家河大草坪的下寺河在昭化区宝轮镇东大约5千米处汇入白龙江。

东河的东支流源自巴中市南江县上两区戴家河坝，在南江县光雾山景区的槐树乡以西4千米的处进入旺苍县境内；东河的西支流源自陕西省汉中市南郑区黎坪镇七眼泉，在旺苍县万家乡与陕西省宁强县毛坝河镇之间的麻线滩一带进入旺苍县境内。东河纵贯旺苍县和苍溪县，最后在苍溪县云峰镇金石村东南3千米左右流入阆中市地域，在阆中市的文成镇以南汇入嘉陵江。

包括人类在内的动物全身布满了血管，每种植物也从上到下长满了维管叶

东河立溪长湖

脉。这些构造维系着生物的发育生长，有的主管营养输送，有的负责新陈代谢。其实，地球上的河流水溪就与生物身上的血管叶脉一样，因为有了这些灵动的液态动力，才让我们的家园变得千姿百态、情趣盎然。

我们的母亲河嘉陵江及其大大小小的支流小溪，无论从青藏高原一路走来还是从秦岭不期而至，抑或来自米仓山的千山万壑中，它们总是义无反顾、源源不断地给我们提供水源和动力，滋育着这片广袤的森林植被，浇灌着这一方起伏的良田沃土。它们在高的地方下切成为峡谷，在低的地方堆积、堵塞形成滩涂、阶地、河湾和湖泊；在险峻的地段造就了高山瀑布，在瀑布溅蚀处形成锅穴潭池；在水域顺畅宽阔处，可以扬帆起航驶向远方，在水域狭窄急流处，又可高坝围湖，发电、调蓄。进入广元境内后，嘉陵江水系就与世世代代的广元人血肉相连、荣辱与共，成为驱动广元生态环境优化演替、历史进程有序进步、经济社会健康发展的大动脉。

一瓢饮，我的家乡情结

提到家乡，总会想起唐代著名诗人贺知章的两首《回乡偶书》：

（一）

少小离家老大回，乡音无改鬓毛衰。

儿童相见不相识，笑问客从何处来。

（二）

离别家乡岁月多，近来人事半消磨。

唯有门前镜湖水，春风不改旧时波。

在中国古代，交通条件极为落后、信息交流不畅的状态下，一旦离别家乡去外地做事，几十年之后仍然能够乡音不改、不忘故土，确非易事；不似现在，有的人出去几个月回到家乡便是南腔北调，一口的"椒盐普通话"，也许自己都不明白说的是啥意思了。不过可以理解，信息社会了，随行就市，适应环境很有必要。在古代，即便离乡几十年，估计家乡的环境也不会改变多少，所以"春风不改旧时波"倒是可以想象的。而以现在的社会发展速度，离乡几十年后的家乡面貌，如果贺知章先生有知的话，一定不会再用"春风不改旧时波"来形容那"门前镜湖水"了。

从兰州大学毕业后，我被分配到中国科学院这个中国科学研究的"国家队"，从事地理、冰川与环境研究，成为一只没有夏天的研究"冷"的冷门科学的"候鸟"。每年春末夏初，正当人们短袖花裙跃跃欲试准备迎接铺天盖地的阳光时，我和我的同伴就要反其道而行之，背负厚厚的鸭绒行囊，不是去青藏高原就是奔赴南极或者北极。那时的我，偶尔也会回家探亲看望父母亲人，不是冬季休假，就是在去冰川的途中借道几日顺意而为罢了。那时即便冬季回到单位，也是紧张地进行

旺苍县图书馆"张文敬科普阅览室"揭牌

室内总结、撰写考察报告和论文,再就是为自己这只"候鸟"飞抵下一个目的地做准备工作。不过,我在内心深处对于家乡的发展变化还是非常关注在意的,比如知道广元1985年建市了,广元集资建机场了,广元成为全国的卫生城市了。大概30多年前,突然有人写信告诉我,我的名字和"事迹"被写进《旺苍县志》了……

人啊,对于家乡的情结往往就是"弱水三千,只取一瓢饮",而家乡却一直在挂念着我们这些在外的游子。

退休后的心心念念中,我总觉得自己的乡情未了,总觉得应该趁着夕阳的霞光灿烂,多回家乡走走看看。

2007年国庆节后不久,《中国国家地理》杂志社的朋友邀请我为光雾山红叶的生态地理景观写一篇科普散文,这真是事随人愿啊。于是,我怀揣着考察青藏高原和探险南极、北极那样的决心,回到家乡,走进米仓山。只见山里的每座山峰、每条沟壑,甚至每棵水青冈树,好像都向我伸出了热情的双手,敞开了温馨的胸怀。几天考察下来,我的激情未已,于是又到了旺苍东河流域的龙潭子,后来又到了七里峡鼓城山、云雾山，以至于米仓山从西到东整个一脉山系，来来回回进出多达十余次。随后，我不仅完成了刊登在《中国国家地理》杂志上的那篇《米仓山，历史年轮中的惊艳》的科普散文，还先后撰写了《唯美四川：米仓山（旺苍篇）》和《唯美四川：米仓山（巴中篇）》两部原创科普书。在《米仓山，历史年轮中的惊艳》一文里，我科学地论证了米仓山以及广元菖溪河等地美丽的负地形坑状地貌——它们并非像某些跨界者宣称的那样是所谓"冰川遗迹"，而是一种在山体间断抬升，流水下切漩蚀过程中形成的一种典型的壶穴和浪蚀瘢痕地貌。同时，我还指出，壶穴地貌本身就是集科研、科普、教学实习和游览观

米仓山十八龙潭

光雾山十八月潭

光等为一身的景观体，其赋值才是真金白银，并且发出了"我本巴山夜明珠，何苦借光桐油灯"的感慨。在《唯美四川：米仓山（旺苍篇）》中更是第一次提出了"米仓山大峡谷"概念，此概念为后来国务院公布的第九批国家级风景名胜区"米仓山大峡谷"所正式冠名认定。同时在书中还将龙潭子地貌景观定位为"十八龙潭"，以与著名的光雾山下"十八月潭"东西遥相对应。

家乡的情结很难了却。广元市还有那么多的地方啊，四县三区，历史上的苴国、巴人文化，三国文化，古蜀道文化……近代的红军文化，还有著名的旅游景区。据说，广元市的国家级旅游景区总数竟然位居四川省第二位呢。

在广元市科协的支持下，广元市科普作家协会于2014年顺利挂牌成立，后来又成立了广元市科学探险协会，我有幸均被遴选为两个协会的首任会长。与此同时，我还被广元市科协聘任为科学顾问，先后被旺苍县评选为2017年首届十大历史文化名人，被广元市科协推荐评为2017年度感动广元十大人物和2019年度广元市十大最美科学工作者。

荣誉越多，越是责任在肩，我下决心要为广元再写一部科普图书。

每次去广元开会出差，无论是广元市科普作家协会的活动还是广元市科学探险协会的活动，我都注意收集相关资料和图片，身临其境感受沧海桑田的地质地理现象，激发对林林总总景观地貌的进行科学诠释的激情，记录各种各样生态环境的变化状态。我本来准备在2020年伊始去广元再做一些野外考察调研后就动笔开始创作，可是一场突如其来的新冠肺炎疫情不期而至，除了领命逆行的医务人员奋不顾身地战斗在抗疫第一线，像我这样的退休人员能做的最大贡献就是"宅心仁厚"地居家。我每天关心湖北、武汉、成都的疫情，当然也非常关心家乡广元的疫情，心情一直非常沉重，沉重到想哭！好在广元市全境的疫情控制得非常成功，属于四川省最早疑似病例清零、确诊病例清零的地区。四川省在经历近两个月的抗疫狙击战后，本土新增疑似病例清零，本土确诊病例清零，形势越来越好，我的心情也随之变得好多啦。于是，我就在现有的资料基础上，开始了《唯美四川：话说广元》的创作。

就在动笔的第五天，中国科学院成都山地灾害与环境研究所科普处张宁女士来电话说，中国科学院南京地理与湖泊研究所在科学院申报成功了一个"天地生主题系

米仓山东河盐井峡谷

作者在"张文敬科普阅览室"首开式上

列科普丛书"项目,想请我加盟。我回答说,愿意将这部"现在进行时"的《唯美四川:话说广元》纳入该丛书的写作计划。

机会总是留给那些有准备的人的,这话千真万确,我信。

看来,不是我决定要不要开始写作的问题,而是形势逼人,箭在弦上,开弓就不可能有回头箭啦!

日月当空照，千古皇泽寺

每当有人问及我的家乡，一旦明白将广元误会成了小平同志的故乡广安后，一般还会继续问道，那广元都有哪些好玩好看的文化古迹与风景名胜呀？我此时会脱口而出说道：皇泽寺，那是武则天的真容金身像供奉地呀。

走进皇泽寺大门，首先映入眼帘的就是由现代著名国学家郭沫若亲笔题写的"广元皇泽寺"大石碑，立即令人产生景仰之情。

由家乡友人告诉我，皇泽寺是武则天去世后，她的一位贴身侍女回到她的出生地广元为她修建的祭祀家庙。也有传说讲，则天皇帝去世后，她的侍女回到广元皇泽寺为她落发为尼，看守家庙。虽然这只是传说，但也说明广元人对这位从自己家乡走出去的，中国历史上的唯一女皇帝是非常引以为傲，极其推崇和爱戴的。

武则天出生于嘉陵江畔的广元（古称利州）。她的父亲武士彟（yuē）祖籍并州文水（现山西省文水县）。史说武士彟早年靠经营木材发迹，后结交当时默默无闻的李渊，并对其大力资助。隋朝末年，武士彟随李渊太原起兵，为建立大唐做出了很大贡献，成为唐朝14位开国元勋之一。

唐高祖武德三年（公元620年），武士彟曾任三品工部尚书。武德八年（公元625年），他外放扬州任检校大都督府长史。武德九年（公元626年）六月初四，李世民通过玄武门兵变取得皇位，将原来唐高祖的旧臣几乎全部换掉，好在武士彟仅仅官居三品，又在外放任上，没有受到牵连。唐太宗贞观元年（公元627年），他被派往利州任都督一职。贞观五年（公元631年）十二月，调任荆州都督。贞观九年（公元635年）五月，太上皇李渊驾崩。在荆州都督任上的武士彟得知消息，悲痛成疾，医治无效而逝世，享年59岁。

有史料说武则天出生在武士彟到任利州都督的第二年，即贞观二年（公元

日月当空照，千古皇泽寺

广元皇泽寺大佛楼

628年）的正月廿三日，小名叫武约，字明空。武则天当了皇帝之后发明18个新字，比如"埊"（dì，同"地"）和"圀"（guó，同"国"）等。其中最著名的就是将明空二字上下叠加成为"曌"（zhào，同"照"），武明空是武则天当皇

皇泽寺大佛楼弥勒佛观音菩萨和大势至菩萨等造像

帝之前的名字，武瞾则是她当了皇帝之后的名字，也有武则天自诩为日月当空照的寓意。

传说武士彟与夫人杨氏常常泛舟夜游夜宿嘉陵江的黑龙潭（即皇泽寺前的水域）上。一日天黑入睡后，杨氏获梦与神龙交合，醒后一轮太阳（金轮）正从江水中冉冉升起，自此怀孕后生一女，就是后来的武则天。这就是历史上著名的"感孕金轮"的传说，黑龙潭也被称为"感孕金轮所"。公元690年，武则天称帝，改元为周，为了感念自己的出生地，又加封自己为金轮圣神皇帝。

武则天是其父在利州任上与续弦夫人杨氏所生的第二个女儿。武则天不仅人长得漂亮，而且从小聪明伶俐才气过人，在14岁那年（贞观十一年即公元637年），被选秀进宫成为一名唐太宗后宫的五品才人，赐号武媚。后来唐高宗李治继位，先将她由才人提升为昭仪，后（公元655年）取王皇后而代之被封为皇后。永淳二年（公元683年）高宗驾崩，太子李显继位，武则天先是垂帘听政，不久废李显立李旦为帝，继续临朝问政。载初元年（公元690年），废李旦，自立为帝，改国号为周，自此亲自秉政。神龙元年（公元705年），还政李氏大唐，

皇泽寺弥勒佛传说为武则天前世佛

皇泽寺大佛皮肤仿佛吹弹可破

废帝李显复位，尊其为"则天大圣皇帝"。是年冬月（十一月）廿六日，武则天去世，时年83岁，为中国封建社会最为长寿的皇帝之一。

顺便在此多添几笔：如果武则天在贞观十一年（公元637年）进宫确为信史的话，倒数14年，那么，武则天的出生年份就不是628年，而是624年（按虚岁年龄算起）或者是623年，可是那时武士彟还未到广元赴任呢。如果武则天628年出生在广元，那么，她就不是13岁或者14岁进京，而是10岁前后进的长安。

郭沫若在他的论文《武则天生在广元的依据》中毋庸置疑地断定武则天出生在广元。他的主要依据之一，就是唐代著名诗人李商隐在公元851年（唐宣宗大中五年）赴梓州上任幕职途经广元江潭（即黑龙潭）时感念于武则天的出生地在此所做的一首七言律诗《利州江潭作（感孕金轮所）》：

神剑飞来不易销,碧潭珍重驻兰桡。

自携明月移灯疾,欲就行云散锦遥。

河伯轩窗通贝阙,水宫帷箔卷冰绡。

他时燕脯无人寄,雨满空城蕙叶雕。

诗中的神剑暗喻武则天,碧潭就是皇泽寺前的黑龙潭,兰桡当指武士彟夫妇当年住宿过的舟船,"欲就行云散锦遥"则是说杨氏与神龙交合感孕之事⋯⋯

可是按照前文的时间推算,那时的武士彟还没有来利州上任呢。换句话说,要是果真如此,武则天的出生地就不是广元,而只能是陕西长安了。此处愿为后来者留白,有意者可以就此问题进行深入探讨。但无论如何,武则天的童年是在广元度过的。

郭沫若曾向周恩来总理提出,对位于陕西省乾县的武则天陵墓乾陵进行考古发掘。由于种种原因,郭老的心愿未能实现。我想,郭老何尝不知道,包括武则天的出生年代和出生地在内的许多历史谜底也许就在埋在乾陵之下呢!

站在广元老城临江芦苇步道上向嘉陵江对岸望去,古生代形成的海相沉积的砂岩岩壁在如黛的林木掩映下,尽显沧海桑田地质变化的悠久历史。在那砂岩山体的腰身以下,就是著名的皇泽寺,那山就是乌龙山。

信史记载,皇泽寺原名为"乌奴寺",也被称为"川主庙"。后来因为出生广元的武则天当了皇帝,而且武则天也不时施以钱财资助该寺庙的维护修缮,所以就将寺庙名改为皇泽寺,即"皇恩浩荡,泽被故里"的意思。

川主寺(庙)是为供后人缅

郭沫若题写的"广元皇泽寺"碑铭

100多年前的广元皇泽寺

怀战国时期治水英雄李冰父子的祭祀庙。历史上,这种寺庙曾遍布巴蜀各州县,有方志记载的便超过500处。现今最负盛名的是位于岷江源头四川阿坝州松潘县境内川主寺镇上的川主寺了。此寺不仅规模宏大,而且曾经是中国工农红军北上抗日经过和驻扎过的地方,也是著名景区九寨沟、黄龙和松潘交界连接之地。在20世纪80年代,那里只有一座孤零零的寺庙,后来由于旅游业的兴盛,此处聚集的人口越来越多,目前已经成为一个旅游业非常发达的集镇。

  四川盆地周围多山而且多高山,在来自孟加拉湾的西南季风和来自我国东南沿海的东南季风的气流与盆地本身的对流气候影响下,不仅盆地湿润多雨,而且山区更是多暴雨。暴雨形成的洪水、滑坡和泥石流等自然灾害往往会给流域内尤其是下游的人民群众的生产、生活甚至生命财产带来特别严重的影响。四川自古就有"洪水朝天"的传说,那应该是我们先民对史前洪水灾害的历史记忆。自从李冰父子将岷江出山口即灌口的水利工程都江堰修好后,四川盆地尤其是成都平原自此基本上水旱无虞。为了纪念和感恩李冰父子的治水历史功勋,也为了保

广元皇泽寺武则天家庙

佑一方百姓不再受自然灾害尤其是水患的侵扰，秦汉以后的川主寺（庙）犹如雨后春笋般纷纷建立在有河流经过的要津处。嘉陵江畔广元皇泽寺所在的原川主庙就是其中之一。

进得依山而建的皇泽寺大门，瞻仰了郭沫若的碑题后，映入眼帘的就是二圣殿。二圣殿是专门供奉唐朝二位皇帝唐高宗李治和武则天的大殿。在大殿的正中，一左一右供奉着他们的塑像。

贞观廿三年（公元649年），李治即皇帝大位。由于早在太子位时，李治就私下与这位才人相好，登基后顾忌一些大臣反对，缠绵了6年之后，于永徽六年（公元655年）终于废除王姓皇后，改立武氏为后。

则天殿位于二圣殿后，始建于唐，是为皇泽寺主殿，历史上又称武后真容殿。在大殿正中，竖立着一尊国内唯一的一座武则天真容石雕坐像，像高1.8米。据说为武则天在位时亲自命人雕刻而立，距今已有1300多年历史了。

在大殿两侧，还分别伺立着唐高宗和武周时期的九位著名大臣塑像，分别是李绩（徐茂功）、李义府、魏元忠、李昭德、狄仁杰、娄师德、张柬之、来俊

皇泽寺武则天家庙武则天父母像

臣和上官婉儿。

上官婉儿也是来过四川广元地区的。

嗣圣元年（公元684年），武则天派上官婉儿从长安出发沿米仓道走木门道（今旺苍普济镇到木门镇之间小路），准备前往贬谪为庶人的章怀太子李贤流放地巴中，查看李贤的行为有无继续谋反迹象。当上官婉儿来到木门镇时，有消息说，李贤已经被酷吏左金吾卫将军丘神绩逼令自尽。上官婉儿在木门寺驿馆外闻之悲痛不已，雨水和泪水打湿了手中的书卷都浑然不觉……为此上官婉儿在木门古道途中写下了一首深切怀念废太子李贤的诗《由巴南赴静州》：

米仓青青米仓碧，残阳如诉亦如泣。

瓜藤绵楚瓜潮落，不似从前在芳时。

皇泽寺武则天像

如今木门镇的木门寺附近仍有上官婉儿的晒书石遗迹。唐代的静州治所即今旺苍县普济镇大营坝，也是古木门道的出入之地。

武则天真容石刻雕像曾经于1949年被人从供奉的香案上推倒断裂成两段而"身首异处"，致使颈部石质缺失1.5厘米，1950年由广元人民政府出资找匠师修复。1993年泰国华人苟寿生先生捐赠800克金箔为其重塑金身后，这方则天皇帝的坐像仪态更显雍容华贵、端庄慈祥。不过还是岁月不饶人，这位操劳一生的武周皇帝已经明显老相了。在大殿的南侧墙壁上还竖立着一尊武则天的画像石刻碑，相传为民国时期有人按照明朝陈鸿恩著《无双传》中的"金轮遗像"模样所作。别说，这石刻画像与石刻雕像还真的有许多神似呢。

殿内还陈列有一方"广政碑"和一方"升仙太子碑"。此外，还有担任过国家名誉主席的宋庆龄先生于1963年为皇泽寺的题词："武则天是中国历史上唯一的女皇帝，封建时代杰出的女政治家。"

在皇泽寺进大门后的南面依次是写《心经》洞、武氏家庙和鼓楼；北面是凤阁和钟楼。

武氏家庙是为纪念武士彟而建的祭祀殿。据说武士彟在利州都督任上，"招辑叛亡，抚循老弱，为官清廉，政绩卓越，颇得百姓爱戴……特建庙以纪之"。这些所谓的政绩，历史上虽然未有任何文献记载，倒也是一个地方官应该具备的基本品质。不过父以女贵，女儿当了皇帝，都是家族的荣耀、父母的骄傲，说几句称赞父亲的溢美之词并不为过，这也是中国历代封建特色文化的体现吧。

在武氏家庙内供有这位女皇的全家塑像。中间供奉的是武士彟都督与武则天生母杨氏像，右侧还有武士彟原配相里氏和武则天两位哥哥武元庆和武元爽的塑像，左侧除了武则天，还有武则天的姐姐杨顺（字明则）和妹妹（名字不详，嫁给郭孝慎为妻）的塑像。

到了皇泽寺，"写《心经》洞"一定要去看看的，因为那是大书法家颜真卿任利州刺史时书写佛教著名经卷《心经》之处。

颜真卿是在唐代宗（唐代宗李豫在762年登基，是为宝应元年）初年到广元任利州刺史职，官职比他的前辈武士彠大，在写《心经》洞内有颜真卿亲书《心经》一卷刻于洞壁之上。

写《心经》洞的存在至少说明三个问题：大书法家颜真卿在广元当过主官——（刺史）；写《心经》洞有颜真卿的书法真迹；颜真卿之所以到皇泽寺书写《心经》，不仅说明这位大知识分子对武则天崇拜有加，而且他也认可广元就是武则天的故乡无疑！

颜真卿与后来的李商隐都是唐朝的大知识分子，在书法、文学上造诣颇深。无独有偶，他们都对武则天在广元的这些事非常在意在心，不仅没有些许贬低，反而充满着内心的崇拜与对武则天出生在广元的高度认可，这不能不让我也进一

皇泽寺写《心经》洞

步坚信武则天的确生于广元。

皇泽寺所在的地方不仅是皇泽寺本身的历史文化赋存地,而且还是晋唐以来中国佛教从西域到中国北方再翻越秦岭米仓山南渐到大西南的又一处荟萃之地,其主要表现就是乌龙山摩崖石刻造像群。完整的乌龙山佛教造像群一直延伸到了嘉陵江边,可惜20世纪50年代修筑宝成铁路时将沿江的摩崖石刻文物悉数损毁!在广元地区因建设而损毁的文物古迹不止一处,著名的广元千佛崖也因为抗战时修筑川陕公路而将临江一带的摩崖石窟造像一炸而飞!此是后话。

写《心经》洞雕凿在一块米黄色巨石之上,其他三面均有造像,共有19龛。其中南面12号和13号洞窟为武士彠与夫人杨氏于贞观二年(公元628年)出资开凿。窟内有弥足珍贵的武士彠夫妇礼佛图遗存。有学者认为此为武则天在广元出生的又一证明——那时的供养人开凿摩崖洞窟许多都是为了儿女的出生感恩

皇泽寺大佛楼

祈福。同时可以看出,武士彠夫妇对这位爱女的喜欢之心有多么深,一定是视为掌上明珠的啊!都说"从小看大,三岁知老"。武士彠夫妇的掌上明珠明空出生

不久，他们就去为她开凿摩崖石窟供养礼佛，足见这对颇有先见之明的父母对二女儿的未来充满着多么美好的期许！

大佛楼是皇泽寺景区必去的又一处令人百看不厌、流连忘返的地方。佛楼要仔细品味的并不是"楼"而是楼里的石窟造像——"大佛"，或叫"大佛石窟"。大佛石窟是建造于唐代中期的一处摩崖石窟。

这是建立在乌龙山较高处的一处摩崖石窟造像群。最早的大佛石窟并没有外楼，所以大佛楼的历史不长，始建于清代道光年间，后来年久失修，到中华人民共和国成立时已经看不见大佛楼的踪影了。现在所见的外楼由国家文物局拨款重建于1980年。楼名因大佛石窟而得"大佛楼"，重建时请四川著名书法家李半黎先生题写"大佛楼"匾额悬挂于大楼之上。

大佛龛高7米、宽6米、进深3.6米。

沿着砂质石梯，移步进得楼门，只见窟内群像栩栩如生。再上到大佛楼二层，又见各位佛门大师仪态万千，虽历经千年可是那服饰上的彩绘还依然熠熠生辉，绚丽多彩，好像在向我们昭显着唐代艺术大家精益求精的执着与操守。

供养人跪像

此石窟中的主佛当为阿弥陀佛，体态高大俊朗，神情旷达三界，让人景仰无限。迦叶佛、观音菩萨与阿傩佛、大势至菩萨随伺左右两侧。最外侧是护法力士，因为位于最外侧，常年风吹雨打早已形象模糊。倒是观音和大势至两位菩萨都是身影秀丽、慈眉善目，总是给人以慈悲为怀充满阳光的慰藉和启示。

值得一提的是，在大佛龛主佛阿弥陀佛脚下有一尊供养人跪像，身着唐代中期的官服，头戴双翅官帽，对阿弥陀佛等一众大佛们顶礼膜拜，极为虔诚。有人推测说，此人可能是武则天与唐高宗的废太子李贤或者李显。著名画家张大千来此考察临摹时也认为此人是废太子李显，认为他是在向母后武则天跪拜祈求宽恕赦免。不过据我分析，此人既不是李贤也不是李显，因为他们既然被废，就不可能身着官服头戴官帽，尤其是章怀太子李贤，因"谋反"罪一撸到底废为庶人，流放到巴中，哪里还有任何官员待遇呢！再说，既然此窟建造于唐中期，李贤和李显兄弟是唐高宗时代的两位废太子，章怀太子李贤被逼自尽时武则天还未登基，他们所处的时间明显要早于供养人的。再说，一般的供养人当时绝对不会当无名英雄的，他的名字和身世可能早已被风化或者还隐藏在佛龛的某个秘密地方呢。

考察中，有一方"中心柱窟"的摩崖造像格外引人注目。据说这是四川境内唯一的一处与基岩上接下连四周镂空的摩崖石窟造像。

有文字记载的皇泽寺四面镂空摩崖造像

我站在中心柱窟前沉思良久，对前人的聪明才智佩服有加：除了当时的建造者在艺术上的考量外，这种中心柱窟的设计在结构力学上起到了一种对洞窟的支撑稳固作用。可见，那时的工匠们并非只是四肢发达，只懂学艺劳作，不考虑科学上的合理与否。就像中国境内几乎所有的摩崖造像石刻石窟，莫不选在砂岩、花岗岩等不易风化的岩壁上，而见不到在石灰岩地区白费工夫打造这些能够流传千古的佛教瑰宝的——现在稍有化学知识的人都知道，石灰岩的水化学特性相当活跃，要是在石灰岩上打造这些工程，要不了多久一定会让雨水甚至空气中的水分溶蚀夷平模糊不清的。看来远在晋唐以前，无论是新疆的克孜尔千佛洞，还是甘肃敦煌的莫高窟，山西的云冈石窟，河南的龙门石窟以及四川广元等地的摩崖石窟，在工程实施前一定会有专门的"地质地理"人员选择行之有效的地质基础和岩石特性以及进行相对的环境评价，然后还有专门的工程技术人员对每处摩崖石窟的规模形状和佛像的大小位置进行设计绘图，也许还要先做模型小样呢——总而言之，每一个时代的古代艺术都是一些综合性非常强的系统工程！

中心柱窟又叫"塔庙窟"或者"支提窟"，编号为45窟，却是皇泽寺景区内开凿最早的石窟。该窟进深2.76米，宽2.6米，窟内空间大致呈正立方体。中心柱窟由柱基、柱身和柱顶三部分组成。第1层和第2层四面都有小型佛龛，龛内佛像虽然形态娇小，但是那一笔一画都雕工精巧、一丝不苟。在中心柱窟的三面岩壁上，各有一个大龛，规模视石壁面积而定。大小龛内均为一佛二弟子像，从色泽还有刻工风格看，其凿磨年代明显晚于同一窟中的中心柱窟。在每面大龛的龛楣上都雕刻有林林总总的小千佛像。

皇泽寺不仅是我国唯一的供奉女皇武则天的祭祀庙，而且寺内还保存着6窟41龛1203躯摩崖造像以及收集来的不少历代碑刻、墓藏浮雕等文物。比如1974～1980年从广元地区出土的宋代墓室中的24块浮雕石刻堪为皇泽寺内特别值得一提的文物馆藏瑰宝。

在皇泽寺的典藏文物中，最负盛名者莫过于镶嵌在一面总长28米、高4米、厚0.8米的照壁上的《宋墓浮雕石刻》组图版。

图版分7组，分别是：《四宿神兽图》《戏剧演出图》《大典演奏图》《男女武士图》《孝行故事图》《墓主生活图》和《花卉图》。其中的《男女武士图》中的女武士让人眼前一亮：头戴女冠，身着软甲战袍，手执长钺，英姿飒爽——可见在宋代，巾帼们在国人眼中的地位是比较高的。这同样可以从有关宋代的杨家将佘太君、八姐九妹、穆桂英等的戏曲文学作品反映出的女中豪杰们的形象得到证明。

更加难能可贵的是，宋代《男女武士图》中的女武士恰与皇泽寺的一代女皇武则天一脉相承，都在竭力宣示古代女权的重要性，昭显着在封建社会风雨如晦环境下的女性奋斗者们的艰难与不易、平凡和伟大；更显现代社会终于有了男女平等，"女人能顶半边天"具有多么深远的历史意义和鲜活的现实意义啊！

武则天早在当才人时就上书唐高宗李治要"劝农桑，薄赋税"，主政后主

皇泽寺内收藏的宋代墓葬雕刻人物像

持编辑了《兆人本业记》分发州县作为地方发展经济的参考。同时颁布政令打击保守的门阀士族,加强对地主豪强和地方官吏的监察,提拔官员不问出身门第,对基层农民采取相对宽容和鼓励的政策。军事上任用能人,先后击退吐蕃、突厥和契丹的骚扰进攻,不仅收复安西四镇,而且将驻军派驻到了新疆吉木萨尔一带,开展军队屯田戍边,保障部队供给,减少边民负担,稳定了边疆,奠定了国泰民安的基础。中国的科举制度起源于隋朝,在武周时期得到了完善,开科取士,鼓励读书有用,以至于有条件的年轻人读书学习"浸已成风"。

在武则天当政时期,唐朝的经济文化发展进步与边疆稳定达到了一个新的高度,为后来的唐玄宗"开元之治"创造了条件。

"正月廿三,女人游河湾。"武则天出生在农历正月廿三日,广元人为了纪念这位从家乡走出去的伟大女性，将这一天定为广元的女儿节。这也暗含着广元有识之士为了打破束缚女性的封建枷锁，争取难得的女性权益，想出了多么高明的办法啊！每逢这一天，广元人要在皇泽寺内举行庙会，而寺庙前嘉陵江面的金轮感孕所也是锣鼓喧天、龙舟竞流，好一派热闹景象。

为了与时俱进，后来广元市人民政府通过人大立法，将女儿节改为每年公历9月初的第1个星期，由原来的1天增加为7天，一方面纪念武则天的初心不改，可以继续褒扬女性文化；同时，9月初也是天高气爽正值丰收季节，广元女儿们怀揣秦巴山中那红色烂漫的喜悦，载歌载舞；政府也借此机会，文化搭台经济唱戏，敞开胸怀，广迎四方佳朋客商，为广元经济社会的发展寻找更多的商机与活力。

一次，我带着一些深圳朋友到皇泽寺参观游览，看到寺内有组织古装活动以招徕客人收费赚钱。办法是客人缴费后穿戴古装扮演唐代皇帝官员等，内容不乏许多搞笑和不敬情节。其实，皇泽寺有那么多文化内涵可供游客赏析品味，只要做好科普导游服务，将我们广元的旅游文化干干净净地介绍给省内外和国内外的朋友们，自然会获得好评。再说，对于武则天这样的伟大女性政治家，我们家乡人更加应该永远保持一份虔诚的敬重和爱戴，不能有丝毫的亵渎与调弄！一代女皇要是地下有知，当会欣慰有加、含笑于九天之上的。一个伟大的民族必须具有尊崇先贤的优良传统。

1961年，皇泽寺被国务院公布为首批全国重点文物保护单位；2006年被评为国家4A级旅游景区。

千佛崖,摩崖石窟南渐的重要"驿站"

离开广元老城区,出北门,沿着波涛滚滚的嘉陵江东岸,顺着抗日战争时期修筑的老川陕公路一路北行大约4千米,就来到了著名的千佛崖景区。

千佛崖位于金牛古道之广元市利州区工农镇(千佛路45号),是四川境内最大的石窟造像群,也是四川最早开凿的摩崖石窟造像群,于1961年4月被国务院列为首批全国重点文物保护单位。2012年被批准成为国家4A级旅游景区。

这不是我第一次到千佛崖考察参观了。20世纪70~90年代初期,我还在

广元千佛崖

中国科学院兰州冰川冻土研究所工作时，常常要从兰州出发，经广元再经成都沿着川藏公路去西藏考察，川陕公路广元段是我必须经过的路线。从兰州出发先到甘肃的天水，然后一路南下，经徽县、两当县，进入陕西省的凤县，翻越秦岭，沿褒斜古道，再经留坝县、勉县进入汉中再经宁强县，过金牛道翻越七盘关进入四川，过明月峡不久就在一段著名的古蜀栈道的陪伴下，来到广元千佛崖。每当此时，我都会在这里停下，或驻足拍照留念或沿着步道攀缘铁链扶手，细细品鉴千佛崖那传承了1600多年、精美绝伦的佛教石窟艺术。

众所周知，中国的佛教来自古印度，在古丝绸之路的引导下，通过古西域一路向东，经新疆（比如克孜尔千佛洞和和田一带发掘的先于伊斯兰教的佛教遗迹）、甘肃（比如敦煌莫高窟、兰州刘家峡炳灵寺、天水麦积山）到达陕西古都城长安后，一路继续向东到达河南、山东……另外一路则从古长安出发，一路向南翻越秦岭大巴山和米仓山，首先来到广元的千佛崖，暂时停歇传承前行的步伐，开始了千佛崖的摩崖石窟造像艺术的打造之旅。也有一路在甘肃河西走廊西端直接向东，入宁夏，走阴山，过河套，进入内蒙古、山西、河北一带，像大同云冈石窟艺术就是早在北魏兴安二年（公元453年）时通过此路径传入，并且开始兴建摩崖造像的。

中国古代佛教文化与佛教艺术的传承，不仅通过经书文字和僧人等从业人员的口口相传，还通过庙宇文化和摩崖造像等艺术形式深深镌刻在华夏大地上。像广元千佛崖这样的摩崖石窟造像正是其中的突出代表，也是中国佛教文化与佛教艺术南渐的主要"驿站"。

为什么在从长安翻越秦巴山脉到达广元的千余里的漫漫长路中，并未见到一处像样的摩崖石窟或者摩崖石刻造像遗存呢？为什么古人会将广元作为中国佛教文化与佛教艺术南渐的重要"落脚点"和"驿站"呢？答案就是前文已经说过的——岩相的地质基础使然。

此处不打算就陕西和四川的地质地理做专门论述，但是可以告诉朋友们的是，广元的剑阁、昭化、利州、旺苍再到南江、巴中一线是四川盆地北部地质构造的过渡带。以北主要以水化学特性非常活跃的古生代石灰岩为主要岩石展布，以南则呈现出以古生代灰色砂岩和红褐色为主的中生代红层岩相。石灰岩地区多喀斯特地貌，地上多峰丛、峰林和天坑、天盆，地下多暗河、溶洞。严格地讲，在喀斯特发育的石灰岩地区，切记不可修建大中型水利大坝和高层建筑等重力型设施，当然也不适合作为摩崖石窟造像的候选地了。

如果那时的工匠的设计人员不懂一点地质学和环境学（即所谓的"风水"）知识，在石灰岩的崖壁上打造摩崖石窟造像，恐怕这些造像早就被雨水或者流水溶蚀得面目全非了！甚至一场地震也会引发地下暗河与穹隆状溶洞的塌陷将其损毁罄尽的。

广元千佛崖正属于非石灰岩构造的砂岩构造地质基础，于是在佛教的南渐过程中，这一堪称中国佛教瑰宝的伟大工程就历史性地选择了广元城！

与广元邻近的摩崖石窟石刻造像的文物古迹还有旺苍县的佛子岩和巴中市南龛石窟等，但是其规模都不能与千佛崖相提并论。

顾名思义，所谓千佛崖，那么其中的佛龛和佛像数量当以千计。在我国，称为"千佛崖"的地方不止一处，比较有名的"千佛崖"有：山东济南东南40千米处的千佛崖，始建于初唐的武德和贞观年间，现存有6个洞窟共214尊造像；始建于南朝的江苏南京栖霞山千佛崖，现存有佛龛294个、佛像515尊；位于西藏拉萨布达拉宫西侧药王山上的千佛崖，据传始建于唐朝松赞干布时期，其中也有少量洞窟，但多数以彩绘壁画为主，各种佛像多达千余尊，具有鲜明的藏传佛教特色。除了这几处千佛崖，诸如四川巴中的南龛坡石窟、河南洛阳的龙门石窟、山西大同的云冈石窟、甘肃天水的麦积山石窟等，就造像数量而言，均可称为"千佛崖"，只是它们都有地方色彩的具体名称而已。

长达420米（一说为388米）、高达45米（一说为40米）的广元千佛崖始建于北魏晚期，兴盛于唐朝，一直延续到清代，距今历经1600多年。在这上下重叠13层的石窟宝库中，除了摩崖造像，还保存有唐、宋、元、明、清等朝代的题记文字及摩崖碑刻文字100多通，这为后来的研究者们提供了许多难得的第一手文字考证依据。

站在不远处的路面上向崖壁侧面望去，那景象真是佛聚一面山，山有万龛佛。在整个一面红褐色山崖上，密密麻麻布满如蜂巢般的佛龛和佛像，实在是难以计数。经过考古研究人员和景区工作人员多次反复清点编号，目前也只能够大致说千佛崖,摩崖石窟南渐的重要"驿站"

广元千佛崖大门仿古牌坊

广元千佛崖有佛龛950余处(一说1200余龛),造像7000余尊……

陪同考察的张菊荣介绍说:"千佛崖最盛时期的规模一直延展到了嘉陵江边。那时无论石窟数量还是佛像数量都远远不止此数。据清咸丰四年(1854年)的石碑记载,那时的佛像多达17000多尊。又据《广元县志》,在唐代以后的历史长河中,为了修复经过此处的古蜀金牛栈道,对石窟佛像也会有些损毁。到了民国廿四年~廿五年(1935~1936年)修筑川陕公路时,通过之处的千佛崖佛龛佛像多半被毁。"

所以,无论是原有还是现存规模以及开凿历史,广元千佛崖在四川省境内自不必说,就是放在中国全境,其名声都少有企及者。

现存的广元千佛崖佛龛和造像大致以大云洞石窟为中心。大云洞以北的佛窟主要有三世佛窟、无忧花树佛窟、弥勒佛窟、三圣佛龛、菩提佛像窟、卢舍那佛龛和藏佛洞等,其中藏佛洞为清代所建。大云洞以南的佛窟主要有大佛洞、莲花洞、牟尼洞、千佛洞、睡佛龛、多宝佛龛和如意轮观音窟等。

我们拾级而上先到大云洞考察参观。

100多年前的广元千佛崖

　　大云洞是千佛崖最大的洞窟，洞身净高3.8米、宽3.6米、进深10.6米。佛龛正中供奉着弥勒佛像，一派心宽体胖、慈眉善目、袒腹含笑的模样。弥勒佛身后锥形石壁上刻有许多小的佛龛，龛内的小菩萨像排列有序，错落有致。锥形石壁左右两侧的后壁上分布着两个较大的深龛，龛内都雕刻有一佛、二弟子、二菩萨和二力士共7身造像。在大云洞南北两面的洞壁上，当年的艺术家和工匠们采用了半圆雕技法，开凿、摩崖、供奉着148尊观音菩萨的雕像。菩萨们个个头戴华冠，身着华服，脚踩莲台，身影轻盈，仿佛刚刚从南海飘然归来。

　　"南朝四百八十寺，多少楼台烟雨中。"这是唐代诗人杜牧在《江南春·千里莺啼绿映红》中的诗句，它表明当时知识分子对南朝以及唐代的佛教文化记忆尤为深刻。

虽然千佛崖盛于唐代，但是却始于北魏晚期的南朝，与杜牧"多少楼台烟雨中"的"四百八十寺"同属一个时代。

在大云洞北面（右侧）三圣佛龛中，有南朝梁天成元年（公元555年）的文字题记。真是难得啊！要不，后来学者要考证出千佛崖的最早开凿年代不知道有多扑朔迷离呢！根据附近大佛洞

广元千佛崖大云古洞

内的佛像衣着、神态以及莲台特征和佛龛楣拱式样，可以大致看出南朝的生活风尚和特征。

在千佛崖景区，比大佛洞和三世佛窟建造年代更早的是叫作大云寺的庙宇。大云寺原来不叫大云寺，而是叫作柏堂寺。工作人员解说道："北魏正始二年（公元505年），也就是南朝梁武帝天监四年正月，驻守汉中的南朝将领司马道迁投降北魏后，北魏派遣尚书邢峦为镇西将军，其帐下统军王足带兵从汉中到剑阁进击成都一路所向披靡，连连报捷，最后原南朝梁州所属14郡，其地东西700里、南北千余里都归顺于北魏，北魏改梁州为西益州。"

在此后的30多年内，北魏先后派大将傅竖眼、元法僧（属于皇室宗亲）驻守益州担任刺史。此间，他们将北方皇室崇尚佛教的风气以及在华北与中原云冈石窟和龙门石窟等地的建造艺术、建造工匠同时带到四川。当他们发现千佛崖是个摩崖造像的理想之地后，修建了千佛崖的第一座寺庙——柏堂寺。自此之后，柏堂寺即成为千佛崖摩崖造像的"根据地"。广元自古多柏树，这可能正是"柏堂寺"名称最初的由来吧。

据史载，北魏时期的千佛崖摩崖造像只有4龛，西魏也只有7龛。到了唐代，千佛崖的摩崖石窟艺术才达到鼎盛。

到了唐朝武则天问政前期，有僧人薛怀义、法明等根据《大明经》中有女人可以当皇帝的记载，编撰了《大云经疏》呈献武则天，并且据此称武则天为"弥勒佛转世"。武则天登基当了皇帝后，敕令天下广建"大云寺"，广印《大云经》，并且藏《大云经》于大云寺，寺内供奉弥勒佛像。广元是武则天的出生地，为了迎合武则天的圣谕，柏堂寺遂更名为大云寺。

传统汉传佛教认为，佛祖有三世：过去世佛、现在世佛与未来世佛。过去世佛称为阿弥陀佛，现在世佛为释迦牟尼佛，未来世佛称弥勒佛。与广元皇泽寺一样，千佛崖石窟供奉的主题造像均为象征着武则天转世的弥勒佛。

目前的大云寺庙宇是清乾隆十九年（公元1754年）时任广元县令张赓谟主持重建的，改革开放后广元市人民政府出资进行了再次修缮。

在大云寺千余年的历史中，无论是僧人在这里传经礼佛，还是工匠们在此遮风挡雨，都对千佛崖摩崖造像规模的形成与延续功不可没。

千佛崖还有一些洞窟保存有翔实的开凿年代甚至开凿人姓名，比如编号为512号和513号的"韦抗窟"。

广元千佛崖摩崖石窟修造痕迹

512号窟由于入口楣额上有清道光十九年（公元1839年）题"大云古洞"4字，所以又称"大云古洞"。大云古洞为剑南道按察使银青光禄大夫行益州大都督府长史韦抗所凿，工程起于唐开元三年（公元715年），约至唐开元十年（公元722年）完工。大云古洞位居千佛崖崖壁的中心位置，是千佛崖规模最大的洞窟。现存窟高高3.72米、宽5.61米、深9.40米。窟室后部三分之二处现为两层通壁长方形坛基。坛基后部主佛左右侧唐代向内扩大后复凿高坛，坛上各开一个敞口平顶圆拱形龛，龛内凿一佛、二弟子、二菩萨、二力士、二天王、二神王、二供养菩萨13尊。窟室左右壁各凿四排立菩萨像，共计136尊。窟中大立佛高2.38米，身光外残存的菩提树叶达于窟顶，主尊磨光肉髻，面容丰腴，着贴体通肩大衣，腹部微突，线条流畅，左手平抬贴腹侧，掌心向外，食、中二指下指施与愿印。大云古洞组织严谨，气势恢宏，题材和造像布局均富有创意。

旁边的513号窟位于大云古洞南侧，与大云古洞同为韦抗发起开凿，故称"韦抗窟"，右壁有题刻"开元十年六月剑南道按察使银青光禄大夫行益州大都督府长史韦抗功德"。唐开元三年（公元715年）韦抗自太子左庶子出任益州大都督府长史，开元四年回京任黄门侍郎。整个工程于唐开元十年（公元722年）六月基本完工。韦抗窟内凿一佛、二弟子、二菩萨、二力士、二天王、二神王，佛座前残存有二供养菩萨，共计13尊。

据史载，大云洞还是千佛崖第一座佛像被彩绘的洞窟。广元市原文管所《广元石窟彩绘初探》文中考证，此龛于唐宪宗李纯元和二年（公元807年）九月由一位名叫慕容真如海的女弟子出资妆彩。历史上的慕容真如海还真有其人，此女为北燕皇室之后，是唐成王李仁流放时娶的王妃。可是据查，此王妃早在唐开元十三年（公元725年）75岁时就去世了，又何以能在83年后的元和二年（公元807年）为大云洞佛像出资妆彩呢？此处留白以供后来者考证。

有开凿供养人题记的著名洞窟还有苏颋（tǐng）龛，位于千佛崖中段，开凿于唐开元十一年（公元723年）。因苏颋在唐开元四年（公元716年）曾任紫微侍郎同紫微黄门平章事，相当于宰相级别，所以此龛又被称为"宰相佛龛"。就在该窟的南侧有题记曰："都督府长史持节剑南道节度按察使上柱国许国公武功苏颋敬造"。据考察，苏颋任此职时正是公元723年。

千佛崖持莲观音

苏颋龛高 1.8 米、宽 1.64 米、深 0.85 米，为圆拱形状。龛内供奉着"一佛二菩萨"像。主尊弥勒佛为坐像，头顶上方有圆形彩绘光环，头顶有磨光肉髻，体态丰腴，面相圆润饱满，颈部有三道肉纹，衣着透薄，领浅袖短，上胸袒露，右手上举，左手扶膝，赤足，做闲适讲经状。二菩萨身高 1.18 米，左为观音，右为大势至，分立两侧的单层仰莲圆座上，宝冠束发，贴体长裙，体态丰满，美丽端庄，亦是浅领袖短，上胸袒露，赤足。

晋唐时代的佛教造像，尤其是唐代造像，包括佛祖和三世佛，菩萨、天王、力士、飞天女神甚至供养人，绝大部分形象都体态健壮丰腴，并且均衣着薄透，赤足裸臂，敞胸甚至袒怀。男性健壮结实，女性皮肤也仿佛吹弹可破而且傲娇丰满，穿着多是鲛绡薄衣薄裙，宽松飘逸。有许多学者讲到这些现象时解释为唐代政治昌明开放，重视女性权益，尊重女权，且以胖为美……

经过对国内许多佛教文化的考察研究，同时结合历史气候的变化对比，我认为在专制的封建社会，哪里会是真正的政治昌明，重视女性权益放弃重男轻女的历史束缚，这应该都是气候使然罢了。

战国时期有"橘生淮南则为橘，生于淮北则为枳"的说法。意思是说，橘子生长于淮河以南则是美味可口的橘子，长在淮河以北就变成了没法吃的枳子。地理学和冰川学理论认为，大约距今 2000 年到距今 500 年（汉唐至明代），地球正处于一个温暖期。尤其是唐代，那时的北半球平均气温比现在都要高，甚至于在当时的长安皇宫后花园里可以种橘树。当代著名气象学家和地理学家竺可桢院士生前根据文献记录和大量历史著述中的物候记载，对中国历史上5000年间的气候变化做了专门研究，并于1972年在《考古学报》第1期发表了《中国近五千年来气候变迁的初步研究》，后转载于1973年《中国科学》16卷2期，以及1973年6月19日的《人民日报》。该文虽然只有5000余字，却聚集了竺可桢先生毕生的研究成果，受到了国内外学者的高度重视和赞誉。作者在论文中指出：

> 隋唐时代（581～907）中，在7世纪中期，气候变得暖和了。650年、669年和678年的冬季，国都长安无冰无雪。8世纪初和9世纪的初和中期，西安的皇宫里和南郊的曲池都种有梅花，而且还种有柑橘。公元751年皇宫中柑橘结实，公元841～847年间也有过结实记录。

竺可桢先生的文章还说在隋唐时代，北方的陕西河南一带生长着不少的竹林：

> 自隋唐在河内（今河南博爱）、西安和凤翔（陕西）设立的管理竹园的竹监司，在宋元两代断断续续，直到明朝（公元1368～1644年）末年才完全停止。从此，竹子在黄河以北不再作为经济林木而培育了。

我在写《唯美四川：米仓山（巴中篇）》时多次去巴中南龛坡考察那里的摩崖造像。由于造像时代大同小异，那里的佛像许多艺术特征都可以从广元千佛崖找到传承源头，唯独南龛坡编号为116的"西方净土变"窟的东外侧有一尊力士像让人眼前一亮——这位力士的脚上穿着一双我们四川人曾经特别爱穿的草鞋。这也从一个侧面证实了当年的气候温暖，同时也体现了唐代摩崖石窟造像艺术的本土化与生活化的时代内涵。

晋唐时代中国大陆的平均气温大约比现在约高出2℃，所以人们的穿着打扮自然不会太厚实，在相应的文化艺术作品中一定就会有所表现的。宽衣、薄裙、浅胸、露臂、赤足等造像形象就是当时气候暖和的真实反映与写照罢了。

至于以胖为美，由于气候暖和，出产丰富，有利于政通人和，人民生活安定，食物殷实，许多人不想胖也不行啊！尤其是这些多反映上层社会的佛教造像，哪有不胖的理由呢？在河南等地出土的唐三彩、八骏马和侍女陶，无一不显现出"胖"的特征，那时的摩崖造像中的人物体态以胖硕为主也就是再自然不过的事情了。

竺可桢先生是我的老师中国冰川学创始人施雅风先生在浙江大学求学时的老师，也算是我们从事冰川学研究的领路人和导师。由于竺可桢在北京工作，"文革"时期就去世了，我们没有见过面。我想，要是他当年知道我将佛教艺术中的前述现象与他的气候变化理论相联系的话，也许会在论文中增加一段文字吧。

在汉传佛教中，观音菩萨和大势至菩萨是几乎须臾不离并且紧随释迦牟尼佛的二位菩萨。在他们的动态形象中，观音菩萨许多时候都是左手拿着净瓶、右手举着杨柳枝；而大势至菩萨几乎都是左手下垂牵巾，右手举着卷云柳枝。那么，这又是何意呢？都说艺术来源于生活。就我的理解而言，所谓净瓶就是现在的饮水杯，而柳枝则有遮阴、扇凉、驱蚊等功能。至于牵巾那就是用于擦汗了。当然这主要还是为主人释迦牟尼服务，观音菩萨和大势至菩萨只不过是服务于主人家的"服务员"而已。可不是吗，现在有的"公仆们"出行或者开会，都有秘书拿包提水，俨然一派主人模样。主席台的人还没有到位，秘书们就将讲稿、水杯对号入座归置好了。看来这种现象自古皆然啊！

2006年，我带领中国、尼泊尔、印度等国科学家从中国西藏翻越喜马拉雅山脉去南亚考察，途经佛祖释迦牟尼的出生地尼泊尔的蓝毗尼国家公园时，曾经就这种认知（净瓶、杨柳枝和牵巾等用途）与尼泊尔印度教大师讨论过此事。他们笑着回答我说：虽然以前闻所未闻，不过想起来还真的很有意思呢——倒也以为这种说法不无道理啊。

目前广元千佛崖到底有多少尊佛像呢？

21世纪初的头几年，我曾经在西藏拉萨工作，住的地方斜对着气势雄伟的布达拉宫。每当夜晚从六楼望去，只见布达拉宫宫墙上的窗户里面的灯光闪闪烁烁，迷离多彩。我忽然有了想数数那里到底有多少窗户的冲动。可是，要不就是窗户太多太多，要不就是实在经不住不眨眼的疲惫——只要一眨眼，就忘记数到什么地方了。所以几年下来，布达拉宫到底有多少窗户，至今还是个谜。我也问过不少布达拉宫的研究人员和管理人员，答案和我的一样。

千佛崖，摩崖石窟南渐的重要"驿站"

从大到几米长宽高的石窟石龛到小到仅仅一两厘米高低的佛像，千佛崖的佛龛和造像数量到底是多少？每座佛龛和佛龛里面的造像历史与艺术赋值到底还有多少未解之谜？这对于一个普通行者而言是想知道却又非常困难的事情，即使对专门的研究者和管理者来说也有诸多值得继续深入探讨的谜团。

有关千佛崖的名称来历，民间还有一种说法：千佛崖原本不叫千佛崖，而是叫纤夫岩。在千佛崖的嘉陵江边，曾经是船进明月峡时需要纤夫拉纤上行的一个重要停靠码头，也就是说，纤夫码头的历史应该早于千佛崖的建造历史无疑。而到了秦汉至三国时期，广元作为北上南下出川入川的要道，无论陆路水路都是交通运输枢纽，位于明月峡入口处的纤夫码头的繁忙和热闹场景可想而知。同时也可以想象得到，那些码头工人和纤夫们更是时时汗流浃背，或者号子声声，码头附近的山岩下自然成了纤夫们聚居停歇之所，有人甚至还在山岩下挖洞搭棚，生火做饭，遮风挡雨。久而久之，人们都叫这里为纤夫岩了。也许正是南下的北方佛教信徒们在明月峡口的纤夫码头下船后抬头一望，这纤夫岩不正好是摩崖造像永驻史册的绝佳之地吗？后来不知道哪年何月，也许是佛

千佛崖的摩崖石窟佛像

教洞窟神龛越来越多了，更有历史文化内涵的"千佛崖"理所当然就取代了有些"草根文化"传承的纤夫岩了。

要是细究起来，如果从四川方言与现在的普通话相比较去探究，其实，千佛（fó）岩与纤夫（fū）岩根本就是两码事，将两者混同起来的原罪者，就是我们四川话"佛""夫"不清惹的"祸"。换句话说，你叫你的纤夫岩，我叫我的千佛崖，根本不存在纤夫岩在先、后来被千佛崖取代的可能。纤夫岩的淡化式微退出历史的视野，应该只与广元嘉陵江上纤夫这个职业退出历史舞台相关。而千佛崖的光芒永驻，则是因为她千年的文化底蕴已经深深镌刻在广元这方永远的热土上了。

见仁见智吧，记载于此供识者比较。

广元千佛崖是一座历尽千余年沧桑而愈显熠熠光华的中华文化艺术瑰宝，是广元人民为之骄傲的一张内涵许多历史秘钥的扫码名片。

广元窑，广元又一张金色名片

在利州区工农镇距千佛崖不远处，就是大名鼎鼎的广元窑所在地——瓷窑铺遗址。

瓷窑铺最早发现于新中国成立后的1953年，当时为了建设宝成铁路，对沿线的文物古迹进行了普查，原西南文物院工作人员在距离广元老城以北约6千米处发现了广元窑窑址。经过反复研究对比，认为广元窑最早发端于唐代，兴盛于宋代，直到宋末元初由于战乱而停止生产。

1954年，经过初步考察发掘，确定该遗址范围长约2千米，宽约0.5千米，面积可达100万平方米左右。遗址从临近嘉陵江东南岸边的山脚处一直向山坡呈阶梯状延伸分布。在遗址内出土了大量的宋代黑釉色瓷器残片，于当年（1954年）定名为广元窑。1956年，由当时的广元县政府公布为"广元县文物保护单位唐代瓷窑铺遗址"。2019年，广元瓷窑铺遗址被四川省人民政府公布为第九批省级文物保护单位。

1976～1978年和1996年，四川省陶瓷史编写组、重庆市博物馆、四川省文物考古研究所和广元市文物管理所等单位先后进行了多次新的考古发掘，又出土了部分比较完整的瓷器、残片等文物，其中一些主要器物由北京故宫和重庆博物馆保存。

广元窑是四川著名的古窑窑址之一。

作者在广元陶瓷研究院考察

复制的广元窑古瓷器

广元窑的出土瓷器主要为黑釉瓷，还有黄釉、绿釉。虽然多为民用器，可是其器型与色泽即使时隔千年仍然让人爱不释手、百看不厌，极具观赏价值！尤其是一些黑釉小瓷塑，不仅继承了唐代四川境内邛窑风格，而且造型优美，釉面上的兔毫纹、油滴纹和玳瑁斑等烧制效果更显生动活泼可爱有加。

广元窑的另外一个特色就是既有广元本埠的独到之处（广元窑绿釉器物），又兼具我国古代南北瓷窑的许多文化艺术风格。比如，它的不少器物釉色与北方陕西的耀州窑、南方福建南平市境内的建窑、江西省吉州窑和赣州窑都有密切的亲缘相近或者相似之处。

考察和参观广元窑博物馆后，仿佛回到了千年以前的广元窑的烧制现场，只见瓷器作坊鳞次栉比，作坊工人挥汗如雨，一派热火朝天的景象。一墩墩瓷泥在工匠的手中变成了随心所欲的瓷胚，上过釉色的器物再被小心翼翼地送入瓷窑，经过高温密封烧制后的各种各样的瓷器被分门别类包装好，通过近在咫尺的嘉陵江码头装船运到它们该去的地方……

用广元窑古瓷技术烧造的瓷器

目前,通过查找历史资料,以广元本地瓷土和釉土为原料,多次反复试验、对比,聘请外地专家与寻找本地传人相结合等手段,终于在 2020 年国庆前夕对广元窑古瓷技术和工艺制作恢复研发成功。

南河湿地,广元城的生态"肺"

每次回广元,只要有时间,我就一定会沿着南河—嘉陵江的滨江步道"闲庭信步",一走就是两个多小时,直至筋骨舒展浑身发热。

南河原来只是嘉陵江的一条支流,现在成了广元湿地公园的一个主要的组成部分,沿河两边的步道也成了一道广元人健身休闲、观鱼垂钓、看鸟拍照的美丽风景线。

湿地(Wetland,Marsh),泛指地球上除主体海洋之外的、一切自然或者人为的有水的地表生态地貌单元。湿地生态系统(Wetland ecosystem)是地球上重要的自然生态系统之一,包括陆地上的季节性河流、沼泽、泥炭地、冻胀丘地区、人工湖泊、池塘、水田,还有近海低潮时水深 6 米以内的海域、海湾、浅湾、海

广元南河

岸、三角洲、珊瑚礁水域和滩涂地等。目前全球已经登记的著名湿地总数为648个，湿地面积大约4343万平方千米。其中加拿大湿地面积最大为127万平方千米。中国的湿地面积居亚洲第一位，大约66万平方千米。

1971年，苏联、英国、加拿大、伊朗等国在伊朗的拉姆萨尔市签署了《关于特别是作为水禽栖息地的国际重要湿地公约》，简称《湿地公约》或《拉姆萨尔公约》。我国于1992年成为该公约的缔约国。目前《拉姆萨尔公约》的缔约国已经达171多个，中国有64个湿地纳入国际重要湿地名录，比如湖南的洞庭湖、江西的鄱阳湖、青海的青海湖、吉林的向海、黑龙江的扎龙、香港的米埔自然保护区等。湿地的生物生产量非常高，比如淡水沼泽的干物质净初级生产量可达2000克/平方米。湿地是重要的珍稀水禽栖息、繁殖、越冬地，是地球上重要的生物物种基因库。湿地是地区生态"肺"的重要组成部分，有调节气候、蓄洪防旱、迟滞地表径流流失、净化空气、降解环境污染程度、控制土地侵蚀、给江河湖泊补充水源等功能。

广元南河湿地

浙江杭州附近的西溪湿地和西藏拉萨的拉鲁湿地我都多次考察过，尤其是

广元南河湿地

拉萨的拉鲁湿地。早在20世纪70年代初期，我参加中国首次青藏高原自然资源综合科学考察时，考察总部就设在拉鲁湿地旁边。21世纪初，我在西藏自治区政府发改委分管生态与环境工作时，也为拉鲁湿地的建设规划出力不少。在报请拉鲁湿地晋升为国家级自然保护区时，我作为主要评委参加了项目的评审。

拉鲁湿地位于布达拉宫后面与色拉寺之间条带状平缓地貌区，平均海拔3645米，面积约为1220公顷，是世界上海拔最高、面积最大的泥炭型湿地。从北面的冈底斯山脉流来的径流水来不及流入拉萨河，同时由于海拔高，气温、地温都比较低，泥炭下部属于多年冻土和季节冻土层，地表径流水渗入一定深度后就会被冻结起来。湿地上的芦苇等杂草年复一年生长，千百年来无人采集收割，于是形成了厚厚的泥炭层。直到20世纪60年代，有人开始开采泥炭晒干后作为燃料用，并且将拉鲁湿地称为"向阳煤矿"。一时之间，部分拉萨居民传统的牛粪燃料被"向阳煤矿"的泥炭所取代。后来，有包括中国科学院等单位的专家学者提出，拉鲁湿地是海拔最高的湿地，是拉萨市这个历史文化名城的"肺"和"肾"。于是，在政府的干预下，关停了"向阳煤矿"，拉鲁湿地开始受到高度关注和保护。2005年7月23日，国务院批准拉鲁湿地为国家级自然保护区，从此拉鲁湿地开始了它的"新纪元"。

如果说嘉陵江是广元人的母亲河，那么广元南河湿地就是广元城市生态环境的"肺"和"肾"。

在一个天气明媚的上午，在家兄张文雄的陪伴下，我再次来到南河湿地公园游览参观。

哥哥是地方基层退休干部，当过大队支部书记和乡镇党委书记，在20世纪

广元南河湿地的廊桥

70年代还被评为四川省农业战线的劳动模范,四川省委书记还专门到五权镇清水村考察接见他。托他儿子的福,老两口退休不久就从老家旺苍县五权镇张家岭搬到广元东坝的"水榭花都"居住。水榭花都距离南河不过百米之遥,平时茶余饭后他们都可以来此散步,遇见熟人还可以家长里短说说话聊聊天,以消遣退休后的寂寞。我之所以能在国家经济最困难的时候继续求学,离不开哥哥的省吃俭用、无私支持。

我上初中时正值国家经济状况最困难、人民生活最艰苦的20世纪60年代初期。初中一年级还是国家统一供应粮食,初中二年级就改为自家背粮食去上学了。那时候农村都是公共食堂制度,家里徒有四壁,哪里来的余粮剩米啊,只有凭借学校证明回生产队按标准领取。学生的粮食标准每月只有24斤,十几岁的孩子正是长身体的时候,一天8两哪里会吃饱。就这还不能够及时领取到位呢。记得初中时,礼拜六放学回家同路五六个人,可是星期天返回时就只有三两个同学了。一个班最初55人,到了初三年级只剩下十几人,学校不得不将原来的5个班合并为3个班,而且每班只有30人左右。为了鼓励我学习,哥哥常常利用

广元南河湿地

来县上开会的机会,步行来到我就读的普济中学,给我送来诸如《青年运动的方向》等剪报,当然也将他开会得到的微薄补贴节约下来给我购买一些学习和生活必需品。

  由于嫂嫂是个地道的农民,哥哥的退休费本来不高,要维持两口人正常的城市生活还是比较紧张的。所幸子女们都很孝顺,他们的生活过得虽然平常却也充实。有人对他的劳模经历既羡慕又抱不平,可是哥哥总觉得现在比起当年的日子真是天上地下,尤其看到有南河湿地这样优越的生态环境以供群众休闲娱乐,他们也能够在此安度晚年,总会说:"这么好的环境,再给多少工资补贴都换不来,还有啥子不满意的呢?"可见南河湿地是广元人都非常喜欢的地方。

  南河湿地规划建设是广元市委、市政府以及相关部门为群众办的一件实事,是一件含金量很高的惠民工程,更是体现了"绿水青山就是金山银山"的先进生态环境理念。

  湿地让广元的环境更加干净美丽。

  广元多年来一直保持国家卫生城市的光荣称号,这当然与广元人的文化素养密切相关，但嘉陵江水域和广元湿地的作用也可不能小觑。去过日本的人都知道，日本是个非常干净的国度，这与日本是个岛国，周边全是大海的关系太大啦。海域广大，空气中的尘埃很快就被潮湿的气流带走沉入海洋，陆地的灰尘自然会少之又少，风起处，当然不会黄沙扑面，尘霾迷眼了。现在的城市到处都是钢筋水泥，地面都被严严实实地封闭起来了，尘埃落不了地（指非水泥地），大风一来，再被重新吹起，如此循环往复，水泥城市的霾尘就越来越多，哪里还有明净的空气可言呢？

广元南河湿地公园位于利州区东城片区的万源新区，濒临南河水域（实际上包括南河的该河段），海拔高度474.5～505.8米，东西长近2千米，南北宽约1.4千米，总面积为111公顷，核心湿地水域68公顷，包括河流（除了南河还有从东南流来的万源河）、湖泊和水田等湿地生态地貌单元。南河湿地公园背靠南山，面对南河——南河从与嘉陵江交汇处开始被人为多级漫水坝抬升，流速减慢，水位抬高，水域面积增大，为湿地的"生命"注入了活力。广元地区的平均降水量大约为1000毫米，南山山地降水量达到1200毫米以上，为温暖湿润的季风性山地气候。湿地地下水涵养性极强，如果没有连续特大干旱的灾害天气影响，湿地将处于长期的良性生态演替之中。

南河湿地公园自建设以来，政府已经先后投入上亿元进行基础设施建设。目前的南河湿地公园，道路宽窄适中，树木成林成荫，春夏秋三季各种花卉竞相开放，小桥流水，亭台楼榭，蛱蝶翻飞，水鸟翔集，农家乐和各类服务项目科学配套，不仅是广元人的生态环境的肾和肺，更是广元人"生态立市，康养广元""家外有家"的又一处美好的"家园"。

事实上，在四川盆地的北部山区类似广元这样的生态环境，它的"生态肺"又岂止一个南河湿地公园呢？大面积的森林、草山、行道树、公园绿地、河流滩涂，还有水塘、水池、水库、稻田……都起到了生态肺甚至"生态血管"的巨大作用。

在20世纪"大炼钢铁"的年代里，由于需要大量能源，广元的原始森林几乎被砍伐殆尽。我们家乡张家岭坟山上几百年树龄的大树都被任意砍倒，族人阻拦，一顶"破坏大炼钢铁"的大帽子随即被戴在头上。眼看着方圆几百、几千平方千米的山地被一个个剃了光头，一眼望去，一片洪荒。大雨一来，山水没有植被的涵养截流，洪水瞬间而至，泥石流、滑坡等灾害此起彼伏，损毁道路，淹没农田，冲走房屋，真是浊浪滔滔泥沙俱下。1960年9月，中央提出了"调整、巩固、充实、提高"八字方针，随着一些激进的行为减缓和停止，四川林业部门的有识之士提出了用飞机播种育林的方案。时任四川省林业厅书记的韩正夫（著名电影制片人韩三平之父）是位从广元旺苍县尚武乡走出去的老红军，他知道家乡的森林植被大量破坏后非常着急，特地吩咐执行飞播任务的部门，要加大广元旺苍等地区飞播的力度，说"必要时可以沿着米仓山多飞两次"。此后，又隔几年补飞补种一次。目前广元森林无论质量还是面积的恢复都超过历史上任何时期。

在新的历史时期，广元市通过重点生态修复工程、天然林资源保护工程，按照"大山大水大森林"的思路，稳步实施人工造林、低产低效林改造、中幼林抚育、封山育林和义务植树等措施，全市林地保有量超过了1500多万亩。有朋友告诉我，广元现在的森林覆盖率达到了60%左右。由于森林恢复得好，生态环境得到了极大的改善与优化，生物多样性趋势也达到了历史上最佳状态。据广元市林业局2020年3月统计，旺苍县境内植物多达4940种，森林面积达334.5万亩，森林覆盖率66.91%。野生动物468种，其中国家一、二级保护动物44种；朝天区有林地面积147万亩，牧草山120万亩，森林覆盖率46%。

来雁塔，巴金故居，大华纱厂和豫剧团

朋友曾经问我有关广元市区及其近郊旅游开发建设的个人意见，我几乎脱口而出说道："来雁塔，巴金故居，大华纱厂和豫剧团。"

2020年5月下旬，我又回到广元，有机会再次对来雁塔、巴金故居和大华纱厂以及豫剧团等我曾经十分钟情的几处景点进行了考察。

在宣传部张菊荣的陪同下，我们首先来到来雁塔参观访问。

改革开放之前，来雁塔是广元市最具特征的标志性建筑，无论是乘火车、

广元来雁塔

汽车还是步行、乘船,在进入广元市区后首先映入眼帘的一定是来雁塔那高耸入云的白色身姿。

一路由北而南逶迤流来的广元人的母亲河——嘉陵江,在接纳了南河的汇流后,受到南山抬升构造的影响下转而向西—西南方向流去,在昭化古城附近与白龙江合流后再向南奔流而下。

就在嘉陵江转向西流的南岸,距离广元市中心向南约5000米的地方矗立着一座孤立的小山丘——印台山,来雁塔就坐落在印台山的山顶上。

从广元天成宾馆出发乘车大约半小时就到了印台山下,弃车步行,沿着一条蛇形向上的乡间小路再一个半小时就来到了来雁塔的跟前。抬头望去,只见来雁塔塔身在印台山顶拔地而起,巍峨伟岸,真有一种令人高山(塔)仰止,景行行止的感觉。再前行几步,有一座新立不久的石碑,碑座为白色大理石,碑面为黑色大理石,碑面上写着:

四川省重点文物保护单位

来雁塔

四川省人民政府 2012 年 7 月 16 日公布

广元市人民政府 2013 年 10 月 10 日立

碑面厚度不足 10 厘米,与高大厚实的来雁塔相比,这省级文物保护的碑体也太过单薄了。

来雁塔为阁楼式砖石塔,高 36 米,其形式为八角十三层,每角挂铜铃,最上层铸通巅宝顶。建成之初终日铃声叮当,金光闪烁,甚为壮观。进入塔门,沿旋梯而上,可通塔顶,是登高观景的好地方。据来雁塔周围留存的石碑记载,此塔始建于清朝同治十一年(公元 1872 年)三月初八,由时任广元知县姚叔文和地方绅士姚廷章共同发起修建。由于工程量大,加之筹款遇到困难,工程断断续续甚至停工,后来接任知县张丙继续筹款建设,直至光绪六年(公元 1880 年)十月初八先后延宕 8 年之久方得大功告成。若自开建之日算起,距今已有 150 年历史了。

由于中国古代建筑没有防雷科学意识,不懂得"尖端放电"的科学道理,

来雁塔，巴金故居，大华纱厂和豫剧团

来雁塔塔身下层

来雁塔内部结构

加之来雁塔又建在印台山的山顶，四周没有更高的山体和建筑设施为它拦截雷电的袭击，在20世纪70年代曾经遭到雷击损毁，致使塔身发生歪斜，于1998年进行维修后成功复位。2008年，5·12汶川大地震使其再次受损，6层以上几乎全部倒塌，后又经过灾后重建于2010年修复竣工。

来雁塔建筑完全由花岗岩石质材料，用石灰加蒸熟糯米调成的"糯米砂浆"层层错落磊建而成。为了稳固结实，基础石条之间凿有燕尾凹凸形状以有利于彼此的卯榫嵌合。这种工艺技术在四川许多古代建筑中都有发现，比如朝天区明月峡古栈道石孔、剑门关下的剑溪桥和翠云廊拦马墙古道下端的清凉桥的桥面石、石板连接处等。

　　来雁塔的花岗岩石块最大最重的估计不下几百斤，大大小小不下几千块。广元附近并无上好的花岗岩出露，不说远距离从外地运来要花费多少人力物力与财力，单说从印台山下一块块搬到山上，全部要用人力，大的一个人搬不动，估计需要两人以上才能够慢慢抬上山来，其难度可想而知。

　　再说那两位自筹经费的知县，前后8年虽然停停歇歇，但是始终不弃不舍，那份责任心，那份坚韧的执着，难道不该我们好好学习吗？其实古代有多少像来雁塔这样的公益事业，一些社会有识之士，集思广益，募捐善款，毁家纾难，克服艰难困苦，终得千年丰碑永立，成为后代学习效仿的楷模。

　　据说来雁塔的名称最初有"文峰塔"之说，后来等到"封顶"竣工之时，突见几只大雁飞来，于是有人有感而发，起名为"来雁塔"。

　　修建高塔中国自古有之，这与古代名人志士有登高望远、积极向上、突破极限等理念相关；同时，那时的工匠们也有在工艺技术方面突破自己的追求，希望自己的"作品"能够鹤立鸡群，获得更加完美的成就感。也总会有一些为政一方的官员们想在自己的家乡作出一件或者几件扬名立万传于后世的事情。所以类似来雁塔这样的宏伟建筑，早在"立项"之初，一定会有详细的"规划""论证"，尤其是项目的名称，早就"成竹在胸"了，哪有直到竣工之时还没有取好名字的道理呢？再说，与大雁相关的名塔在全国不止一处：西安就有闻名遐迩的大雁塔、小雁塔，湖南衡阳的来雁塔，山西的雁门关其实也是一座与大雁相关的塔楼建筑。嘉陵江流经广元时，蜿蜒平缓，两岸蒹葭丛生，水中鱼虾肥美。在米仓山—大巴山与南山的围屏中，冬季气候远比北方温暖适宜，西边的岷山—龙门山与东边的米仓山—大巴山之间正是千万年以来形成的嘉陵江与白龙江河谷大通道，每逢秋天来临，从北方远来的候鸟首先进入广元地区，嘉陵江流域这一方环境优良的滩涂湿地就是它们停歇聚居的不二选择。为了吸引更多南来北往的大雁们就地聚集，修建一个永久性的地标建筑提示它们，久而久之，候鸟们就会"口口相传"凭借"基因记忆"，从广元上空飞临时"鸟瞰"白塔在下，于是放慢速度，纷纷"凤鸟还巢"，或者就此越冬，或者停歇几天继续南飞。所以，我并不怀疑来雁塔就是那位姚叔文姚知县建立此塔时所起的最初名称。真如此，可见我们广元人早就有一颗保护环境的爱鸟之心呢！

说到广元巴金故居，我是在阅读《巴金文集》中有关巴金自传时偶然得知的。

巴金1904年11月25日生于四川省成都市，卒于2005年10月17日，原中国作家协会主席，是中华人民共和国成立后体制内唯一不拿工资只凭稿酬养活全家人的著名作家和文化家。原名李尧棠，字芾甘，巴金是他写作时用的笔名，父亲李道河，母亲陈淑芬。李道河在宣统元年（公元1909年）就任广元知县，巴金幼年曾经随同父母一起在广元度过了三年时光。巴金住过的广元县衙位于广元老城凤凰山下嘉陵江二级阶地上，也一直是中华人民共和国建立后广元县政府所在地，直到改革开放初期都还

作者在广元巴金故居遗址与巴金坐像合影

好无损地保留了下来，广元撤县建市后，新的广元市委政府还一度在此办公。后来听说老衙门被拆毁，地皮卖给了房地产开发商。我在知道广元县衙是文化名人巴金先生曾经居住过的地方后，第一时间就告知广元相关部门的朋友们，建议要好好保护这个地方。后来只要有机会都要反复提醒家乡的父母官，广元县衙是重要的历史文物，遗憾的是，我的提醒并未起到任何作用。

巴金居住过的广元县衙早已荡然无存，一座新的钢筋水泥现代建筑坐落在原址上。好在院子的草坪边有一座白色巴金坐像，表明这里与这位文化巨匠曾有的历史渊源。

巴金是我的文学偶像，无论是《激流三部曲》的《家》《春》《秋》，还是《爱情三部曲》的《雾》《雨》《电》，我都反复读过多次，他的散文、回忆录、纪实文学作品，包括他晚年的《随想录》，都是我喜欢研读的著作。

巴金一生著作等身，获得国际大奖无数，比如1982年意大利的"但丁国际奖"，1983年时任法国总统密特朗来访时在上海展览馆宴会厅亲自颁发的"法兰西共和国荣誉军团勋章"，1984年获香港中文大学授予的荣誉文学博士学位，1985年被美国文学艺术研究院授予外国名誉院士称号，1990年苏联授予他"人民友谊勋章"，同年，日本福冈授予他"亚洲文化特别奖"，1993年获得亚洲华文作家文艺基金会"资深作家敬慰奖"，等等。其实，最令人景仰的应该是国务院2003年授予他的"人民作家"称号吧！

陪同我的张菊蓉为我在巴金的坐像前拍了一张合影照片，算是我对这位中国现代文学巨匠的膜拜纪念吧！

张菊蓉还陪同我考察参观了广元大华纱厂防空洞遗址。

20世纪30年代末正值全面抗日战争时期，包括重庆在内的四川等大西南地区成为全国抗战的大后方，南京失守后国民政府的首都也迁到了山城重庆。一时间，政府机关、大中院校、社会团体、文化单位和大批工厂也纷纷内迁到了西部四川等地。

1939年，日本飞机轰炸西安，西安大华纱厂遭受严重损失，仅棉花就被烧毁3万多担，机器也摧毁不少，导致停工几个月。为了避免再次受日机偷袭轰炸，时任总经理、著名的民族纺织工业家石凤翔在认真考察后决定，将较好的动力设备和纺纱机器运往广元，在广元老城的凤凰山中开挖的防空洞内建立广元大华纱厂。那时川陕公路已经初通，石凤翔从美国一次性购买了40辆卡车，很快就将6000锭纱机运往广元并且开工生产。随后又在防空洞外建立了9000锭纱机车间投入运营，洞内洞外的厂区占地面积130亩左右。1961年由于"大跃进"致使棉花歉收，广元大华纱厂停产，一度改成火柴厂。1963年棉花丰收，大华纱厂恢复生产。1965年，我到广元中学参加完高考后老师组织参观时，正值大华纱厂建设的高潮期。这时的大华纱厂增加了502台织布机，由原来主营纺纱业务变成了既纺纱又织布的国营企业，名称也改为广元棉纺厂。在明亮如昼的防空洞内，

大华纱厂内部结构

我们在一位漂亮的女纺织工的带领和讲解下，先后参观了洞内的办公区、纺纱厂（包括清花车间、前纺车间、细纱车间等）和织布厂（包括织布车间、摇纱车间、准备车间和筒摇车间等）。这是我第一次看到这样规模的工厂，加之又是在迷宫般的地下防空洞内，所以记忆尤其深刻。

此次参观的大华纱厂防空洞是"文革"中期响应"深挖洞、广积粮、不称霸"的号召扩展再建的，面积扩大到7000平方米左右。原来的工厂早就人去洞空。5月底的广元，人们早就穿上了衬衣短裙，洞内却是清新凉爽。四通八达的地下通道在不很明亮的灯光下更有一种穿越历史的神秘感。花岗岩石浆砌的半圆形拱券整洁明净，与两边的墙体牢固地结合在一起，稳如原生岩壁，展示着支撑万钧之力而毫发无损绝不动摇的坚韧品质。整个防空洞有十字交叉形状、丁字形状、直筒形状等。有的走着走着眼前突然豁然开朗，柳暗花明，原来前面是一个宽敞的大厅；有的看似尽头突然转弯则是阶梯相连的连体"洞房"。在一处直筒式地洞中一潭池水清澈透底，原来这里是暗藏的地下水池。除了进出的洞门，地道还有好几个比较小而隐蔽的出口和若干窗口，那是为了发生紧急情况时启用的备用道，

大华纱厂地下储水池

也是为了保障防空洞内有足够的新鲜空气流通。

广元棉纺厂早已不再生产棉纱和布匹了，洞外的办公楼里还有办事机构和少量人员管理着防空洞和外围的土地。考察时见到在那片土地上正在建造好几座电梯公寓，防空洞附近也有围栏设施，似乎也已经被圈地征用了。

目前鲜为人知、保存完好的大华纱厂的地下防空洞纱厂遗址，不仅保存着广元人对抗日战争巨大贡献的历史，也见证了近一个世纪以来广元地区民族工业发展变化的艰辛曲折，是广元历史文化不可或缺的重要部分。建议将这里建成一个以广元抗战文化和地方工业发展文明为主题的博物馆。

在一片压倒式四川方言和川剧的高腔声中，广元有个全川甚至整个西南地区唯一的豫剧团，这似乎有些匪夷所思呢。

广元豫剧团因为是四川省唯一以河南地方戏剧为特色的剧团，所以又称为四川省豫剧团。

1948年，解放军以排山倒海之势对国民党军队进行了势如破竹的大反攻。此时，驻扎在西北一隅的国民党胡宗南部梦想凭借美式装备挽狂澜于既倒，在声厉色荏、四面楚歌的形势下，为了稳定军内山东、河南、陕西等籍官兵们的情绪，在是年6月成立了以唱豫剧为主的"建阳剧社"。在解放军西北野战军的穷追猛打下，1949年11月胡宗南率部进入四川，建阳剧社随军入川到了成都，随即更名为"时代剧团"。可是好景不长，在刘邓大军从东南方向和贺龙部队从西北方向步步紧逼之下，加之四川国民党军阀刘文辉、邓锡侯和潘文华在成都附近通电起义，胡宗南部所剩三个兵团也认清形势宣布起义投诚，胡宗南随即逃亡西昌，之后不久飞往台湾，"时代剧团"则留在成都迎接了解放。1950年元旦过后，在陈松山和李玉山的主持下，在原时代剧团的基础上建立了"河南豫声剧社"。1951年1月，河南豫声剧社巡演至广元，受到广元人民的热情接待和欢迎，剧团决定留驻于此，随即先后更名为"广元群众剧团"和"广元豫剧团"。

记得上高中时，看过一次广元豫剧团去旺苍的巡回演出，剧目与八一南昌起义有关，给我留下了深刻印象。高中毕业后考入兰州大学，加上后来又在北方学习、工作近30年，除了从小就喜欢的川剧，也喜欢北方的秦腔、豫剧和京剧。

"文革"前，广元豫剧团和所有的川剧团一样，除了上演传统剧目，也演一些现代戏。"文革"中除了"样板戏"没有别的戏可演。

1978年的春天，邓小平同志来成都时入住金牛宾馆，省里同志请他观看歌舞晚会，可是小平同志却提出想看川剧，而且要看川剧的传统剧目。此时，刚刚粉碎"四人帮"不久，这一要求对于地方领导而言，不啻一枚突然引爆的炸弹。可是小平同志早就成竹在胸，他是要向全国的文艺界发出一个信号：文学艺术应该解禁了，博大精深的传统文化必须继承和发扬光大。省里只有临时报来《亭子口》《拷红》和《金台将》三部曲目——这在"文革"中绝对属于"牛鬼蛇神""才子佳人"和"帝王将相"类，都在必须批判打倒之列。可是小平同志却一边抽烟，一边专心致志地欣赏完这些久违了的川剧折子戏。"小平同志在成都看了三场传统川剧"的消息不胫而走，于是一时之间，全国各地的几十种地方戏纷纷解禁。

广元豫剧团也同时获得了新生。他们引进人才，解放思想，突破禁忌，先后创作了《陈世美喊冤》（有点像魏明伦新编川剧《潘金莲》的味道）、《武则天外传》和《娘》等剧目。其中的《陈世美喊冤》在许多地方巡回演出，影响巨大，还专程回河南给乡亲们进行了汇报演出。后来上海电影制片厂将该剧目搬上了银幕，在全国戏剧界传为佳话。

广元人民具有极大的包容性，既根植于深厚的历史传承性（相关内容将在后面昭化古城和剑阁县的普安镇等章节中述及），也与广元是川北门户和位于川陕甘结合的区域特点有明显的关系。

古香古色的昭化古城

在我国传承了5000年的文明史上,有许多薪火不绝的文化史籍和艺术遗迹,或者完好地保存在地上,或者深埋于地下。当然,也有更多的文明被损毁、破坏、掩埋并最终被忘却。为了尽可能保存更多的古代文明,在科学技术非常落后甚至处于"茹毛饮血"的时代,我们的祖先也会想方设法用当时最先进的技术手段将文明记录下来留给子孙后代,比如岩画、壁画、石器、甲骨文、竹简木牍、玉器、写有铭文的青铜器等。至于历代的建筑艺术和建筑遗迹,包括有巢氏们的巢居屋,甚至杜甫诗中描绘的为秋风所破的茅屋,由于实在不是人类生活进化演替的美好境界,所以只能是考古学家的专利,其形态、形状多出现在研究论文之中。但是

昭化古城西门"临清门",也称"葭萌关"

也有例外，比如石器、甲骨、青铜器、玉器、书画等被一些有钱阶级或者有闲阶级们所追求、收藏。

改革开放后，随着国民文化素质的普遍提高，加之旅游业的方兴未艾与蓬勃发展，有一种古迹文化被推上了历史潮流的风口浪尖，那就是古城池等古建筑的发现、修复与保护。

我国的古城池可分为古都、古城、古镇以及古村落和古民居。

古都有北京、南京、西安、沈阳、洛阳、杭州等古建筑群。此等建筑按照当前的说法，那就是具有"正国级"历史待遇的古城，它们都曾经是某个朝代的首都。

古城一般指曾经具有县级或者县级以上功能的城池，比如云南的丽江古城、

山水太极——昭化

古香古色的昭化古城

山西的平遥古城、湖南的凤凰古城、安徽的徽州古城、湖北的荆州古城、新疆的高昌古（故）城、四川的阆中古城、巴中的恩阳古城、旺苍的红军城和下面要介绍的广元昭化古城等。

县级以下的古城池称为古镇。中国目前保存比较多的能够称为城池聚落的就是古镇了。比较著名的有广东佛山古镇、江西景德镇、湖北汉口镇、河南朱仙镇。四川比较著名的古镇有龙泉古镇、平乐古镇、黄龙溪古镇、上里古镇、磨西古镇、安仁古镇、柏林古镇、柳江古镇、铁佛古镇、龙华古镇、郪江古镇、福宝古镇、罗泉古镇等。至于古村落、古民居在全国就数不胜数了……

虽然广元是我的家乡，可是我高中毕业就去外省上大学，除了熟悉的那些地方外，其实我对于广元的了解还是非常有限的。尤其对于旺苍以外的县区乡镇，有的听说过，有的却非常陌生，更谈不上什么了然于心了。

葭萌关上葭萌亭

我第一次知道广元昭化古城还是在大学刚刚毕业不久的20世纪70年代初期。一次我去拜访教过我古生物学的贵州籍老师沈光隆先生，临走时我送给了他一些全国粮票——那时他家人口多，粮食老是不够吃。当时我正在甘肃岷县"农宣队"（甘肃省当年的一种支农形式）下乡，吃派饭，不缺粮票。沈老师则从他的书架上取出一本薄薄的小说给我，那是我国著名科幻小说家、四川大学考古学教授童恩正创作的科幻小说《古峡迷雾》。我依稀记得，这篇小说开宗明义讲的是古代巴人发祥地在大巴山一带，昭化就是他们的都城，后来受到秦军的残忍追杀，国王率领全体国民弃城逃离了家园，沿着嘉陵江一路南下，最后流落到三峡之中的大山里神秘失踪……在这本书中，我第一次知道了广元的昭化古城。其实，在我最早阅读历史小说《三国演义》时也知道广元附近有个葭萌关，可是没有将其与昭化古城联系起来，也没有刻意地将其与自己的家乡联系起来——正如许多成都人，将"两个黄鹂鸣翠柳，一行白鹭上青天，窗含西岭千秋雪，门泊东吴万里船"与"好雨知时节，当春乃发生。随风潜入夜，润物细无声。野径云俱黑，江船火独明。晓看红湿处，花重锦官城"等描写成都的诗歌背诵得滚瓜烂熟，却很少有人明白诗歌描写的地方就在自己的眼前、自己的身边一样——还是读了童恩正小说后才找出地图，好一阵查对，才知道葭萌关就在昭化古城旁边，而这些地方就在我们广元！才知道葭萌和昭化还有益昌和汉寿这些在不同时期的不同称谓，不过只有昭化的名字一直沿用至今。

站在广元人的母亲河——嘉陵江与白龙江交汇处兼葭苍苍的岸边，只见在一处历经万千年之久形成的古河流三角洲阶地上，有一座巍峨的古色古香的古城城邑，背靠青山，面朝大江，这就是四川著名的古城明珠——昭化古城。

据史料记载昭化是中国最早推行郡县制管理的县治地之一，有"巴蜀第一县"之美誉。先是葭萌，后为汉寿，再后是益昌、昭化，昭化古城都是县级或者县级以上政府的政治、经济、文化等行政中心。在三国蜀汉时，为了联吴抗魏，北上伐魏，昭化还一度成为蜀汉的第二国都呢。

目前的昭化古城建筑面积为 20 平方千米，居民 2 万人左右，是剑门

昭化蒹葭草（巴茅）

蜀道景区遗址群的重要组成部分。1992 年，昭化古城被四川省人民政府批准命名为四川省历史文化名镇（其实应该是名城而非名镇）。2011 年，在中央电视台七套首届《乡土·盛典》晚会上，曾经与云南丽江等国内十座古镇古城一起荣获中国十大最具人文底蕴古城古镇奖。

2020 年夏天一个晴朗的上午，在广元市科学探险协会秘书长卫东等人的陪同下，我们弃车步行，从古城城门移步进城。只见城门内街道干净整洁，地面条石铺就，中间高两侧低，呈现出"鱼脊背"形状，这当然是为了有利于路面自然排水功效，家家户户门前都有通街的屋檐水沟相连，大雨一来，街道上的雨水很快就会分别流向两旁的排水沟。街道两侧青堂瓦舍大都是明清以来的建筑风格，木柱到顶，穿斗榫卯结构，高低错落，排列有致；大都是一楼一底，或者两层三

昭化古城

层，有的是一进两院，有的是两进三院，内有天井，富裕人家还屏风影壁、雕梁画栋，假山应景；除了自家居住，还可以接待客人，临街多做经商铺面，开酒肆饭馆。象征吉祥的红灯笼和各种各样的招贴旗挑挂在门楼门楣上，将一个昭化古城打扮得红红火火、喜气洋洋。

除了门楣铺面，在一些街道宽余处，也有一些附近村落里进城来售卖自家特色产品的农民，这些摊贩多以妇女为主。街道上人来人往熙熙攘攘，有外地来的游客，有本地进城来"赶场"的群众，但还是外地游客居多。导游们举着小旗，一边为游客讲解，一边疏导着拥挤的人流。游客们有的在听，多数人则只管与摊贩们讲价购买他们需要的土特产品。

这里的土特产真的是丰富多彩、琳琅满目，令人目不暇接，有核桃、柿饼、猕猴桃、雪梨、广柑、八月瓜、香菌、木耳、黄花、笋干、茶叶、蜂蜜、瓜子（葵花子和南瓜子），还有元宝枫系列产品（元宝枫茶、元宝枫油等）、石斛系列产品、橄榄油、腊肉、豆腐、豆腐干、米豆腐、天麻、根面、挂面、荞麦面等，真是数不胜数。

除了这些干鲜蔬果杂品之外，昭化古城的小吃更是让人馋不忍离，流连忘返。除了一般的川菜外，地方小吃有千层饼、黑桃饼、酥肉、坨子肉、根面圆子、黄荆叶蒸肉、酸菜豆腐、米醪子馍馍、凉粉、肉和尚以及混糖锅盔（或者叫红糖锅盔）、鸡蛋粉子醪糟等，真是令人馋涎欲滴，似乎比那成都的锦里和宽窄巷子的吃食还要吸引人呢!

在昭化购买商品可以现场扫二维码付款,也可以将寄送地址、姓名和电话给商家,通过快递及时寄送到家。商家还主动将名片分发给客人,说以后需要任何土特产品都可以通过电商平台购买,保质保量。即使是从附近村落临时赶场出售家里产品的农民,也可以通过扫码付款,十分方便简单。正说着昭化古城的信息现代化水平高呢,不小心手里的红糖锅盔的糖稀流出来滴在了我的皮鞋上,还没有等我反应过来呢,旁边一位擦皮鞋的中年妇女,一边指着一个小凳,一边客气地对我说道:"先生,请坐,我给您收拾一下,马上就好。"几分钟后,我的皮鞋被收拾得锃光透亮。"多少钱?"我问道。"两元,可以扫码。"一看,在她的座椅靠背一侧,果然贴着微信二维码标识。不知道这已经非常方便的信息平台等到通了5G网络后又该换来啥子新气象!

昭化古城街道

据说,中华人民共和国成立前和成立初期,昭化还有掏耳朵和卖口口烟的行当。掏耳朵,现在的有些大城市还有此服务,比如成都和重庆有的茶馆里就有专业师傅"坐台献艺"。但是,卖口口烟的早就绝迹了,一是现在不鼓励抽烟,即使有人有烟瘾,也不至于去抽口口烟,多不卫生啊!所谓卖口口烟,就是有人拿一支旱烟袋或者水烟袋,如果有人烟瘾犯了,就会将水烟或者旱烟装好,点燃,将烟嘴伸到客人的嘴边,直到吸完为止。这些习惯,昭化曾经有,整个川北地区也曾经有，只是有的地方作为习俗保留下来了，有的地方却被现代生活节奏和方式取代了。

偶尔一抬头，也会被一队穿着盔甲手拿古代冷兵器的武士们突然给一个激灵和趔趄。原来这是古城守卫"换岗"的时候到了。要是运气好，除了遇上换岗的队伍，还可以见到街头或者广场上古装古戏表演，内容多为三国戏，最常见的就是张飞大战马超、姜维大战邓艾等折子戏。

昭化古城是蜀道文化和三国文化非常厚重的地方，也是全国三国遗迹保留最好、最完整的城邑。从北方入川，来到昭化城，似乎秦巴山那"危乎高哉"

昭化古城东门"瞻凤门"

的一道道崇山峻岭就算是过去了，可是想不到的是前面竟然还有"一夫当关，万夫莫开"的剑门关！冷兵器时代，剑门关是蜀地南下北上最为险要的关隘，而昭化古城则是剑门关前的一座前哨阵地。一旦昭化失陷，剑门关这副锋利的"剑齿"就真的是"唇亡齿寒"了。但是剑门关毕竟是易守难攻，三国时期姜维驻守在此，要不是魏国大将邓艾暗渡阴平小道从青川大草坪摩天岭撕开了一道口子，估计要消灭蜀国还是困难重重的呢。可是历史不能重演，过去的只有回忆。这不，在昭化古城还遗留了诸多的三国文化遗迹让人怀古凭吊，诸如葭萌关遗址、古蜀道遗址、费祎墓、武侯祠、费敬侯祠、

姜维拜水牛头山

天雄关、战胜坝、牛头山、姜维井、关索城、鲍三娘墓、桔柏古渡等保护完好的国家级和省、市级文物；还有汉代古城墙、明清时期的古城门、古街道和古民居、八卦井、龙门书院、川主庙，以及散落在地上地下的秦砖、汉瓦、青铜器、石器、悬（船）棺墓葬等，无不让人惊叹昭化这地方历史文化的凝重与灿烂。

还有一处矗立在古城西门外的清代建筑很出乎我的意料，这就是为了纪念著名的"宫保鸡丁"的发明人丁宝桢（还有他的父亲丁建业）的"丁公祠"。

丁宝桢（1820—1886年），字稚璜，晚清名臣。原籍贵州平远（今毕节市织金县）牛场镇人。昭化人都说丁宝桢出生在昭化，因为其父曾任昭化县令。丁宝桢于咸丰三年（公元1853年）33岁时考中进士，光绪二年（公元1876年）加太子少保（宫保之一，死后被追赠太子太保）兼兵部尚书、都察院右都御史衔，不久出任四川总督，一干就是10年，一直到逝世在任上。10年中，丁宝桢整顿盐务，编撰《四川盐法志》，开办四川机器局，修缮灌县都江堰致使成都平原更加水旱无虞，剿

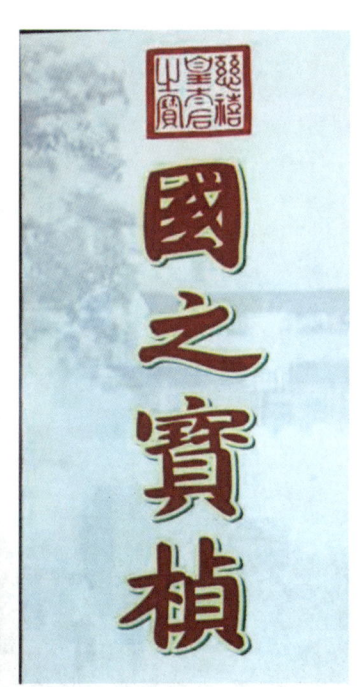

"国之宝桢"条幅与"宫保鸡丁"

灭匪盗，整治社会治安，几乎使当时的成都到了夜不闭户道不拾遗的太平景象。慈禧太后为此还亲自书写"国之宝桢"条幅赐予他。

丁宝桢父亲曾为昭化县令，丁宝桢即出生于此。后来到了清光绪二年，丁宝桢任四川都督时，感念其父为官清正廉明，薄赋轻税，"捐银置产，永免人间夫马"，在古城西门外建立"丁公祠"。后来丁宝桢逝世后，由于丁宝桢名气更大，当地人将丁公祠作为纪念丁建业、丁宝桢父子共同的祠堂了。

更为奇趣的是，由于丁宝桢喜欢美食，特别喜欢自创的一道将鸡丁、红辣椒、花生米下锅爆炒的菜，于是人们将其官衔放在前面，美誉为"宫保鸡丁"。

想不到宫保鸡丁这道享誉世界的著名川菜竟然与广元、与昭化有着如此不解之缘呢！

东汉建安十六年（公元211年），益州牧（相当于四川省省长）刘璋派张松、法正等人前往荆州，商请刘备西进入川，协助自己进攻时任汉中南郑（汉宁）太守的张鲁，进而防备曹操的进攻。当时的益州范围包括汉中和甘肃陇南一带。于是刘备率领数万将士长途行军来到葭萌。刘璋生性懦弱多疑,在西进的途中,张松和法正反而劝说刘备直接进攻成都,夺取西川,然后再去招降驻守在南郑的张鲁,张松还将西川的军事地图献给刘备。后来刘备果然如愿以偿,先是得封汉中王,后又自封为帝,国号汉,年号章武。为了感念葭萌是

昭化古城墙

他的入川发迹之地,刘备将葭萌更名为汉寿,即为"汉祚永寿"之意。

蜀汉政权建立后,汉寿(即葭萌)又作为诸葛亮六出祁山和后来姜维九伐中原的进攻大本营和后方保障基地。到了后主刘禅延熙十九年(公元256年),为了前线军事需要,费祎受命将丞相府移至昭化(汉寿)来办公,将这里作为继续北伐抗魏的指挥中心,一时之间,昭化甚至成了当时蜀国的第二首都。

广元曾经作为远道而来的刘备进取西川夺取成都的大本营,尔后成为魏、蜀、吴三分鼎立局面的前哨大本营,当地人民一定做出了许多贡献,显示出广元人民早在近两千年以前就具有极大的包容性和牺牲精神。

到了隋唐时代,由于广元以东米仓古道的兴起,米仓山南北向多条山路、水路和从广元开始一路向东,经过旺苍,再到南江的东西向米仓古道的启用(然后翻越米仓山到达汉中),昭化的区位优势逐渐被广元(当时的利州)所取代。也许正是这种行政区划的变革,昭化古城才因为区位优势的式微得到保存而完好如初!试想,成都要不是四川的省会,包括皇城在内的大量古建筑一定会更多地保存下来的。

昭化古城东门外正是白龙江汇入嘉陵江的地方,也是蜀道要津"桔柏古渡"

昭化古城文庙棂星门

所在地。顾名思义,所谓桔柏古渡,此处当年一定是柏树成荫,挂果时柑橘金黄的富庶之地。唐代气候温暖,果木植被更是葱郁旺盛。相传,唐天宝年间,因为安禄山反叛、杨贵妃马嵬坡赐死、唐玄宗李隆基幸蜀途经此地时"遇有双鱼负舟过津,议者以为龙",于是这位落难的傀儡皇帝在桔柏古渡渡口附近摆宴三日以为庆贺——此在新旧唐书中有载。此事说明这位惶惶不可终日的唐明皇一方面已经远离叛军,终于可以轻松下来喘口气,同时还有向当地官员百姓炫耀的意思:我还是大唐的皇帝啊,我的余威还在哦!当然那个所谓"双鱼负舟过津,议者以为龙"一定是唐明皇自己或者随从们为了宣示皇权皇威迷惑臣民们的杜撰而已。再后来,又有唐朝第19位皇帝唐僖宗李儇逃难至此,看到两江汇合时白龙江水清、嘉陵江水浑,清浑不混,真是"泾渭分明",也感慨良多。也许,想起了自己忠奸不分,"清浑不分"任用权宦田令孜把持朝政,弄得朝野不宁、民不聊生,发生了王仙芝、黄巢起义,才落得如此下场吧——据说此事四川的《郡县志》有记载。不过无论如何,由于有了这些传说,昭化的桔柏古渡从此便更加有名气了。

在昭化古城城北5千米外,有一座修葺一新的古墓,墓前有石碑书曰"蜀汉将军关索之妻鲍氏之墓"。关索乃关羽三儿,鲍氏当然就是关羽的三儿媳妇了。关索夫妇不愧为将门之后,鲍氏也膂力过人,英勇善战,在桔柏古渡与大将钟会率领的魏军战斗中阵亡后埋葬在这里。有记载说,鲍氏墓在1914年被法国人色

昭化古城中的牌坊

伽兰和拉底格等人以考古为名挖开过，从中盗走了不少文物，相关物品现在巴黎博物馆有存。所幸墓室尚在，石砌墓室券拱与墓椁还算坚实，可以让墓主人多少能够地下安息吧。

昭化古城，有一个许多客人都想去体验的地方，那就是保存完好的公署衙门或者又叫"昭化县署"。县署最早建于唐代，明清时期都有修复扩建，"文革"时期被毁，2008年政府投资重建。重建的昭化县署位于县衙大街东150米处的衙门巷，是全城地理位置最高处。县署两侧的砖砌门墙呈八字形状，有封建社会"衙门八字朝南开，有理无钱莫进来"的民间调侃说法。其实这是中国古代官衙建筑的一种传统风格，当然也有聚集官气、财气和"民气"的良好寓意。在县署大门外有一座大影壁。有人说影壁的功能是为了有个好风水。其实影壁的功能应该是起屏蔽和"隔断"的作用，与大户人家的客厅"屏风"一样，也与现在住单

昭化古城县署

元房客厅的"隔断"柜差不多。古代的影壁一般都建立在诸如衙门、学校、寺院、道观、深宅大院等建筑的大门进门处,就是为了不让外人直接从外面窥测到门内,同时也可以起到挡风隔音等作用,不让大门外的气流尘霾直接吹进办公地,也少了许多路人的嘈杂声,还有张贴告示通知的作用。

进得大门后就是衙门大堂。在大堂后壁上一幅"明镜高悬"的牌匾格外醒目,这自然是为了标榜官员们的清廉公正。牌匾下是一幅"海水潮日"的图画,这却是为了衬托官员审案的威严。县太爷升堂审案的太师椅和办公桌案最吸引人们的眼球。不少人都跃跃欲试,上去摆个"县太爷"的"颇似",装模作样留影纪念。封建社会的有为清官讲究"当官不为民做主,不如回家卖红薯";现在的共产党干部讲究的是"为人民服务""人民的公仆"。可是一些国人的心底里,那种高高在上的官僚意识还是很强烈的呢!

大堂后面是二堂,是时任官员及家属的居住地。县署的二堂房屋都属于公房,也就是现在的公用"周转房"。就任期间可以居住,卸任后走人,让出来给新一任官员居住。

"贡院"也是人们来到古城昭化后必须去参观游览的地方,也是我每次到昭化都要去"再看看"的地方。

"贡院"就是古代开科取士的考场。比如江苏南京秦淮河畔的夫子庙附近

昭化古城县署大堂

的"江南贡院",四川阆中城的"川北道贡院"等。

昭化古城的考场就级别而言,就是古代县一级科举考试的考场,或称为"考棚"。考棚也坐落在古城衙门巷,距离昭化老县署不远。

中国的科举考试起源于隋朝,在唐朝武则天当政时得到进一步规范,此后一直到清朝末年的戊戌变法才被废止。

那时的学生都在私塾念书学习,文化程度到一定水平后参加县一级(或者州、府一级)的考试,叫"童试",考试合格者称为"秀才",也叫"生员"。"童试"每年举行一次。秀才们经过继续学习深造,可以参加省一级考试,叫"乡试",乡试每三年举行一次。通过乡试成绩优秀者成为"举人"。再经过继续学习深造,举人们可以参加国家一级的"会试"。会试每三年举行一次,会试选拔合格者成为"贡士"(又称贡生)。贡士们就有资格直接进京参加"殿试"。凡是殿试合

昭化古城考棚

考棚中的考位

格者均为"进士"。进士的成绩单和考卷由殿试的主考官直接呈报到皇帝手中,皇帝钦点的第一名为"状元",第二名为"榜眼",第三名为"探花"。所有获得进士头衔的都属于国家储备人才,随时可以调度任用;前三名的状元、榜眼和探花多数都由中央组织部门"吏部"以最短的时间予以安排任用,可以县级、地级,更可以省部级。在一些古装戏剧中,往往是读书人通过十年寒窗苦读,历经坎坷磨难,在多年的悲欢离合后高中状元,最终夫妻团圆或被皇帝和公主看中召为驸马,然后就是衣锦还乡,被封为巡按之类的大官……

广元昭化"贡院"(考棚)建于清朝道光十九年(公元1839年),重建于清同治十三年(公元1874年),设考位332个,参加考试的学生来源于昭化、广元(包括旺苍)、青川和剑阁四县。这样的考场规模在那时的中国县一级算是比较大的了。为了防止作弊,当时的考棚每人一个房间,房间不大,可以在里面吃住,一直到考试结束。

昭化考棚同时也是一个书院，没有考试时可以容纳两百多人进馆学习。

在考棚大门外东侧，一方砂质石碑上刻着"文武官员至此下马"的"警示语"。一看这石碑显然是后来重新树立的。按照传统格式，上面的文字应该是"文官下轿武官下马"才对呢。因为此处既是考棚又是书院，里面还供奉有孔子的牌位。

由于现代旅游业的快步推进，为了地方经济社会的快速发展，昭化古城已经作为广元市文化旅游经济的又一张金色名片，吸引着市内外、省内外和国内外的客人来此投资建设，游览参观，为广元的发展注入新的活力。

写作暂时到此，趁着休憩之时，突然有个慎重地想法，那就是建议四川省政府将原来命名的"昭化古镇"更名为"昭化古城"，还原其历史的本来面目，是古城而非古镇，朋友们以为如何呢？

几年前，辞赋家、作家、四川师范大学中文系教授张昌余在游览了昭化古城后，被古城灿烂悠久的历史和改革开放后的巨大变化所感动，一气呵成创作了《广元·昭化古今赋》：

昭明日月光华，化育葭萌之城镇；广聚乾坤元气，繁衍利州之子民。筑雄关故垒，作剑门之锁钥；扼蜀道要冲，据天府之梁津。取"青竹"、蘸"嘉陵"，书录秦岭南北之沧桑；骖"白龙"、驾"宝轮"，见证蜀山古今之风云。危栈隐隐，尽染五丁力士之血汗；老柏森森，合竖三国蜀汉之碑林。腾蛟起凤，开启刘皇叔复汉之先路；得陇望蜀，弥漫司马氏驱兵之烟尘。星月点灯，映照张飞、马超之夜战；草木设阵，卫护孔明、费祎之英魂。天低云暗，悲鲍氏三娘之壮烈；月落乌啼，叹汉家九鼎之覆倾。牛头山掩牛气，不忍睹英雄之末路；笔架峰储笔力，待谱写历史之新程。凭大山之大度，迎候震古震今之帝王与名士；以柔水之柔情，护送倾国倾城之女杰并佳人。常怀念武媚娘、杨玉环喜赴长安之娉婷倩影；又曾见唐玄宗、唐僖宗逃奔成都之憔悴身形。青泥何盘盘，孕育李白《蜀道难》之千古绝唱；细雨淅沥沥，浇溉陆游"入剑门"之百代醉吟。桔柏古渡，犹可品杜甫之不朽诗韵；汉寿老街，还能觅岑参之依稀屐痕。

山欢水笑，欣逢昭化化入三江新区；凤骞龙翔，庆贺葭萌萌发四海壮心。凭借真山真水之真美，提升名城名镇之名分。逐鹿中原而联欧亚，扛鼎西部而达沧溟。抱朴归真，守望自然太极之奇观；披沙拣金，缔造社会和谐之范本。子规声声，唤来古三国、今三国之好梦；关雎嘤嘤，重现水八阵、旱八阵之秘境。暂离宝马香车，以探"木牛""流马"之无尽奥妙；小别电玩方城，以试"连弩""火箭"之非凡功能。约集魏蜀吴之神祇，相逢一笑泯恩仇；联袂川陕甘之精英，共谋千载同繁荣。夜夜举杯邀明月，休管明月是圆是缺是晴是阴；日日煮酒论英雄，莫问英雄属中属外属古属今。波光潋潋，长相忆此处之春江花月夜；蒹葭苍苍，永难忘这方之秋水丽人行。故国神游，苏学士重讴歌"江山如画"；新区乍现，众墨客齐咏叹"城郭似锦"！赋之不足，联语赞之：

　　昭化昭明南北，一镇能容三国梦；

　　广元广览古今，半城可纳五洲情。

壬辰龙年（2013年）1月

注：文中"利州"即今之广元地区；"青竹""嘉陵""白龙"皆为此地三江之名；"宝轮"指昭化旁的宝轮古镇。

辜家大院和广元的祠堂文化

我有位同学姓辜,她说昭化有个辜家大院,那是他们辜家一脉在广元地区的发祥地,也是他们膜拜的宗族之源和文化之根。她还比较详细地给我介绍了辜家大院相关的脉络传承。

辜家大院位于昭化古城的南门巷,始建于明朝末年,距今已有约400年历史。这是一座典型的川北豪华民居,是四川乃至西南地区少有的保存如此完好的明清风格民居建筑遗存。进得院内,真是庭院深深,古风清清,三进四院落的规模空间和古香古色的建筑风格让人有一种穿越历史隧道的感觉。每进院落都有一个条石和石板砌成的天井,天井四周均为二层木结构的瓦房,下雨时屋檐水流入天井,天井的下水道将水流导出与街道两侧的排水系统相连,不愁拥堵倒灌。房屋都是穿斗式木结构,伸出的穿枋挑梁龙头兽首,吞口象形,雕梁画栋;二楼的吊脚楼和裙栏曲弧有型,彩画入图,栩栩如生,让人兴致盎然。楼下楼上都有回廊相通,房间的窗棂格致曲转,镶嵌得宜;木质扶梯启下承上,出入方便。

类似这样的川北民居和许多古建筑本来不少,可是几经历史变迁,像昭化辜家大院这样能够比较完好保存下来的确非易事并且凤毛麟角!即使有也是恢复或者重建的。像我的老家五权镇20世纪50年代初期都还

辜家大院大门

辜家大院内景

有的三进四院的"潘家衙门"（潘家大院）；原金溪镇的张家祠堂（著名关学家张载后裔在广元旺苍县金溪镇的祠堂）；二层回廊、飞檐流丹、雕梁画栋，也有偌大天井（既可以集会又可以休闲、排水）的五廊庙；塑有栩栩如生的十八罗汉的观音庙；高大巍峨有当年皇帝御赐"节孝"二字和皇封大印的节孝牌坊；附近的朝天观和铜钱庙……20世纪50年代初，占用毁坏了一批，大炼钢铁又撤毁了一批；到了60年代的"文化大革命"时，这些余下的古文物遗迹被毁坏得彻彻底底、干干净净了！许多原址用地早已被征用或者阴差阳错换了主人，即便想恢复重建那些各种各样的审批手续也会使人望而却步。比如，原金溪镇那座张载后裔的张家祠堂，1949年后被征用作金溪小学，后来大炼钢铁又被县办金溪铁厂征用作仓库。所谓征用自然没有什么法律依据可言，只需地方政府某个部门甚至某个领导的一个"指示"就行。那个年代，祠堂庙宇等都属于打倒批判之列，家族或者家族的代表是没有什么发言权的。改革开放后，金溪铁厂属污染严重的"五小企业"，按规定必须关门大吉。但奇葩的是，政府竟然将包括原张家祠堂土地在内

辜家大院内部建筑

的铁厂"卖"给了一个私人老板,而且这个老板来自遥远的浙江……如此这般的半个多世纪,本来属于张家祠堂的集体土地所有权,莫名其妙地归为一个毫不相干的外人所有了!听说现在金溪当地张姓人家想恢复张家祠堂,并且想以此作为优秀传统文化的教育基地,可是还要先从那个浙江人手中买回土地,然后再去县里办理相关申请手续……

　　张载是宋代著名关学家,与程颐、朱熹等大儒齐名,但事实上,张载思想中的中国早期唯物主义理念应该是超越所谓"程朱理学"的。张载是"四为"思想或者"四为语录"的创立者和提倡者。所谓四为思想就是:"为天地立心,为生民立命,为往圣继绝学,为万世开太平。""为天地立心"就是提倡公平正义的普世原则;"为生民立命"就是强调每个民众个体生而有之、与生俱来的生活与生存的权益;"为往圣继绝学"讲的就是一个民族一个国家必须保护和发扬文化的传承;最后方能达到"为万世开太平"的世界大同境界。

张载像

张载，字子厚，原籍大梁（今河南开封），天禧四年（公元1020年）生于长安（今陕西西安）。少时其父在四川涪陵为官，逝世后他与母亲和弟弟扶灵回原籍，沿米仓古道翻越米仓山和秦岭行至陕西眉县横渠镇时，朝廷发放的丧葬补贴经费用尽，不得已在眉县就地安葬其父灵柩，一家人就在当地落户。自此15岁的张载担起齐家之责，辛勤耕读，终于在38岁那年（宋仁宗嘉祐二年，即公元1057年）与苏轼、苏辙兄弟同科考中进士。不愿为官的张载回到眉县横渠镇开馆施教，创立关学，人称"横渠先生"，终于成为一代儒学大家。

1960年，英国蒙哥马利元帅访问中国时还给时任中国总理的周恩来讲，张载的唯物主义思想比笛卡尔还早500年！由于众所周知的原因，张载的哲学思想在国内一度走低，但是在中国台湾地区、东南亚、韩国和日本等地，一直得到广泛传播。改革开放后，张载的关学思想得到党和国家以及相关学术部门的关心和高度重视。

许多地方的祠堂与书院和民居融为一体，而这种民居一定是类似山西乔家大院和昭化辜家大院的规模，才可以发挥如此多功能效益；有的祠堂则单独分开成为祭祀敬拜祖先、行使家族的族规或者执行乡规民约惩戒族内不守法度者的地方。祠堂内有专门供奉先祖和族内有名望的名人志士牌位和图像的大厅，有保存族谱等重要典籍资料的橱柜，有过年过节庆祝聚会的地方，等等。

陕西眉县的张载祠和横渠书院就是二者合一的模式。

可惜的是，同样由于那个年代的历史性"误会"，广元昭化古城的辜家大院的主人早就不姓辜了。现在的辜家大院已经被开发成了"辜家大院客栈"。不过听我那位辜姓同学讲，许多川北一带的辜氏家族后人仍然将辜家大院作为他们的回归纪念地，作为他们辜氏祠堂标识而返乡回来寻根问祖。

祠堂文化是中国历史文化和传统文化的重要组成部分，是稳定基层社会团结和经济社会发展的重要纽带，也是宣传历史文化和传统文化的重要基地。有关部门也多次发文，将祠堂文化认定为传承民族文化和历史文化的重要组成部分。

旺苍县原金溪镇张载后裔的族谱典籍和先祖碑文记载可以追溯到明朝和清朝，记载翔实，传承有序，也得到了全国张载文化研究总会的认可与肯定。希望广元市和旺苍县相关宣传和文旅部门对此给予关注，帮助当地民间尽早恢复张载后裔祠堂，让张载文化的传承在广元地区得到恢复和光大，为地方文化与旅游经济注入历史文化和传统文化的活力，为地方经济社会的发展贡献力量。

山西乔家大院门楼

张载后裔张家祠堂的恢复与建设在广元具有唯一性，旺苍县原金溪镇及其附近张姓人家的人口数量多达万人以上，更是四川乃至西南地区第一家与张载家族脉络代代相传的聚居地。恢复后的张载后裔祠堂对旺苍县和广元市的文化建设和旅游产业的发展将会具有不可估量的区位优势意义和经济发展赋值。

据广元旺苍金溪张氏族谱和陕西眉县张氏族谱相关认定，在旺苍金溪一带的张载后裔辈分较高的已经到了张载的第29、30代孙，辈分较低的已经到了第35、36代孙。据查，其中张载第29代孙的代表人物是原广元市司法局局长、退休干部张文剑，张载第31代孙的代表人物是广元市体育局在职干部张天春。

朝天,也是古老温润珊瑚玉的故乡

离开广元城,驱车沿着川陕高速公路一路上行,过了朝天和明月峡不久,下高速,进入宣河小溪流域,然后下车步行。只见小河流水潺潺,岸边庄稼地里的玉米刚刚成熟正待收获。秋蝉声此起彼伏,蜜蜂在路边的野花丛中翻飞流连,布谷鸟也趁着热闹鸣叫不停。我顾不上听鸟儿们的欢唱声,因为小路旁边的石墙上,有一种石头吸引了我的注意,从它们的残断面上可以比较清晰地看到一些线状或者同心圆状以及辐射状的美丽纹路,原来我们来到了著名的广元珊瑚玉最主要的集中分布区——宣河流域区。

陪同我来此考察的是广元籍退伍军人高君成。小高是我的忘年交朋友,正是在他多次联系后,在广元市科协的大力支持下,我们一起发起成立了广元市科普作家协会,他也成为协会首届常务理事和副会长。小高爱好广泛,喜欢写作,喜欢奇石收藏,其中广元珊瑚玉就是他的挚爱收藏之一,这里的珊瑚玉出露点也是他特别关注的地方。

广元朝天区、昭化区和旺苍县都是此类玉种分布的区域。

一路上,脚下踩的,眼睛看的,手指指的,好像全都是"疑似"珊瑚化石和与珊瑚化石聚居共生一地的海百合化石、三叶虫化石以及不少的腕足类化石等。小高好学好问,同行的其他朋友也想从我这里得到更多的古珊瑚信息。于是我也就不辞辛苦,为了普及家乡的生物地质学知识,凭着记忆中的有关珊瑚和珊瑚化石的知识与大家做个现场交流。

因为珊瑚的体形态像树枝,有人就以为珊瑚是植物;因为珊瑚的质地坚硬如岩石,有人就以为珊瑚就是一种石头而已。不过学生物地质学的人都知道,珊瑚(coral)是一种生活在海洋中的无脊椎腔肠动物。人们通常看到或者了解到的珊瑚为珊瑚虫纲动物。在海洋生物中,珊瑚虫纲是一个种类非常丰富的海洋动物群落，大约有 7000 多种。最为常见的有软珊瑚、红珊瑚、柳珊瑚、石珊瑚、水螅珊瑚、苍珊瑚、笙珊瑚、角珊瑚、黑珊瑚和蓝珊瑚以及白珊瑚等。它们多分布在气温高于 20℃以上的热带或者亚热带的海洋中。有的栖息在近海水下几十米到几百米的地方，有的甚至可以生活在水下几千米的海洋底部的海床上。但是更多的是生活栖息水深 100～200 米的平静而清澈的海水中的岩石平台和斜坡上。

珊瑚都是由千千万万个珊瑚虫聚集而成的群落。老的珊瑚虫死掉后，新的群落就在固化的石灰质结晶体为主的珊瑚遗体上继续生长。下层的珊瑚已经死亡，外层和上层的继续生长，层层叠叠，规模越来越大，久而久之就会形成珊瑚礁甚至珊瑚岛。实际上，类似我们南海海域的许多岛礁都是十万、百万、千万、甚至亿万年以来，由并不显眼的小小珊瑚虫们堆积而成的海上"动物遗体墓葬区"和"再生区"。

我还可以告诉朋友们一个秘密，那就是，大凡由珊瑚虫形成的岛礁，只要海洋环境不被污染，只要不被人为和地震、火山等自然灾害所破坏，只要珊瑚得到良好的保护，那些岛礁就会继续变大增高，甚至一些彼此相距不远的岛礁最后还会"牵手相会"形成规模更大的岛屿。大自然就是这样的神奇啊！

海洋中的各种珊瑚

一般我们常常见到的珊瑚种类都是石珊瑚。

珊瑚由珊瑚虫分泌的石灰质骨骼聚结而成，其主要成分为碳酸钙，含有一定数量的有机质。珊瑚虫属于腔肠动物，食物从口进入，食物残渣从口排出，以捕食海洋里细小的浮游生物为生。珊瑚虫精子和卵子从口中排出体外进入海水中，再受精去开始它们的生命航程。受精后的受精卵慢慢孵化成白色的珊瑚幼虫。珊瑚幼虫会像小鸟归巢一样自然而然地游动身体着附在死去的珊瑚岩礁石上。它们没有神经中枢，只有弥散神经，也没有躯干与头、尾的区别。一旦受到外界刺激，哪怕是海浪的冲击，整个珊瑚体都会摆动不止。它们的栖息方式可以固着在岩礁石上，也可以漂浮或者游弋在海洋之中。但是多数情况会附着在以石灰岩为主体的海礁岩石上，形成珊瑚礁。珊瑚和珊瑚礁的碳酸钙多以微晶方解石的结晶集合体呈现在我们眼前，所以阳光和海水的折射作用下质地异常的漂亮和光彩夺目。大自然永远都是这样的妙不可言啊！

珊瑚形态多呈树枝状，每个单体珊瑚的横截面都有许多同心圆或者放射状的条纹，颜色多为白色，也有蓝色和黑色的。要是珊瑚在形成过程中哪怕只有百分之一的氧化铁物质被珊瑚虫吸收，那么生长出来的珊瑚枝就会因此呈现出红色或者玫瑰色彩。红色和玫瑰色珊瑚在阳光的照射下，更加显得五光十色，品质超群，装饰价值和收藏价值都非常高。有珊瑚生长的地方也是许多海洋生物躲避"弱肉强食"的"避风港"。一些鱼类要是遇见大型食肉动物比如鲨鱼、鲸鱼的追捕，就可以游进珊瑚丛中以获取暂时的安全。

近海的珊瑚和珊瑚礁不仅是一种海洋生物多样性资源，也是重要的旅游景观资源，还是保护海岸线地质基础稳定的重要保障。所以不少热带亚热带分布有珊瑚和珊瑚礁的国家，越来越重视对珊瑚和珊瑚礁的保护。我国海南岛三亚附近的珊瑚礁一直是改革开放以来游人十分青睐的游览区。游客们可以穿着潜水服，潜入海水中近距离观看活着的珊瑚群落，也可以通过潜水艇下潜到一定深度隔着舷窗对着那些看起来非常另类的"动物们"拍照、观察和细细品味它们另类的生活习性。

澳大利亚东北海岸线不远的大堡礁是世界最大最长的珊瑚礁群。到了澳大利亚要是不去看大堡礁景观，就像去了南极没有见到企鹅，到了北极没有见到北极熊一样，除了遗憾还是遗憾呢。

朋友们可曾想到，曾几何时，我们广元地区也是海波浩渺，天海一线！那还是距今4亿多年的古生代志留纪时期，无数的珊瑚虫在一些石灰岩丰富的地带吐故纳新，繁复生长—死亡—再生长—再死亡—再生长……突然有一天，海啸漫天掠地地袭来，大有翻天覆地之势！什么叫沧海桑田？什么叫地动山摇？我们广元这地方就曾经经历过多次，其中最古老的一次就是志留纪以后的某一天或者某一年！广元地区志留纪之后的海洋就在这几经天翻地覆的地质构造中退出乃至消失，珊瑚和珊瑚礁也在这几经海陆变迁的地质构造中被压在了密实的石灰岩岩层之间（广元珊瑚化石出现的岩层即为石灰岩岩层之间的"红色地层"），在漫长的物理和化学作用下，大量的珊

广元珊瑚化石

瑚形成了化石，其中的一部分珊瑚化石在特殊的理化作用后竟然被玉化成为我们今天看到的"广元珊瑚玉"。

广元4亿年前的志留纪珊瑚形成的玉种至少给我们三大提示：

其一，珊瑚这种海洋动物是世界上生命力最强大的生物种类。为啥？因为目前的地球上仍然分布着大量的珊瑚类生物。它们能够排除和躲过地质构造、沧海桑田带来的千难万险，尽管有许多同类被变成了化石和玉石，但是有一部分适者和强者却继续勇往直前得以延续4亿年繁衍至今，相比恐龙、剑齿虎、剑齿象、披毛犀等，珊瑚种群的生命有多么伟大而坚强啊！

其二，前文已提到，美丽的珊瑚只生长在气温高于20℃的热带、亚热带海洋地区。可是目前的广元地区却处于北半球亚热带地区的北缘（北纬31°～33°），我们脚下这个产珊瑚化石的地方纬度为北纬32°54′，考虑到目前我国有珊瑚分布的区域主要为大约北纬3°（南海的曾母暗沙）到北纬18°～20°的海南岛之间，朋友，惊奇吗？我们广元这块土地4亿年前的老家可能是和如今的南海与海南岛同处一个纬度地区哦！

其三，当然还有一种可能，那就是在距今几亿年前的地球的年平均气温比现在要高10℃左右，即使广元地区乃至整个米仓山地理位置不变的情况下，那么广元一带的古海洋那时的年平均气温将会是20℃以上（目前广元的年平

均气温仅为13℃左右），否则类似珊瑚这种海洋生物那时候是无法生存繁育的。

哈，人类居住的这个地球是多么有趣又变化多端的星球啊！

广元珊瑚化石可不仅是化石，而是被地球深层涌出的热液岩溶蚀变作用后形成的特殊玉种——珊瑚玉。在地球深处涌出的热液岩浆通过珊瑚化石分布区时，就会对所过之处的珊瑚

澳大利亚大堡礁

石产生接触变质作用，同时形成一定数量的"角闪石"和"透闪石"矿物。而角闪石和透闪石恰恰是许多玉种所必须具有的基础性物质。角闪石玉种级别较低，像甘肃的祁连玉，即产自祁连山与河西走廊"葡萄美酒夜光杯"中夜光杯的玉料；而透闪石玉种像新疆的和田玉即是。广元的珊瑚玉多是透闪石类型的玉种，是品质不错的一种玉料。

我国的珊瑚玉主产于宝岛台湾，而且台湾地区的珊瑚玉成色品质最好，因此以前有将此种玉称为台湾珊瑚玉的说法。除了我国台湾地区，世界上的珊瑚玉主产区还有印度尼西亚和我国陕西的宁强县。

宁强县和广元市相邻，都属于秦巴山或者米仓山地区。宁强县的珊瑚玉与我们广元市的珊瑚玉应该属于同一玉石种类，有古生物学家将其统称为"宁强珊瑚玉"。当年地质学家在这一代考察后，只不过将分布在该地区这种珊瑚玉的命名地给了宁强县而已，加上宁强县珊瑚玉开发较早，广元也产珊瑚玉的事实倒是被遗忘了。

有种"遗忘"是最好的保护！广元珊瑚玉之所以目前存量丰富，就该感谢这种难得的"遗忘"。

广元珊瑚玉和陕西宁强珊瑚玉是同一时期被发现的。

早在1871年9月~1872年5月，国际著名地理学家和地质学家，德国人李希霍芬（Ferdinand von Richthofen）从上海出发后，先后经天津、北京、张家口、

大同、太原到陕西潼关，再到西安，经宝鸡南下，越秦岭，再经过褒城到勉县、宁强，大约1872年春季抵达广元的朝天浅溪河（宣河）一带，对宁强到朝天一带的地质地理尤其是灰岩地层进行了卓有成效与开拓性科学考察。他根据珊瑚和海百合等化石将这一带的灰岩形成的最早年代定格在距今4亿多年前的古生代志留纪，并且采集了包括与石灰岩地层相依而存的珊瑚玉、海百合等标本，后经过成都等地，从长江水路返回上海。这些经历在李希霍芬后来出版的《四川记》中有记载。

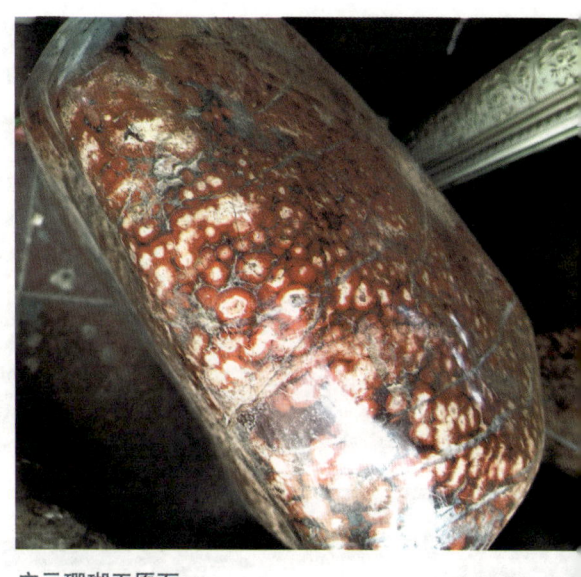

广元珊瑚玉原石

除了李希霍芬，对广元珊瑚玉付出过贡献的第二位外国人是美国地质古生物学家和地层学家葛利普（Amadeus William Grabau）。此公为德国后裔，1870年出生于美国的威斯康星州塞达堡市。1920年，中国近代著名地质学家、时任中国农商部地质调查所所长丁文江教授邀请葛利普来华出任该所古生物研究室主任兼任北京大学地质系古生物学教授。除了教学，葛利普还帮助丁文江创办了《中国古生物志》研究刊物，而且频频带学生四处实习考察，或者单独去往野外科学探险。在艰苦的野外科学考察之后，他与他的同事们在中国浙江等地的地层中发现了一种8亿～5.7亿年前生活在地球上的蓝藻等低等生物，据此与其他地层类比，将该地层命名为地球地质历史的震旦纪。

为了研究方便起见，科学家将地球形成以来划分出不同的阶段，即地质年代。由于距今10亿年前的地层中还没有发现任何生物物种的蛛丝马迹，干脆将此前的地球历史称为"太古代"。距今10亿～5亿年的地质时期称为元古代，这期间，地球上有了类似蓝藻和一些低等无脊椎动物分布，所以又称为低等无脊椎动物时代。葛利普为了感谢中国对他的邀请及自己的中国情结，将发现蓝藻的地层所代表的地质年代命名为震旦纪。对于西方人而言，华夏就是东方太阳升起的地方，也就是"震旦"之意。从震旦纪开始，地球上每种地层中都可以发现相对应的古

广元市珊瑚玉珍宝博物馆

生物遗迹（化石）。根据这些化石遗迹，将地球的地质历史分段划分为：元古代的震旦纪；古生代的寒武纪、奥陶纪、志留纪、泥盆纪、石炭纪、二叠纪；中生代的三叠纪、侏罗纪、白垩纪；新生代的第三纪、第四纪。我们人类属于新生代的第四纪，要是再细分的话，我们现代人类时代属于第四纪中1万年以来的全新世。

1924年，在前人李希霍芬等人的研究基础上，葛利普教授在详细考察了广元和宁强一线的石灰岩地层后，将其分别命名为志留系朝天组潜水灰岩和黄坝驿组灰岩。此命名在当年编辑出版的《中国地层学》和《中国古生物志》中均有相应记载。此认定不仅将存在于该灰岩地层之中的广元珊瑚玉形成的最早年代确证为距今4亿多年前的志留纪，而且我们今天还可以据此将这一带的珊瑚玉命名为"广元朝天珊瑚玉"或者"广元珊瑚玉"。

根据后来著名地质古生物学家陈旭等人的研究，广元到陕西宁强一带的珊瑚玉形成的地层可以一直由志留纪延伸到距今2.25亿年前的古生代二叠纪。换句话说，广元至宁强一带的珊瑚和珊瑚玉形成的时间间隔可以长达近2亿年之久。

一次在北京开会，我谈起广元的珊瑚玉资源时，20世纪70年代参加中国第一次青藏高原自然资源综合科学考察时的队友陈廷恩教授马上对我说道："广元的珊瑚玉我也去考察过，不仅年代早，而且藏量丰富，品质好！"老陈是中国科学院南京古生物研究所研究员，专门从事地质古生物地层学与化石采集等考察与研究。因为那时我们都是中国青藏高原研究会和中国科学探险协会的常务理事，所以每年都会有好几次在北京开会见面的机会。他还说，陈旭是他的学生，并且称赞陈旭对广元的地层和古生物研究有独到之处。陈廷恩还不无自豪地说，1990年3月，有12名中国古生物科学家联名在《地层学杂志》上发表重头文章《川陕边境广元宁强间的志留系》，他也位列其中。

　　志留纪和志留系的"志"和"系"有何区别？一般非专业学者大概不甚明白。前者专用于地球的地质年代，后者则专用于同一地质年代的地层序列。比如许多人看过科幻电影《侏罗纪公园》后都知道"侏罗纪"和"白垩纪"，当谈及恐龙生活在地球的地质历史年代时，那就是侏罗纪时代和白垩纪时代；当谈及恐龙化石存在的地层位置时，就是侏罗系地层和白垩系地层。

　　广元珊瑚的形成距今最早的已有4亿多年的历史了，所以广元珊瑚玉是一个非常古老的玉种。不仅如此，由于珊瑚玉来源于海洋动物，有别于和田玉这样的无机玉，是目前数一数二的有机玉种。有人说珊瑚玉是世界上唯一的有机玉，许多学者专家也不无认可。但是据我的研究，除了有机的珊瑚玉，还有一种由大型古代原始森林因为同样的地质构造运动形成的硅化木化石，其中有部分硅化木化石也可能被地下喷出的岩浆热液蚀变，产生透闪石或者角闪石融于其中而形成"硅化木玉"。"硅化木玉"目前在学界还没有被普遍宣传和认可，我的手中有标本实物为佐证，在此提出以备忘吧。"硅化木玉"当然也属于有机玉种。

　　广元珊瑚玉由于分布比较广，在当地农民祖祖辈辈生产生活中，将它们当作普通的石质材料使用，改土造地造田，修房造屋，砌墙围堰，甚至拿来修造猪圈、牛圈，似乎有暴殄天物之嫌，但是却尽在情理之中。一方水土养一方人，靠山吃山、靠水吃水就是这个道理；城市人买菜吃，农村人种菜吃，也是这个道理啊。不过，现在的理念要改变了，绿水青山就是金山银山。生态环境要保护，自然资源要保护，稀缺资源更要好好保护。既然那么多的现代珊瑚礁都要保护，类似广元这样有几亿年历史的珊瑚化石和珊瑚玉更要很好地受到科学保护啊!

由于包括国内著名媒体在内的一些鉴宝节目将文物收藏的商业利益炒作得无以复加,使得民间淘宝热度居高不下,一旦有消息说哪里有值钱的物件,哪里有值钱的石料,哪里有值钱的资源,便一拥而上,往往导致资源被过度开发,破坏资源与环境,哄抬物价,扰乱正常的交易市场……有些地方甚至盗墓风日渐猖獗,屡禁不止!

近年来广元的珊瑚玉等化石资源与环境一样受到严重的冲击与破坏。由于地方政府相关政策法规的暂时缺失,珊瑚玉的开采没有得到必要的管理与保护,一些人便进入无人过问的珊瑚玉产区,"就地取材",人背车拉,用极其低廉的价格从当地住户那里买走无计其数的

广元珊瑚玉雕刻的佛头

珊瑚玉的原材料,拉回家中囤积起来,一夜暴富者大有人在!

也有人将这些原始玉料请人加工,做成工艺雕塑,或各种玩物饰品,于是一时之间,广元的珊瑚玉形成了一个不可小觑的高档消费产业,也为地方旅游文化的发展助一臂之力。

广元珊瑚玉就质地与色泽而言,种类繁多,其他地方有的广元有,其他地方没有的,广元也有。其中比较漂亮也比较名贵的有红珊瑚玉和黄珊瑚玉。红珊瑚玉在广元朝天宣河凤凰嘴到宁强一线以及旺苍东河流域都有间断分布。此珊瑚玉的横断面上的纹路多为辐射状,又称四射红珊瑚玉。红珊瑚玉的色泽血红至艳,温润至极,堪为珊瑚玉之极品者,尤以鸡血红最佳。无论原石还是工艺品或者名章,都有极高的收藏价值。但是川北有民谚曰:"好吃不过茶泡饭,好看不过素打扮"。就我看来,天然去雕饰,最好的珍藏品应该是不做任何雕饰的原石。前文已及,红珊瑚玉是因为在形成过程中受到有铁元素的氧化铁的参与而发红。

除了红珊瑚玉，紧随其后的就是广元黄珊瑚玉。除了朝天宣河有，不远的曾家山也有出露分布，品质尤以鸡油黄最佳。此外还有白珊瑚玉、黑珊瑚玉、灰珊瑚玉以及杂色珊瑚玉等。

为了更好地保护广元珊瑚玉资源，合理科学利用珊瑚玉资源，广元成立了珊瑚协会，我也被朋友们"黄袍加身"忝列为"顾问"。但愿我和所有的广元珊瑚玉保护者们为保护广元这一特色资源多

种类繁多的广元珊瑚玉

做加法，不做减法，尽力尽为，做好自己的贡献吧。

广元地区曾经是古海洋的一部分，几经海进海退和沉浮起落，一些山体直至目前仍然还在继续隆起之中。山体剥落，河流下切，都是隆起的表现依据。就在这些强烈的地质构造活动中，有多少伴随着地球历史一路走来的古生物遗迹被严严实实地覆盖起来，形成了煤炭、石油天然气、可燃冰、珊瑚玉化石、海百合化石、三叶虫化石、恐龙化石、菊石化石……即使是2008年的5·12汶川大地震，也许若干年后，一些地震受难者和其他被掩压的生物体等遗迹，被石化在永久的地层中，成为那次罹难者们永远不朽的地质历史纪念碑。

广元不仅有人见人爱的珊瑚玉，还有更加稀有想爱却无从爱起的蓝纹玉。为啥说想爱又无从爱起呢？因为蓝纹玉产自旺苍县的米仓山中，产量非常稀少，再说目前的具体产地由于多种原因，尤其是出于资源保护的目的，一般人无法寻觅到它们的踪迹。

蓝纹玉或称蓝纹石玉，又称蓝纹石（Blue-vein stone），是20世纪80年代才被我国地质科技工作者发现的新玉种，质地颜色颇像中国的青花瓷。这是一种最早形成于古生代的以碳酸钙为主的沉积岩，后来到了中生代由于岩浆活动，在山体隆起过程中，岩浆的高温高压对所过之处的碳酸钙等沉积岩产生接触变质而

旺苍蓝纹玉

形成的变质岩类，主要成分为钙霞石、绿帘石、黑云母和少量黄铁矿等。

钙霞石是类似长石矿物的一种，由含钠元素和铝元素的碳酸盐类与铝硅酸盐类组成，具有玻璃质地的光泽，这也是蓝纹玉的主要矿物构成。绿帘石属于单斜晶系的硅酸盐矿物，其中含有一定的铁元素，铁元素含量是决定其绿色质地的主要原因。黑云母与黄铁矿自然来自岩浆活动从地球地幔中上涌而来的物质成分。黄铁矿就是大家比较熟悉的硫黄矿，是一种颜色极像黄金的结晶体矿物。

广元珊瑚玉协会有一位从外地引进的雕刻工艺美术师邓应波。他看上去年纪不大，可是在他的手中，这些看似不起眼的古老的珊瑚化石和蓝纹石，几经设计打磨雕刻，就会有一种化腐朽为神奇的艺术魅力呈现在世人面前。前不久，我参观过他的工作室，无意中让他看了看我从阿根廷带回的一块红纹石。那不过是我在阿根廷野外随意拾到的，极不起眼的一片薄薄的小石头，中间还有几道裂痕。邓应波说，这的确是阿根廷出产的著名宝石，被称为阿根廷的"国石"。他一边说着，一边三下五去二将那块本来只有两厘米见方的阿根廷"国石"掰成三小块更小的碎片。由于我自己并不太看好那所谓的阿根廷"国石"，心里倒没有些许埋怨他的意思。但他却对我说："张教授，明天中午您不是要返回成都吗，到时候我们车站见面吧。"

第二天中午，我刚到车站后不一会儿，就见邓应波拿着一个小的纸口袋走了过来。见面后，打开袋子一看，哇！三颗漂亮的阿根廷红纹玉饰品赫然呈现在我的眼前……一小块不起眼而且有几处裂痕的红纹石片，一夜之间竟然化为心形与战国梯形钱币形状的装饰品！什么叫化腐朽为神奇？什么叫化废为宝？广元市珊瑚玉协会的工艺美术工作者邓应波就有这种本领！旺苍在地球的东半球，阿根廷在地球的西半球，前者位于北半球，后者位于南半球，一个叫蓝纹玉，一个叫红纹玉，这世界多神奇啊！我却深深地为我的家乡感到骄傲，不仅有美丽的有机珊瑚玉还有青花瓷般的蓝纹玉。

　　另外一位朋友高君成介绍说，邓应波有位亲人是残疾人士，他因此感同身受，将身边一些残障人士组织起来，将自己的技艺毫无保留地传给他们，还帮助他们从事棕编草编等工艺，自食其力，同时也为社会为政府排忧解难，促进了地方经济的发展和社会的和谐。

　　一个地方有一些这样既有高超技艺，又有担当精神的工匠是此地

阿根廷国石红纹玉

文化繁荣发展的重要象征和标志之一，我们有责任去鼓励、爱护、褒奖他、宣传他们！须知，张大千并不是一开始就是誉满国际的大画家，齐白石也不是一夜就成为中国著名绘画大师，徐悲鸿也是历经几十年的孜孜不倦不断提高方才成为一代美术巨匠！

　　最近，又有一位广元市家乡朋友母健给我发来一条微信消息，说："张教授，我现在启动了一个项目，想请您帮帮我……"原来母健也是一位广元籍珊瑚玉爱好者。他不惜重金抢救性收集了不少的珊瑚玉原生石料。我也曾经去他的原石堆放处参观过，外行看来那就是堆了两房间很不起眼的乱石头，可是内行人看去，那却是琳琅满目的一件又一件价值不菲的宝贝！不敢说每一块"石头"都是珊瑚玉的精品，但是只要稍加"收拾"，件件都可以成为爱好者的收藏品，有的经过精加工后就一定是千金难买的极品。透过璞石层间的断面，只见已经深度玉化的珊瑚石有的油黄、有的紫红、有的乳白，金坚致密的珊瑚孔状形态让人有穿越几亿年的时空之感。

　　原来，他想将他所有的以广元珊瑚玉为主的奇石、玉石、宝石等藏品集中展示，创办一家庭院式"川北地质博物馆"，并且已经获得相关部门的审批允许……同时，还给我发来了一些样品和场地建设的图片以及立项报告书。

　　只是看这些藏品的样品图片就有目不暇接、动人心魄的感觉，尤其是经过

广元菊花石

精心设计打磨后的一些"美食"雕塑小品，完全达到了以假乱真，有恨不得撕下一块来尝一尝的逼真效果。

除了珊瑚玉，广元境内还有蓝纹玉和广义的和田玉（含透闪石成分）以及菊花石等分布，这些品种都是将要在母健的地质博物馆中陈列展出的。

母健的"川北地质博物馆"位于国家4A级旅游景区——广元市千佛崖景区，使用原建的仿古建筑作为展区，占地面积为5800多平方米，分6个展厅，5个栏展，其中露天展区达到1000平方米左右。

还是那句话，家乡的事，无论大事小事都是重要的事。对于母健先生这种（藏品）来自大自然，又反哺回馈于家乡的胸襟情怀，值得肯定与赞扬。我答应尽快抽时间过去看看，也许真的可以为他的这个开民间庭院式地质博物馆先河的"川北地质博物馆"的科普和文字梳理等方面做一点咨询呢。

母健先生这种将来自米仓山沟壑山野和散落民间的珊瑚玉，进行博大（收藏品体量大）、精深（大大小小的每件藏品都不失为精品）的保护性抢救收藏，再通过地质博物馆的方式回报给社会、回报给家乡，为名扬中外的千佛崖景区锦上添花，为地方旅游经济建设发展助力，为科研科普研学实习提供新场所，难能可贵，令人感动。

明月峡中古栈道

记得上初一的时候，为了学校改建，在老师的带领下，去一个叫马尾坡的山上抬木料，其中要经过一道非常险峻的山路。那是一面陡峭的白色山崖（后来知道，那是石灰岩断陷形成的嶂岩地貌），远远望去，似乎连鸟儿都停不下来。我们先翻过一个叫东龙洞的溶洞背脊垭口，然后沿着一条羊肠小路下行到东龙洞后洞，踩着河流中天然搭成的石磴，来到白色崖壁下，再沿着一条更小更窄的羊肠小路，拽着从石缝中长出的荆棘草棵向上攀缘，大概攀爬到30米高度后，只见眼前突然豁亮起来，一条一米多宽、两米来高的凹槽横亘于陡壁之中……我们正是沿着这条不知道哪朝哪代开凿的石孔道爬到马尾坡，两人抬一根碗口粗5米来长的松树棒完成了那次艰巨而危险的"勤工俭学"任务。在回去的路上，走完镶嵌在陡壁中的石孔道的出口陡坡处，在老师的指挥下，我们直接将木料丢下山去，到了山坡脚下再抬着走，如此，既可以省去很多体力，又能够防止危及人身安全的意外事件。那时，我们山里的孩子很苦也很累，虽然只有十二三岁大，但是干起活儿来，比现在的成年人也差不了多少。尤其是能够坚持把学上出来，克服的困难之大，心劲之坚韧，意志之刚强，不是现在的年轻人可以想象的。不过要是现在，这些危险的山路绝对不让娃娃们再去走，这样危险的活儿更绝对不会让娃娃们再去做！时代变了，人的价值就会随之"水涨船高"。

虽然小学就看过有关"明修栈道，暗度陈仓"的故事，但是那时年纪小，知识面也非常有限，不会将栈道和米仓古道的概念与家乡的那条凹槽古道遗迹联系在一起——历史上的任何古道绝对不会"自古华山一条路"的，包括米仓古道在内，而是一个道路的"网络集合体"。有所谓古道学者以为那时的古道，就像现在的高速公路，一个入口，一个出口，其实大错特错了！道路的形成与变迁，不仅与时俱进，而且即使在同一时期内，驹走驹路，马走马路；雨季时节走山路；

天旱时节走水路；轻装时走险路小路直路（路线短用时少），负重时走大路弯路平路，只要能够到达最终目的地就行。君不见，一条唐代商贾不停的"唐蕃古道"，文成公主去拉萨和亲，青海日月山的"日月宝镜"证明文成公主翻过日月山，过青海湖直至拉萨；四川康巴人则说，文成公主是经过跑马溜溜的康定城，沿着康藏一线的唐蕃古道进藏直至拉萨的，因为在康定城的南门外有一座古老的"公主桥"为凭。你看，同样是唐蕃古道，它们之间时分时合，而分起来时，相差的距离有多么远！

当年的茶马古道亦然。现在的云南人说昆明或者下关或者大理甚至丽江等地才是茶马古道的起点，后经中甸、德钦沿澜沧江进入西藏的盐井、芒康、左贡，一路继续北上抵达昌都，一路西进经洛隆、边巴翻越念青唐古拉山进入嘉黎县，然后一路走那曲，一路走工布江达县再翻越米拉山进入墨竹工卡县然后抵达拉萨……可是在四川人的眼中，成都和雅安才是茶马古道的正宗起点。雅安有"三雅"之说，一曰雅雨，是说雅安雨多，有天漏雨城之谓；二曰雅女，都说雅安美女多多。由于雅安雨多，太阳辐射多被空气中的水汽吸收，女人们的皮肤细嫩且白如凝脂、秀色可餐；三是雅茶，雅安是四川乃至中国最早人工种植茶叶的地区。茶圣陆羽在《茶经》中自有叙及，认为"蒙顶第一，顾渚第二"（蒙顶山位于雅安市名山区蒙顶山旅游景区；顾渚位于浙江长兴县水口乡顾渚山，唐代也产茶，几与蒙顶山茶齐名）已成定论，此处不遑多论。唐代大诗人白居易一句"扬子江

明月峡风景区

中水，蒙山顶上茶"家喻户晓，茶马古道最早的真正起点不是谁抢先说是他们那里就会一锤定音的！雅安无论如何也是最早、最正宗的茶马古道的起点。同样，由于雅安雨多雾多，空气潮湿，有利于茶叶的栽培和生长。毋庸置疑，自古以来，雅安就是藏茶最大的集散地。20世纪70年代，雅安老城西还有一个规模非常大的藏茶厂。古时的川茶从雅安出发后，经荥经县、汉源县、石棉县到泸定县，再到康定，一直向西到达藏东重镇昌都，在经过洛隆、边巴、嘉黎……最后直达拉萨。不过，云南后来居上成为茶马古道的又一补充路线，也印证了古时候的边城古道并非单一的路径。

后来见到陕西翻越秦岭的褒斜古栈道和广元嘉陵江上的明月峡古栈道遗迹，我才想起来，哦，类似这样的栈道遗迹，我见过，还是我很小很小的时候呢。

在整个秦巴山区，在家乡米仓山中，这样的栈道遗迹远不止一处两处，但是就规模和历史上的知名度来说，在整个中国，恐怕非我们广元朝天区的明月峡

明月峡

古栈道莫属啦!

在兰州大学上学时,每次乘坐火车往返于家乡和学校,途经广元明月峡地段时,常常会看见一些时断时续的古栈道遗迹,虽然一闪而过,但是那瞬间的记忆还是非常深刻的,因为我总是将它们与小时候家乡的那次攀缘见到的奇怪绝壁道路相联系——上大学了,幼小的心灵变得成熟啦,再说,我学的可是地理专业啊,考古学和历史地理学都是我们必须要学习的基础课呢。

明月峡古栈道位于距离广元城北约30千米的嘉陵江中的明月峡入口附近,属于20世纪广元建

启功"蜀道难"刻石

市新置的朝天区境内,也是国家级剑门蜀道风景旅游线的北段起始点,属于四川省级重点文物保护单位。峡谷长约4千米,平均宽约100米,谷地最深处约1.5千米。明月峡所处之地在唐玄宗李隆基因为躲避安史之乱幸蜀途经此地时,有成都和当地大小官员接驾朝觐天子的史实,故而曾经称为"朝天驿",朝天驿附近的嘉陵江峡谷即为"朝天峡"。据说到了明朝后期,有名士途经朝天峡时,觉得峡谷形状如月,嘉陵江水在夜晚的月光照耀下,波光粼粼,入幻入迷,好有诗情画意,于是将其更名曰"明月峡"。久而久之,虽然朝天驿的地名未改,但是朝天峡却习惯成自然变成了明月峡。

站在明月峡栈道石孔遗迹前,既为古人开拓前行不畏艰险的精神所打动,又有些为唐玄宗当年"回马杨妃死"泫然欲泣的场景略感悲伤。

明月峡曾经乘船就可以直达。20世纪60年代前,从广元昭化的桔柏古渡,甚至从阆中以及更远的合川、重庆,一船水路北上,水缓水平季节可以直达明月

峡的上游河段。即便是枯水期，为了及时将北上的物资运到最近的陆上码头，船主们会动用纤夫将满载货物的船只拉到目的地。相信那时的明月峡的纤夫号子声此起彼伏，响彻两岸，好不热闹呀！

明月峡古栈道最早开凿于战国时期，距今已经有2300多年的历史了。四川历来物产丰富，是历朝历代中央政府非常重视的区域。无论是战争年代还是和平时期，为了将四川生产的大量物资转运到北方及京城，经过广元的蜀道自然成了十分重要的交通运输线。

中国古代有许多建筑之谜，比如长江流域以及西南地区的悬棺葬，那些笨重的棺材当年是如何放到高高的岩壁之上的？千年不朽的古尸体是如何保存至今而不腐烂的？故宫大殿的悬空柱是如何计算出它们的承受力，又是如何施工，恰到好处而

明月峡中的古栈道

建成竣工的？悬崖峭壁上的栈道孔又是如何一个个凿成的？悬棺葬，千年不朽的古尸体保存技术以及悬空柱等问题不想在此做过多地讨论，只就广元等地的古栈道如何进行空中作业问题的"灵机一动计上心来"做一简单的图文并茂的解读吧。

经过多次实地考察，再经过此次写作时的短暂思索，真的似乎有所发现。一时间我想起了现代化的架桥悬臂技术，并且从中得到了启示：那就是先凭借栈道的起始处有利的地形地貌，将并排的木板或者圆木一头牢牢固定，另一头向前悬空伸出，伸出的长度以最少可以承受一人重量和最短栈道桩孔距离为准。工匠利用伸长木板之类的设施作为脚手架，开始开凿第一个栈道孔。孔成后，将预先做好的栈道支撑横木插进孔内固定，再借着新架好的支撑横木将"脚手架"或者新栈道桥面搭在其上继续向前推进，然后工匠开始第二个栈道孔的开凿……如此

古栈道施工示意图（李庆雯绘）

步步推进，栈道何愁不能够修好呢？当然，工程建设中也可以同时借助岩壁上的天然凸起和树木根部辅助以固定保险绳，加强安全防护手段自然也会被古代工匠们考虑利用的，但是前提必须是有适当的工艺技术作为基本保障。

有人说，在明月峡有限的天地河流空间里，除了先秦古栈道外，还有朝天驿道（山路小道）、嘉陵江水道、纤夫拉纤的纤夫道、宝成铁路、川陕公路108国道，以及近几年才修通的川陕高速公路和成（都）西（安）高铁，进而形成了中国少有的、高度密集的道路博物馆。

明月峡古栈道最早修建于2300多年前的先秦时代，到了东汉末年和三国蜀汉时期，为了抗击北方曹魏的进攻，诸葛亮六出祁山，明月峡是军队粮草运输的必经之道，当时一定在古栈道的修复上下过不少的工夫。到了唐代，除了唐玄宗避难幸蜀，后来又有唐僖宗逃难经过于此。为了接驾朝觐天子一行，又会在加固和修复明月峡古栈道上花费不少的精力与时间。到了宋朝，宰相司马光的父亲司马池曾任利州转运使，也就是今天的交通运输局长。为了及时将四川的丝绸、茶叶、大米、井盐等北方缺乏的物资运出，更是少不了要随时随地维修维护这一段古栈道。估计那时的朝天驿一定有一支专门的栈道养护队驻扎于此，负责对栈道进行维修抢险作业呢。到了1936年，由于川陕公路的开通，古栈道也好，古驿道也好，甚至明月峡的水род纤夫道，除了当地百姓还在使用，其他出川入川都以川陕公路为主要运输路径了。

明月峡古栈道的重见天日，还是改革开放尤其是广元的旅游产业步入现代黄金期后才得以实现的。在陪同前国家气象局局长秦大河院士参观明月峡古栈道时,广元市科协办公室主任杨青龙同志给我讲过这样一件事:有上海人来此参观时问,这栈道修复时用的都是啥材料啊?导游回答道,用的是铁道旧枕木。结果那位客人气得要找领导投诉,说他们花钱到此看的就是修旧如旧的古栈道,要是看枕木哪里没有啊?何必千里迢迢跑到这里来呢。我以为,来这里要看的主要遗迹还是那些保存完好的栈道孔洞。因为这些孔洞的的确确说明了明月峡古栈道历史存在的真实性,同时能够体会到在当时技术十分落后的条件下,聪明的古代先民们是如何克服困难,将难于上青天的古蜀栈道架设在云空之上的。尤其看到每根支撑横梁插

明月峡与古栈道

入栈道孔内后,工匠们利用"内锁"穿斗技术将其牢牢地固定在石孔里面而不会滑出脱落,真的不得不佩服他们高超的才智!至于恢复栈道所用的材料,我觉得倒是大可不必挑剔。因为古代的那些横梁木板早就更换过若干次了,所谓修旧如旧也就是从外表的形态而言看似相像罢了,其实包括故宫的文物修复,都不可避免地要用到许多现代的材料与技术。用铁道旧枕木修复古栈道实在是没必要矫情遗憾的。火车轨道枕木都是用上好的东北或者俄罗斯西伯利亚红松制成,承受力强、耐腐蚀,有利于游客的安全保障。所谓修复文物古迹"修旧如旧"的规矩都有些伪命题嫌疑。君不见,世界上哪里的遗迹修复后不是焕然一新?北京的天安门、故宫、雍和宫,承德的避暑山庄等都进行过多次维修。西藏拉萨的布达拉宫、

修复后的古栈道

日喀则的扎什伦布寺也是维修过多次，每次维修后都是更加的金碧辉煌、焕然一新！广元的昭化古城、皇泽寺，还有这眼前的明月峡古栈道，经过修复再建后，气势更加辉煌，布局更加合理，技术更加现代科学。一句话，风格古朴似旧，质量还是有现代技术保障的好。再说，有了许多现代元素的加入，让后人一眼就能够判断出这些古迹是我们这一代恢复重建的，不要让后人迷茫不知所以。要是我们人类自己也要"修旧如旧"，那就只好回到过去在树上筑窝当"有巢氏"，再回到山洞里当山顶洞人，冬季穿货真价实的"原装皮草"，夏天则是一身"皇帝的新衣"，出则弯弓狩猎，入则茹毛饮血。历史不可以走回头路，任何文化的传承都应该有继承有发展有创新，历史才能够得以延续，得以进步。故步自封、保守如旧，不适合社会发展的科学规律。

　　对于所谓修旧如旧的认识认知，作者也是一孔之见，只有仁者见仁智者见智了。

　　为了促进地方经济的发展，在朝天区委宣传部王国璋先生的动议和朝天区政府的大力支持下，2020年10月26日，在明月峡古栈道遗迹处成功举行了广元人民的母亲河——嘉陵江全程首漂式。作为家乡人，我也在其中做了一些协调沟通工作。通过近十天的艰苦努力，由四川省科学考察探险协会派出的刘立先生、

首漂壮行仪式

刘文泉女士等十几名漂流健儿终于顺利完成既定的漂流任务,从广元市的朝天区到达重庆市的朝天门码头,真是"千里嘉陵江,两头都朝天"!一时之间被新闻媒体广泛关注。在此次活动的首漂"壮行"会上,我即兴致辞,内容如下:

> 红叶烂漫正金秋,嘉陵两岸庆丰收;
> 乘风破浪会有时,百舸争流下渝州。

由广元市朝天区政府、朝天区委宣传部发起并资助主办,由四川省科学考察与探险协会协助组织、共襄盛举的嘉陵江首漂活动今日即将起航。此次漂流壮举活动将从我们广元市朝天区明月峡开始,一路直下千里之遥的重庆市朝天门码头!从"朝天"到"朝天"真的是无独有偶,一条嘉陵江上游到下游紧紧地将川渝两头两地联系在了一起:

嘉陵江全程首漂

我住江之头,君住江之尾;
原本一家人,一衣且带水。

千里嘉陵,一头一尾,一衣带水,川渝两地都有"朝天"这个相同的地名就是明证。

今天朝天区和四川省科学考察与探险协会的健儿们就要从我们巴山文明的发祥地和广元人的母亲河扬帆远航,让我们怀着崇敬与感恩的心情,去领略嘉陵江和嘉陵江沿岸的大好风光与源远流长的巴蜀文化的历史底蕴吧。希望组织者必须做到和落实好"安全第一,第二还是安全"的科学探险宗旨理念,在安全的前提下,尽可能收集漂流过程中相关的水文、水利与地貌景观、人文文化、社会进步发展变革、精准扶贫等成果的图片、文字或者视频资料,给广元市和朝天区父老乡亲交一份满意的答卷。

祝福大家一路平安,顺风顺水,成功完成任务,胜利归来再饮庆功酒!

嘉陵江贯穿朝天区全境,主流通过区内的长度虽只有60.05千米,却见证了几千年来蜀道交通文化的变迁历史,如今又亲身体会到了千里嘉陵江第一漂的豪迈与壮观!

曾家山，生态康养的福地

2018年4月初，大学同班好友秦大河和我发起组织了一次大学同学的"世纪同学聚会"。为啥叫作世纪同学聚会呢？因为我们毕业于1970年，毕业后，在这一晃而过的近50年间，偶尔三三两两有同学见过面，但是全班同学一起的聚首还从来没有过呢。聚会的地方是老秦推荐的——广元，主要的原因当然是因为广元是我的家乡，同时也考虑到北京、西安或者成都以及兰州等大城市喧嚣繁杂，加上我平时在朋友圈里老是夸赞自己的家乡这也好那也好，还有一本新近出版的《唯美四川：米仓山（旺苍篇）》，更是让大家有一种不来广元聚会不罢休的感觉。当然还有一个我与秦大河几十年前的私人秘密承诺：那时他的父母驻地在甘肃武威地区的黄羊镇，我曾经在"文革"期间"武斗"最厉害的时候去过他家。黄羊镇是当时甘肃农业大学所在地，老秦的父亲秦和生先生是甘肃农业大学的兽医系教授，其时正在河西走廊腾格里沙漠"劳动改造"。他的母亲心脏不太好，武斗风起，家人自然担心不已。我们一起在他家住了一星期，还去大沙漠中去看了一次他的父亲，直到那次武斗风波平息之后才返

曾家山

山里人家

回兰州。我们私下相约，以后有机会一定到彼此的老家走一走，看一看。此次的广元同学聚会也有这一层意思吧。

此次聚会有一对夫妇来自瑞士，夫人是瑞士人。在聚会活动中，我们去旺苍县的木门镇参观考察。当这位女士看到木门古道两侧山坡上的密林里隐隐约约有白墙青瓦的民居时，十分不解地问道，那山上的人能够生存下去吗？我告诉她，要是有条件我都想去过那种"山野"里的日子呢。因为我知道，在这一带的山里，看上去天高地远，好像山大坡陡，其实走近一看，小环境中一般都不是一家两家，可能是三家五家甚至十家八家的自然聚落村。山里降水丰富，年降水量可以达到1000毫米以上，植被茂盛，水分的涵养非常充分，真是山有多高水有多高，随意在一块低洼地或者山沟中就能够挖出一股清泉来。林间有地有田，有堰塘有水井；房屋都是一色的青堂瓦舍，楼上楼下，宽敞有余。以前进出都是山间羊肠小道，现在政府投入扶贫资金后，不仅通水通电，而且都有水泥或者柏油公路直通山下。有的地方距离乡镇太远，政府实行扶贫搬迁政策，在山下交通更加方便的地方集中由政府出资修建搬迁安居房，可是有的山里人一时半会还不愿意离开他们祖祖辈辈生活过的老地方呢！

看到这位同学的洋夫人还似懂非懂的，我干脆将目光投向山的更高处，对她说：别看这坡大山高，要是翻过这座山垭口，也许那里就会别有洞天，还会有更多的村庄人家呢！

可不是吗，广元市地处秦巴山和米仓山区，尤其是北部大山里，真是一山望着一山高，山外有天，天外有山。站在广元市区向北面山上望去，仿佛除了山还是山，外地来客以为那里都是无人区，除了森林还是森林。其实，广元市许多的乡镇都像世外桃源一样被"隐藏"在那些葱茏迤逦的大山之中。朝天区曾家山就是这些世外桃源中的一个代表。

在我国四川、重庆、云南、贵州和广西一带有许多近年来被媒体炒作得纷纷扬扬的天坑地缝，其实就是一些普普通通的喀斯特地貌而已。而在我们广元市和紧邻的巴中市北部山区不仅山上还有山，而且翻过那些大山后，还有一个个更高海拔的山间盆地，这就是近年来被很多人（包括我在内）认可的新地貌概念——天盆（tianpen）。在这些山间盆地中，居住着不是一户两户人家，而是一个村、几个村甚至一个乡几个乡的人家。比如巴中市的通江县空山镇，就位于一个同名叫"空山天盆"的山间盆地之中。该镇下辖一个社区，几个行政村，居民数千人。旺苍县五权镇也处于一处山间盆地中，有万余人在此居住。就在五权镇的后山，还有一处更高的山间盆地——云雾坝天盆，海拔1300多米，天盆内有两个村，居民也有几百人。

曾家山石林

今天我要讲的既不是空山坝天盆也不是云雾坝天盆，而是距离广元市区70千米的朝天区曾家山天盆。曾家山是国家4A级旅游景区，内有2镇（曾家镇和中子镇）6乡，有6万余人居住其中。盆内平均海拔1400米左右，面积586平方千米，其中森林面积为497平方千米，森林覆盖率为74%，属于亚热带山地湿润季风气候，四季分明，年平均气温为12℃，夏天平均气温为23℃，冬季平均气温为-6℃，年平均降水量高达1300毫米，平均日照晴天达212天。

目前，从广元市区到曾家山主要有两条路可以到达。一条路是从广元老城区出北门沿着108国道向北行驶，在一个叫作五里村的地方下线朝右手方向进入一条盘山公路，经过大约2小时后即可抵达曾家山景区。另一条路是可以从广元市东坝出发向东沿着老的广旺公路，经行10来千米后分道向荣山镇方向进入。另外，还有一条从朝天驿直达曾家山的高速公路即将建成通车。

在一个艳阳高照的初夏，我们沿着南河驱车去曾家山考察。出广元市东坝后，在广旺公路不到10千米时，下线到左侧的一条乡间小路朝北行驶，途经荣山镇，一路上行。沿途青山绿水，鸟鸣蝶飞，隐隐约约地好像也有稚嫩的蝉鸣声了。可别小瞧了这些虫儿们，哪怕它们就是那么的"渺小"，可是什么季节是属于它们的，它们比我们人类更清楚，该它们发声的时候，一天也不会拉下。在行进到山间峡谷时，公路盘山而上，山林遮天蔽日。阵阵清风徐徐吹来，空气带着丝丝湿润和甜味，有一种久违的心旷神怡的感觉。荣山是广元市有名的煤矿产区，也是曾经的罪犯劳动改造关押之地。我在写《唯美四川：米仓山（巴中篇）》时，也曾到过光雾山下的一处"劳改农场"。那里与眼前看到的环境一样，都是山清水秀，空气新鲜，环境优美的地方。当时我就喟叹道，西方国家不是喜欢用人权来攻击我们吗？如果那些西方政客们看到罪犯在广元市和巴中市这些美如仙境的环境中改造，该不会羡慕这里正是他们想来但来不了的绝佳修养度假地呢。不过现在由于"劳改农场"的搬迁，煤矿也停采了，高高低低、远远近近的那些林间居所已经人去楼空，墙倾壁颓。建议管理单位和相关部门及时将一些建筑残余清

历史悠久的荣山镇渔河刺绣

理,进行必要的生态修复,让这里的山更青、水更绿、环境更优美。

山间的路总是与山溪的水大致比肩而行。偶尔侧目透过密匝的荆棘乔灌林木向深深的溪流看去,时而流水潺潺,时而潭水漫漫,时而滚浪如雪,时而瀑布飞溅。

山体抬升形成多级壶穴地貌

虽然也是一晃而过,那印象还是极为深刻的。在一些沟壑激流处,我嘱咐车开慢点,甚至临时停靠,下得车来,一定会看到不少典型的"壶穴"和峰丛地貌。

"壶穴"(pot hole)是山体隆起河流下切时,由流水漩蚀而成的一种流水侵蚀地貌。在广元到巴中之间几百千米的秦巴山地和米仓山区,尤其是在米仓山溪流地形变换、激流跌宕急促处,此种河流侵蚀地貌比比皆是,形成了一道道足显地球构造运动的靓丽风景线。除了曾家山一带,广元市旺苍县的七里峡和十八龙潭(龙潭子)、昭化镇的菖溪河、青川县唐家河自然保护区,都分布有这种漂亮而典型的壶穴地貌景观。

如果说去曾家山沿途见到的壶穴地貌是由山体抬升隆起、流水漩蚀下切而生成的景观现象,那么,这一带的峰丛地貌则是由于山体差异性抬升隆起,再受到包括雨水溶蚀、生物风化、寒冻风化等化学和物理以及动力的剥离侵蚀作用而形成的景观现象。

站在米仓山山麓一定距离之外,可以观察到米仓山任意一列山脉的山脊处几乎都有一排排并列的、馒头状的山峰。有人说那些山峰更像一座座装满谷物的粮仓,还说那就是米仓山得名的由来。说到峰丛,同行的文学梅告诉我,曾家山典型的峰丛地貌要进入景区之后才能够尽情领略。此行正好有原旺苍县普济中学

鸳鸯池彩林

年轻校友的同学聚会，文学梅是他们的召集人之一，他们得知我也要去曾家山考察，特邀我作为老校友参加他们的聚会之行——半个多世纪前，我也是普济中学（初中）毕业的学生呢。

随小校友们同学聚会的车队先去李家（原林场，林场转型后变成了休闲度假的农家乐）参观，两天后，我们来到了曾家山天盆中的核心区域之一的曾家镇。

曾家山的地质基础无一例外都属于古生代石灰岩建造区，这就决定了它一定是喀斯特地貌的发育地。其中最负盛名的要数川洞庵镂空天坑和石鹰村（即石笋坪）的石笋（峰丛）地貌。此外，还有相距不远的天星洞和吊滩河等喀斯特构造景观。

距离曾家镇仅几千米的南山上有座川主山，山顶有座川主庙，在山脚处的川洞庵是一个被上千万年的岁月之手镂空而成的天坑。川洞庵的形成过程就是一部反映秦巴山地和米仓山在漫长的地质历史中间断隆起抬升的活词典。川洞庵的形成过程与巴中南江的光雾山下十八月潭和旺苍县万家乡境内的十八龙潭大同小异，不同的是后两处的景观形成几乎完全是地质构造的水动力学物理作用所致，而川洞庵在山体间断隆起抬升的地质构造全过程中，除了物理动力学作用，还参与了非常重要的喀斯特水化学溶蚀作用。这就是川洞庵的景观规模如此巨大、如此壮观的原因。

离开李家林场后,我们迫不及待地直奔多次想去而未果的川洞庵天坑。先乘车到了可以停车休憩的游客中心,在工作人员的安排下,步行爬过一段山坡水泥路,再翻过一座小小的垭口,沿着一条绕曲的游人小道慢慢向川洞庵走去——上上下下的游人摩肩接踵,走不快。只觉得一阵阵凉风从脚底下的沟壑深处窜了上来,刚才爬坡时的热汗瞬间散发殆尽,倒感到有些冷得瘆人。空气的湿度极大,人多路滑,又是下坡,加上一年前在给旺苍县东河红军小学师生去米仓山鼓城山科普培训时,左腿部严重受伤还未完全康复,所以我行路时格外小心翼翼,好在有文学梅他们这些年轻人的搀扶照顾,途中总算顺利。

尽管腿部不适,可是沿途的地貌景观无时无刻不在吸引我的注意。在去川洞庵来回的路上,每走一步都穿行在琳琅满目的地质构造和喀斯特景点之中:石笋、石牙、石幔、石洞、石钟乳……不过这些小型景观与川洞庵相比,都是川洞庵在形成历史过往中的顺便带来的副产品而已,其规模气势只是小巫见大巫,远远不能相提并论。

川洞庵天坑上下高约40多米,顶部呈一圆形巨大天窗,天窗直径50米左右,镂空的天坑内部呈瓮形,在"瓮"的中下地段,有一处360度的环转平台,好像福建土楼内部楼上的"环形走廊"。走廊与凹陷而进的坡缓地相连,面积最少达3000多平方米。环形走廊的南面与洞外相通,这是当喀斯特垂直地质过程曾经相对缓慢甚至"停歇"时从顶部倾泻而下的雨水暗河的出口。站在"环形走廊"向下看去,又是一个准"瓮"形第二级大天坑,高度大约为10米左右,在与上层入口相对应的地方

川洞庵天盆入口

川洞庵天坑

也有一个目前的出水口,将顶层来水随时排出洞外。

其实,如果再仔细地向洞壁看去,成层的变化韵律远不止眼前的"环形走廊"一层,从南江县光雾山十八月潭和旺苍县万家乡的十八龙潭的成层韵律来看,大的间断隆起——下切韵律至少有三层,小的韵律也该有十八层!尽管一座山脉在它的沧海桑田变化历史上会有许多差异,但是曾家山的任何地质地理变化就整体而言,都会受到整个米仓山的变化所控制,所谓一荣俱荣,一损俱损,那一定是一脉相承的啊!

当山体一直隆起抬升时,无论是化学的还是物理的下切作用就会持续不停。要是山体隆起抬升一旦变缓甚至停顿,下切的过程也会随即变缓甚至停止,转而成为水平方向的水化学和水动力的冲(潆)蚀或者溶蚀,于是成层的凸起或者凹进的"走廊",相应流水的出口就会应运而生。事实上,在与川洞庵环形走廊的许多连接处，的确有不少的凹陷进入瓮形缸壁的地方，有的属于构造自然天成，有的是时日一久自然塌陷所致，绝少部分也有现在人为造就（比如游人道路和挡墙等）。3000多平方米的面积可以让上万人同时驻足其上，上百人同时长期遮风避雨乃至隐蔽生活在此亦无不可。川洞庵的"庵"字本身就有房屋的含义，据说清末盛极一时的白莲教在此设坛做过指挥部，当年红四方面军一部也在此打过游击，这里也曾经是聚啸山林的绿林好汉或者一些土匪的藏匿之处。在走廊稍微宽余处，可以见到曾经有人聚居生活过的锅台灰烬等痕迹。

川洞庵附近森林密布，既有珍稀林木红豆杉、红豆树、三尖杉、水青冈、小叶桢楠（金丝楠的一种），又有成片的广布树种，如松、杉、柏、杨、柳，更有许多野生的核桃、板栗、山桃、山楂、沙棘以及林下野葱、野蒜、折耳根、蕨根和大量的菌类生长，还有大量的野生竹林竹笋分布。若是被人围困，在春、夏、秋三季，洞内有水源，朽木杂树做燃料；洞外有野食山珍，甚至还可以人工开荒种地。即使是冬季，只要储备充分也无大碍，进可攻退可守，自然可以渡过难关。古时大巴山—米仓山与西面的岷山、龙门山，北面的秦岭等地的原始森林广为连接，由于生存空间足够大和生活通道的畅通无阻，许多包括大型野生动物华南虎、金钱豹、大熊猫在内的各种各样的动物成群结队；山鸡、野兔、山溪鱼、大鲵、小鲵等更是随处皆是。这些猎物也可以作为食物的重要补充——当然现在是不容许捕猎任何野生动物的，尤其是2002年和2020年人类先后经历萨斯病毒和新冠病毒疫情肆虐后，人们更进一

洞里乾坤

步认识到,野生动物(有研究怀疑某些野生动物可能是一些病毒的传播者)都是人类的朋友,吃食它们是会遭到大自然的严峻拷问和生态缺失报应的!

经老一辈人的口口相传,百年前的广元一带大山里是有华南虎和大熊猫的。小时候,听说有人披着老虎皮夜里装神弄鬼吓人,还常常听到父母在批评我们不洗脸的时候说:"看,脏得像只大花猫。""老虎皮"和"大花猫"正是家乡人对华南虎和大熊猫的历史记忆。

刚刚考察完正准备出洞口时,只见一柱满满的阳光从川洞庵顶部倾撒而下,一看手表,正是正午时分,人们顿时欢呼起来,纷纷找到不同的角度,拍照、拍视频,或者留影以为纪念。这些倾撒而下的光柱在洞内潮湿空气的分光反射、散射、衍射等作用下,顿显满洞的五光十色、美轮美奂、光怪陆离、变幻莫测,宛如地下仙境。有学者称这种自然光学现象为"丁达尔光"。不过我又在想,要是遇见大雨滂沱的天气,当与顶部天坑同大小的雨柱从天而降时,那又该是一幅如何

川洞庵的丁达尔光

壮观的景象!

紧邻川洞庵附近还分布着许多规模较小的竖井式的小天坑。这些小天坑正在发育之中。仰头向竖井的顶部望去,有的可见一丝光线隐隐约约,有的似乎还未洞穿透顶,不过几乎都有流水空降,在竖井的底部形成一个或者几个钙化潭池。川洞庵并不孤单,在它的周围隐蔽着一个林林总总的天坑群。

类似川洞庵天坑的还有位于附近麻柳乡境内的天星洞。天星洞也是一处喀斯特溶洞中的通天竖井式漏斗。

有的喀斯特漏斗是在溶洞形成过程中，对某处石灰岩顶盖溶蚀过量，以至于顶盖变薄不能承受自身的自重而塌陷所致；有的漏斗则是直接被地表水沿着岩层裂隙向下溶蚀而成。

要是天气晴好，人们可以进得天星洞来通过圆形顶洞夜观天上的星星，原来当地人将此喀斯特漏斗当作夜观天象的"望远镜"了。虽然没有真正放大拉近的功效，但是可以想象的是，通过这种"洞若观天"的持久坚守，人们对天上星星的运行轨迹会找到许多季节变化的规律来的。

来到曾家山，不去石笋坪的石笋群去考察一番将会是极大的遗憾。顾名思义，此处的石笋的模样就与雨后破土而出的竹笋形态相似，不过其体量规模要比真正的竹笋大到成千上万倍罢了。石笋坪位于曾家镇以南 8 千米的石鹰村，因为其中的石鹰峰极像一只引颈飞天的鹰隼而得名。石笋坪的石笋极具规模和明显景观价值的大约有十几座，所以称为石笋群实至名归。有的数座底部并列相连，有的一座独立朝天，有的高高耸立直入云霄，有的谦卑低就似乎自觉自愿"矮人一头"。石笋其实就是峰丛和石林的一种，或者说是对一些特殊峰丛、石林地貌的爱称吧。

类似曾家山这样的石笋，它们的形成过程与川洞庵大同小异。它们曾经都是古海洋的石灰岩沉积产物，后来沧海桑田，海洋变为陆地。只不过川洞庵是曾经的大量流水从石灰岩岩石内部通过水化学和水动力侵蚀而成的"负地形"，而石笋坪的石笋则是当年大量的流水从石灰岩岩石的外部通过水化学与水动力侵蚀而成的"正地形"——记住，这些过程一定是在比较温暖的气候环境中伴随着山体隆起抬升构造的配合下方可完成。

考察完石鹰村的石笋景观后，突然想到清朝名臣林则徐的"海纳百川有容乃大，壁立千仞无欲则刚"的千古名联。建议曾家山景区管理部门将此联悬挂于石鹰村石笋坪游客入口处，因为无论石笋形成的地质历史的科学成因，还是石笋那高高挺拔、横空出世的伟岸形象，抑或教化做人行事、服务社会的内涵寓意，此联都有如沐科普之春风，如识自然之友人，如饮甘苦之良药等大道至伟的心灵激励和苦苦寻觅科学文化理念而不得的感慨，当然也会有为官亲民、为权轻利、为人从善、财色履薄的自觉警醒！

位于曾家镇以西大约 5 千米的地方叫作吊滩河，这是一条"断头断尾"河，

曾家山石笋峰

地理学上或称"断流河"。它的出水来自一个叫作"乔皮洞"的洞口,从乔皮洞流出来的暗河水在地表转曲蛇行约 2 千米后又突然跌入一个地下溶洞,形成下一段的暗河潜流。

乔皮洞应该叫作"荞皮洞"。广元一带山区早年广产荞麦。荞麦是一种广种薄收的农作物,对土地条件要求不高,种子一撒,什么山地、坡地、贫瘠地、背阴地、边角地都可以生长。虽然产量不高,但基本上不用田间管理,到了夏末秋初出镰收获就行。

荞麦有苦荞甜荞之分。顾名思义,苦荞的苦味较重,以前的山里人,如果吃惯了苦荞,一般面粉的味道就不足啦。好像喝惯了苦咖啡,一旦放糖就索然无味了。甜荞也有苦味,只是程度比较轻而已。用荞麦面蒸出来的馍馍或擀出来的面条都呈青黄色,家乡人常常将荞麦面与小麦白面做成黑白相间的馍馍,叫作"金银花卷",不仅看着漂亮而且也少了许多苦味,很受小孩子喜欢。荞麦还可以酿造白酒，叫"苦荞酒"或者"荞麦酒"，颇受人们的青睐。荞麦的麸皮除了能作饲料喂猪养鸡，还可用来作枕芯，据说可以缓解疲劳、催人入睡。在包括曾家山在内的川北喀斯特地区，荞麦皮还有一个重要的"科学探秘"功能。一些乡里的有识之士将荞麦皮投进一些暗河之中，利用荞麦皮比重轻而且不易被水浸透沉淀、颜色紫红容易观察识别等特点，将其作为暗河流程路径的指示物，以此对暗河的走向、距离和出入口进行摸排定位。吊滩河的出入水口就是经过投放荞麦皮得以确认的。据此，吊滩河的地下过水溶洞是不是该叫"荞皮洞"呢。

曾家山的石灰岩喀斯特地貌种类比较丰富，除了具象的景观景点外，几乎所有的喀斯特种类都可以找到它们的踪迹：溶洞、多层镂空溶洞、潭池、暗河、峰丛、石笋、石林、雏形石林、石芽、石钟乳、石幔、石裙、天坑、漏斗、落水洞……喀斯特地貌景观是曾家山旅游文化的重头戏，更是人们百来不厌的重要景观地。难怪人们都评价说，曾家山是广元市的喀斯特地貌之乡或者广元市喀斯特地貌的博物馆呢。

曾家山的滑雪场也是值得一游的地方。

2007年的一天，一位法国人在一位中国女翻译兼助手的陪同下来到我的办公室，用法文自我介绍说，他的中国名字叫高宁，是不久前才成立的法国驻成都领事馆副总领事，他找我的目的就是让我他介绍一些四川境内可以加强中法两国文化旅游合作的领域，其中就有除了西岭雪山之外哪里有可以建立山地滑雪基地的地方。原来高宁先生喜欢登山探险、户外旅游，他就任法国驻成都领事馆副总领事前常常活跃在中国西部以及喜马拉雅山一带。也不知道他从哪里知道我也去过世界上许多冰天雪地的地方，而且还是专门从事冰川研究的"国家级"的"国家队"教授（高宁语），于是在时任四川省旅游协会秘书长孙乾先生和时任中国科学院成都分院副院长赵永涛教授的带领下找到了我。知道来意后，我便如数家珍地一口气给这位"远道同行"介绍了许多地方：阿坝州的雪宝顶、四姑娘山，黑水县达古冰川所在的羊拱山，甘孜州的雀儿山新路海，康定附近的折多山和野人海，理塘县的海子山，海螺沟的情人海和与它邻近的雅家梗……当然，重点介绍了广元，我的家乡，以及巴中可以建设山地滑雪场的几个备选地：广元朝天区的曾家山、南江县的光雾山、旺苍县的鼓城山、青川县的大草坪……

曾家山滑雪场

事后，我又与高宁先生见过几面。成都的法国领事馆在建馆的头几年都是到处租房办公，加上彼此都很忙，渐渐地来往少了，以至于后来再也没有联系过。记得孙乾秘书长听到我特别强调广元和南江的旅游资源优势后，不无遗憾地告诉我说，作为四川省旅游协会的秘书长，他对川北一带的旅游资源储备了解得太少了，同时激动地表示道，他一定找机会去广元、旺苍、南江走走看看。

曾家山一带海拔高达 1400～2000 米，冬季气温最低可达 –20℃，冬季的降雪量为 300 毫米，连续积雪时间可达两月左右。

曾家山滑雪场位于曾家镇太平村三组，2014 年建成开业，属于曾家山国家 4A 级旅游景区的重要组成部分。中心地段海拔 1750 米，占地 2000 多亩，目前已经建成初级、中级和高级雪道以及单板道共 7 条，还有 2 万平方米大小的戏雪、赏雪、玩雪场地。除了滑雪运动项目，还有许多精彩纷呈的玩雪项目供游人选择。此外还开辟有跑马、赛道越野、丛林穿越、野外露营、滑索、攀岩、无雪旱滑、滑翔伞、热气球升空等项目。

滑雪场还有设备齐全的配套服务设施，其中现代化管理的服务大厅面积达 2200 多平方米，有可供 800 人同时就餐的美食城。

在曾家山随处都可以领略到川北民居尤其是美人靠和吊脚楼的建筑风采。

一座新建的牌坊式大门楼矗立在曾家山景区入口，雕梁画栋飞阁流丹。虽属新建，却也尽显传统的古代建筑艺术风格。进得大门很快就来到曾家镇街场上，这也是一个古老而新潮的典型川北风格的街场。要是周末，场镇上的主要街道上一定是熙熙攘攘的，虽人满而不为患。游人往往擦肩而过只是彼此笑笑或者点头示意，一些朴实的本地农村妇女即使你不小心碰撞了她，人家还友好地对你笑笑说:"领导,对不起!"噫,总是将客人高看一头,这民风真的不错。

除了川主山上的川主庙,曾家镇还有一座观音庙,这些地方平时总是烟火缭绕,香客不断。山里人对中国传统文化多了几分朴素平实的崇敬心理。

除了国家 4A 级景区的殊荣,曾家山还先后被评为全国农业旅游示范点、四川省首批十大消夏度假旅游区、四川省省级地质公园、广元市休闲度假区。我不妨锦上添花再加一条:四川省广元市曾家山凉都。

随着近半个世纪以来对地球气候变暖趋势有增无减的忧虑日盛,各国政府和科学家为此忧心忡忡,想尽一切力所能及的办法试图将居高不下的增温现状"夷平"或者抑制下去。可是结果不尽人意,人们感觉似乎夏天还是那么炙热,春天和初夏差不多,秋天总是不愿意离开夏天,冬季不冷,都叫它"暖冬"。

作为一般的民众,除了配合政府和科学家做好环境保护,减少或者杜绝自身可能给周边环境带来的尾气排放和生活垃圾等污染,每到夏天休

曾家山溶洞内的小鲵

曾家山野生八月瓜

假时期,总想找些比较凉爽的度假休闲之地,带上家人,躲过那几天或者那几周的高温极端天气,然后再回到嘈杂的都市。

可是,哪里才是都市人应该去的避暑消夏之地呢?当然首选似乎是南极、北极,那里一年四季都是冰天雪地,虽然气温与以前相比也有所提高,冰川有些退缩,一些原来被冰川覆盖过的岛屿陆地裸露出来又重见天日了,但是千万不要听媒体的炒作,因为在我们人类未来的历史上,那里永远都不会"冰消雪融、江河横溢、人或为鱼鳖"的——除非地球来个大倒转,让南北极重新"漂移"到热

带、亚热带的地方去。可是，南北极距离我们太远，去的成本太高，不是一般民众想去就能够去的地方。

青藏高原？是的。对于我们国人而言，青藏高原就在自己的家门口，航空旅行自不必多说了，两三个小时就到拉萨；青藏铁路早已开通，也只需一天两夜的时间，如果川藏高速公路和川藏高铁的建成通车，那就更是朝发夕至甚至朝发午至了，更何况还有天山、祁连山、昆仑山、横断山等好多不是南极、北极而恰似南极、北极四季无夏的地方。可是，这些地方距离远，而且海拔太高，高原反应会将许多人拒之门外。根据我几十年在青藏高原等高山、极高山地区科学考察的经验，对于大多数内地人来说，海拔2500米以下是去了就可以马上适应的高度，但要是突然攀爬到超过海拔2500米，甚至海拔3000米以上的地方，高原反应都会不期而至。要是到海拔3600米左右的拉萨，一般人没有48小时甚至72小时以上的高原反应的适应期，绝对不会恢复到正常人那种生活起居适意感的。

与南北极、青藏高原以及中国西部各大高山高原相比，对于川北乃至成都、重庆、西安人而言，来大巴山—米仓山度夏休闲是不错的选择。这里纬度适中，海拔更适中，绿水青山、空气清新、出产丰富、民风淳朴、交通便捷、出入方便、政府重视、民众支持。曾家山旅游度假区是目前广元市打造得比较理想的一个山地避暑地，符合广元市委政府生态立市、康养广元的理念，堪称米仓山中实至名归的凉都。

雪溪洞，赋值蜀道文化的喀斯特溶洞

雪溪洞是朝天人和许多外地人耳熟能详的旅游度假地，也是一处久负盛名的喀斯特溶洞景观地。

喀斯特（Karst）原是南斯拉夫西北部伊斯特拉半岛（现属克罗地亚）碳酸盐岩高原的一个地名。由于该地的喀斯特地貌种类非常丰富，也十分典型，又是科学家最早在这里关注研究石灰岩岩溶过程与岩溶形态的对象，于是这地名遂成了如今国际上"喀斯特"地貌的专有名词。

喀斯特地貌发育的岩层主要是石灰岩，还有白云岩、石膏岩、岩盐等，都是一些化学特性可溶于水的沉积岩类型。地球上所有的石灰岩均来源于古老的海洋或者湖泊沉积（典型的石灰岩绝大部分属于海洋沉积），主要成分是碳酸钙。我们这个星球自从"盘古开天地"形成之初就没有一刻安静过，总是处于地覆天翻、沧海桑田的不停变换之中。如今的海洋、湖泊曾几何时就是巍峨耸峙、直薄云天的陆地、高山、高原，如今的陆地、高山、高原曾几何时就是漫漫无垠、深不见底的海洋、湖泊。任何山地在它们隆起的那一刻起，同时就会在地球引力作用下受到各种各样来自物理的化学的乃至生物的风化、剥离、夷平等侵蚀过程（科学家称之为外营力）的影响。不过由于大地构造（科学家称之为内营力）具有不可抵挡的磅礴气势，外营力远远不可消减由内营力引起的造山运动，只能够在诸如巍巍米仓山这样的山体上留下一些地质历史的印记。喀斯特地貌正是地球外营力留下的那些若干印记之一。

喀斯特地貌在许多国家都有分布，在我国的大多数省市也能够发现它们的踪迹：从西南到东北，从华南到华北，从海拔几十米、几百米的低山丘陵区到海拔四五千米的青藏高原，林林总总、琳琅满目的喀斯特地貌景观总会给我们带来一个又一个惊喜和秘境。

雪溪洞洞口

许多国人都知道在大西南的云南、贵州、重庆、四川南部和广西都是著名的喀斯特地貌分布区。云南的路南石林、贵州的织金洞、重庆的金佛山、广西的七星岩、四川的兴文石林等著名的喀斯特景区我都曾经去考察过。无疑,这些都是我国宝贵的喀斯特景观地貌资源。30多年前,当我几次去贵州考察后,面对贵州"地无三尺平,天无三日晴,人无三两银",以及"贵州的石漠化愈演愈烈"的定论时,就曾经给很多人讲过:其实,贵州的美丽景观无处不在,正是得力于贵州高原广泛的喀斯特地貌,贵州是一个"花园省"。我也曾经上百次来回途经川藏公路,在海拔4000米以上的左贡、八宿一带的他念他翁山见过因为青藏高原的强烈隆升,被"托举"而高高在上的古喀斯特地貌遗迹——科学家正是利用它们的存在,旁证了青藏高原在距今近1000万年以来的隆起上升的高度达到了3000多米!

回过头来再看看自己的家乡米仓山,居然也是喀斯特地貌无处不在的"花园山"。

近现代以来,广元到巴中一带的米仓山喀斯特地貌景观与云南、贵州、重庆、川南和广西等地相比,无论其知名度与关注度似乎都远不可及。其实这是科学界尤其是我们地质地理学界的疏忽所致,以至于使得川北一带几乎成为我国喀斯特地貌科学研究的空白。其实这样也好,正如一位哲人所言:一张白纸,可以画出又美又新的图画!

从广元市朝天区政府所在地朝天镇出发,沿着嘉陵江一条小支流浅溪河(又叫潜溪河)向北上行大约4千米左右,一座洞门大开的喀斯特溶洞正北朝南地出现在我们的视野之中,这就是远近闻名的"雪溪洞"。

浅溪河发源于陕西省宁强县关口坝镇西坡,也是前面提及的朝天—宁强珊瑚玉产地的主要分布区域之一。这一带的喀斯特地貌区除了碳酸钙为主的石灰岩，还有一些碳酸镁的白云岩出露。

雪溪洞就是以碳酸钙石灰岩和碳酸镁白云岩为地质基础形成的一处喀斯特溶洞。由于雪溪洞地处古蜀道金牛道要冲，自古以来就是过往官员、商旅、文人墨客驻跸、歇憩和游览拜谒之地。

> 风雨尚远游，回首始欲愁。
> 北顾龙门栈，西望黑云头。
> 危途踏半桥，扶杖俯洪流。
> 雪溪巴山来，衰翁葱岭留。

这首《风雨过龙门阁》是南宋诗人陆游监军米仓山抗金前线时路过雪溪洞留下。

陆游（1125—1210）字务观，号放翁，浙江绍兴（南宋越州山阴）人，是一位自诩为"上马击狂胡，下马草军书"的著名爱国诗人，他写的诗歌留存下来的有9000多首。他37岁时被宋孝宗赵昚（shèn）赐进士出身，任夔州通判等职。孝宗乾道七年（公元1171年），陆游46岁时受四川宣抚使王炎相邀任南郑幕府襄赞军务，开始出入米仓山一带。不久后，陆游再受四川制置使和管内（成都路

龙门阁

即西南大区）制置使范成大邀请，入蜀监军米仓山等地防务，前后历经8年。这期间，陆游在广元旺苍一带留下了许多纪行诗。这首《风雨过龙门阁》即其中一首。诗中有一句"雪溪巴山来"，有朋友以为雪溪洞正是以此而得名。此诗正是他冒雨路过雪溪洞附近的龙门栈道的龙门阁时所作。从诗中描述的"北顾龙门栈，西望黑云头""危途踏半桥，扶杖俯洪流"来看，诗人是在夏秋雨季从南而北去川陕交界地一带公干，当时不仅栈桥年久失修（危途、半桥）路难行，还黑云压顶、风雨交加而且脚下洪流滚滚（足见不是春天也不是冬季），过了栈道一端的龙门阁后，只见一条叫"雪溪"的河流从大巴山深处流来，自称衰翁的陆放翁当晚就留下来，住在距离龙门阁附近林木掩映下的山间（葱岭）客栈了。

既然是纪行诗，诗人一般不会初来乍到就起名命事的，所以"雪溪"这个词应该早就有了。雪溪河附近的溶洞叫作"雪溪洞"，显然，这条河因从雪溪洞前流过而得名雪溪河才是正理。

雪溪洞的喀斯特地貌内涵就是有力的证据。

雪溪洞的洞门位于一座陡壁的石灰岩岩壁之下，洞口有一处人为修建的小广场，一座两米多高的陆游像矗立在广场上。广场上有石凳石桌可供游客休憩小坐，还可以照相摄影以作留念。从洞门所在的石壁外表看去，石灰岩的纯度不是很高，有一些泛黄的夹层出露其间；一条冬暖夏凉的溪流从洞门右下侧哗哗流出。

进得洞来，在特制的灯光照耀下，只见空间突然变得宽阔起来，面积最少有200多平方米，这里在旅游开发后被命名为"雪溪龙宫"。其中上有垂吊而下的钟乳石，地面上有高高低低的石笋石芽，还有一些钙化潭池分列两边，高低错落有致，像春天待种的水稻梯田，潭水清澈见底，洞顶上的钟乳石倒映其中，似乎很难分出哪是真的哪是假的。

"龙宫"尽头有一不大的石门洞，洞侧有一座金黄色的石幔俯卧在款款流来的清溪旁边，好似一头下山金毛狮正在狂饮这富含多种微量元素和矿物质的泉流。过得小石门走过30多米后又是一座大厅，面积100多平方米，大厅石壁上发育着许多形态大同小异的石钟乳。据说一处石钟乳好似展翅欲飞的大凤凰，于是又有人将其命名为"凤凰台"。

走过大厅，沿小径拾级而上，10多米后，见一座近30平方米的平台前伫立着一根 5 米多高的石笋，有人将之形容为南海观音菩萨的化身。在"观音菩萨"的对面伫立着另一座 2 米多高的石笋，又有人将之比拟为"灵山宝塔"；一汪好几十平方米的钙化泉池也被命名为"神龙池"，池中的"钙化"地埂被神话为"二龙抢宝"的青龙与黄龙。几根"顶天立地"的石柱显然是溶洞中下垂的石钟乳与向上生长的石笋，历经千百万年才彼此链接而成的喀斯特钟乳柱，也被冠之曰"蟠桃树"。这种喀斯特石柱在国内一些溶洞景区里存在，也有很多是用水泥伪造的。如果说，这些大自然的杰作被一些自以为

雪溪洞中的喀斯特景观

有文化的人冠以莫名其妙的名称还可以进行修正的话，那么那些人工作假者实属大自然的破坏者而罪莫大焉！

　　有研究者通过大量的物理与化学的模拟实验，发现在一般的石灰岩质地、水流温度和水量水文条件下，雪溪洞这样的喀斯特溶洞，石笋或者石钟乳每年的增长速度为 0.01 毫米。好家伙，你这一天半天就长出了几米高的石柱，简直就

雪溪洞中的喀斯特钟乳柱

是对大自然的亵渎!再说,喀斯特石柱的生长规律是上下两头向空中慢慢延伸对接,往往是两头粗中间细,可是那些造假者不懂科学常识,虽然造假后的钟乳石和石笋的外形和颜色可以以假乱真,但那上下一般粗或者中间粗两头细的伪劣形态,科学家看一眼知道是假货。

如果一处美丽的大自然天工巧成的地质历史博物馆被神化到无处触目、无处聆听、无处科普诠释的地步,这种旅游开发还有什么意义?须知,国家将文化与旅游合二为一,那是很有深意的。没有科学、没有科普、没有文化的旅游,动辄就是这像个乌龟那像个王八,失去了科学知识乐趣的地貌景观本色,还停留在封建迷信和低级庸俗的层面上,这对一个国家一个民族而言意味着什么?那是倒退,那是误导我们的下一代!不妨让我们回过头去看看近千年前陆游那首《风雨过龙门阁》吧,除了有身临其境和按图索骥的真情实感外,有一个字与神仙鬼怪有关吗?有一个词来自莫名其妙的虚妄传说吗?再看那些自以为是的景区景点中似曾相识的"神""鬼"标识牌，真是汗颜啊！

　　我到过南极 5 次，到过北极 4 次，去过远东地区的堪察加半岛，也去过美国的科罗拉多大峡谷，这些地方都没有神话传说，没有爱情故事，没有封建迷信，没有魑魅魍魉，只有科学的认知，科普的诠释，人们不是一样趋之若鹜呢？

　　据说雪溪洞有 8 千米长，目前还没有全部开发出来，也好，好景观藏在深山人不识，天然无雕饰，否则不知道又会生出多少莫名其妙的牛鬼蛇神来呢。

　　不去听也不去看那些与雪溪洞毫无关系的解说介绍，只是对着每一处大自然的神来之笔来回细细品味，竟然花了两个多小时，特别引人注目的是雪溪洞内那白如雪花的结晶体——石花。它们晶莹剔透，洁白无瑕，仿佛是从天际"移民"至雪溪洞内的闪闪繁星。这是石灰岩在一定温度、压力、水分等特殊环境下生成的方解石结晶体。忽然我对雪溪洞的来历有了新的解释——洞内比比皆是的冰雪般的方解石簇拥景观，好似进入了一个别有洞天的水晶世界。要是丰水季节，再看洞内翻滚流淌的溪水，白白的浪花与白白的石花相映成趣，难道这洞不该叫作雪溪洞吗？雪溪洞前的那条河难道不该叫作雪溪河啊！

　　距离雪溪洞不远处还有一个龙门洞，洞口有重新修建的龙门阁和龙门栈道。试想，要不是陆游当年留下的纪行诗，而是写一些虚无缥缈的牛鬼蛇神，我们今天能够准确地恢复出当年的历史记忆吗？因为时日不早，我们暂时放弃了龙门洞的考察，留点遗憾吧，惊喜太多也就变得平淡无奇啦。

剑阁剑门关，一夫当关，万夫莫开

"一夫当关，万夫莫开"的诗句早在上小学时就倒背如流，并且总是将其与历史上的伟岸英雄人物和宏大的战争场面相联系：城关上一员大将铜盔铁甲、紫髯飘动、腰佩宝剑、手持大刀或者长矛，关楼上旌旗翻飞；关楼下则是人马攒动、战旗猎猎、战鼓咚咚，虽然气势汹汹，但是却不得前进半步……可是那时候没有觉得这也许就是自己家乡曾经发生过的历史故事。直到上中学读了唐代诗人李白的《蜀道难》全诗后才知道，这蜀道最难走的也是最难逾越的就是我们广元的剑门关了。

剑门关日出

中国是个多民族国家。在上下5000年的历史进程中，经历了许许多多分分合合、气壮山河或者爱恨情仇的故事。秦始皇统一中国后，为了将一统江山世世代代延续下去，这位始皇帝殚精竭虑，用心良苦——书同文以统一文化，车同轨以统一交通道路，铸货币（半两钱）以统一财政制度，制权重以统一度量衡，筑长城以固守边疆，修运河以打通水路灌溉良田。可能是刚刚统一不久，民心不稳，那些推进统一的政策来得太急、太快，各种连年不断的徭役让百姓们不堪重负，终于在秦二世当政不久就被陈胜、吴广和刘邦、项羽等农民起义推翻。秦始皇是位伟大的军事家、政治家，但是绝对不是一位称职的经济学家。在取得统一的政权后，虽然有雄伟的经济建设理想，却不懂得循序渐进的经济建设规律，更不懂得民心民意，高估了自己的统治能力，低估了民众的反抗决心。秦朝之后，官逼民反、武装割据和朝代更迭伴随着封建社会2000多年，成为中华民族历史发展中难以抹去的伤痛怪圈。于是，除了抵御外敌的长城，省与省之间，地区与地区之间，以邻为壑，互存歧见，内斗不断，许多关隘遂成为各种各样地方集团保存实力、固守自卫的战略要津和进攻外部势力的前沿阵地。

剑门关最早是因为地势地貌形态而得名的。

中生代侏罗纪—白垩纪的砂岩砾岩在地质历史翻天覆地的变化中，以它们那坚韧的质地品性，抵御住了由地球内营力引起的构造塌陷的剥离断裂，减缓了千百万年来风霜雨雪与生物生化等地球外营力引起的侵蚀、下切和夷平风化，剑门七十二峰真是劫后余生，却仍然傲立苍穹！就在这大小剑山的中段，在两侧高耸壁立如剑的山峰夹持下，一条南来北往的过山小径自然天成。而正是这条过山小径的特殊位置，不仅自商周以来就是出入蜀地的重要古驿道，更是先秦时期金牛古道的中心地段，从而引起了古代军事家们的高度关注：从北方的古都长安出发，翻越"太白鸟道"和褒斜古道的秦巴山地后，再从昭化的桔柏古渡一路走来，沿着剑溪河一路南行，一旦越过那道两座剑锋夹持的天然隘口，川西平原就完全暴露无遗地呈现在来犯者的面前了——因为关隘以南那些向四川盆地过渡区的矮小丘陵在冷兵器时代根本不算是前进的障碍。到了蜀汉早期，诸葛亮为了实现北上伐魏的战略意图，在剑门古隘口上垒石为门，修筑关墙关楼，架设飞梁阁道，真正作为有驻军镇守的具象关隘应该始于彼时的诸葛武侯时代——这样的剑门关距今也有2000多年的历史了。

剑门关的独特之处正如李白在《蜀道难》诗中所言："一夫当关，万夫莫开"，原因就是关外及两侧山势峥嵘峻峭，道路崎岖坡陡难行，军队无法战术展开，要想硬凭冷兵器攻破关隘防线，犹比登天还难；关内则地势相对平复开阔，既可供驻军换防操练养精蓄锐，又有利于广藏军粮军备物资。要不当年的北魏大将钟会怎么会舍近求远，绕道甘肃境内的白龙江上游去偷袭阴平古道，最终取得消灭蜀国的胜利呢？

中华人民共和国成立后，类似剑门关这样具有军事防务特质的古建筑彻底失去了它们原有的功能属性，改革开放后许多地方成为缅怀古代历史文化、休闲度假、旅游观光的好去处。而剑门关具有非常厚重、非常凸显的历史文化赋值，因此在中国所有的关隘遗产中，异军突起独领风骚，成为广元市文化旅游的又一张金色名片。剑门关是首批国家级风景名胜区（1982年），国家级森林公园（1992年），第六批国家重点文物保护单位，同时被确定为全国100个红色旅游经典景区景点之一（2006年），国家自然与文化双遗产预备名录（2009年），四川省地质公园（2010年），驻华大使向世界推荐的中国优秀旅游目的地（2011年），以剑门关为主体的蜀道金牛道广元段入选《中国世界文化遗产预备名单》（2012年），国家5A级旅游景区（2015年），也是广元市首个国家5A级旅游景区……真可谓"集众多宠爱于一身"啊！

剑门关位于剑阁县城南剑门山山脊中

剑门关

部的构造断裂塌陷狭窄处，现关楼中心位置为北纬32°148′5″，东经105°35′8″，剑门关景区与辖区内的翠云廊景区共同组成了广元市剑门蜀道剑门关旅游区。

此前的剑门关景区的主要景点有：剑门关、剑阁道、剑门关关楼、剑阁驿道、剑门七十二

翠云廊古柏树

峰、小剑山、姜公祠、姜维墓、邓艾墓、钟会故垒、金牛故道、后关门、石笋峰、梁山寺、雷霆峡、仙峰观、古剑溪石拱桥、志公寺等。

而当时的翠云廊景区主要以景区内的千年古柏为观赏游览对象，有好事者将一些有特殊形态的名木古树命名为：古柏王、鸳鸯柏、天桥柏、松柏长青树、阿斗柏、夫妻柏、帅大柏，等等。在翠云廊还可以见到一些有一定历史价值的纪念地或者古建筑——张飞井，传说是张飞命人在此广植柏树时用以取水浇灌树苗的水井；翠云廊石碑，这是记载翠云廊历史的碑刻；张飞石像，一看就是今人所立，也是不忘初心吧，感谢老张家这位三国蜀汉五虎上将排名第二的大将军的至伟功德。翠云廊最早得名于清朝康熙三年时任剑州知州乔钵的《翠云廊》诗：

　　剑门路，崎岖凹凸石头路。
　　两行古柏植何人？三百里程十万树。
　　翠云廊，苍烟护，苔滑荫雨湿衣裳，回柯垂叶凉风度。
　　无石不可眠，处处堪留句。
　　龙蛇蜿蜒山缠互，传是昔年李白夫，奇人怪事教人妒。
　　休称蜀道难，莫错剑门路。

诗中表现出诗人那时对生态和气候环境辩证关系的理解：沿途树多了，成

为遮天蔽日翠云一般的走廊；反过来，由于生态环境的改变，沿途的小气候变得潮湿多雨，一片烟雨苍茫，又会对树木的生长起到养护保育的作用。

翠云廊的柏树古称"剑州路柏"，或称汉柏和皇柏，因为张飞主政阆中时极力主张军民积极参加种植和保护域内沿途道路两旁的柏树，又称"张飞柏"。翠云廊的古柏树是我国几千年以来保护得最好、规模最宏大、历史最为悠久的行道树。

张飞（字翼德）其人恐怕是有记载以来中国最早，也是最伟大的绿化植树和环保达人吧。在家喻户晓的《三国演义》里，张飞给人的印象就是丈八长（蛇）矛、豹眼环睁、满脸黑须、嗜酒如命，有时有勇有谋，有时性情暴躁，既勇冠三军，又有情有义的人物。进攻巴中时，虽然也有义释严颜的战略举措，但是最后还是因为自己的暴脾气被手下人范疆乘其醉酒之时行刺而身首异处，命丧黄泉。

但有史学家考证认为，张飞其实更是一个很有品位的文化人，尤其是他的书法功力非同一般。著名历史学家邓拓在《由张飞的书画谈起》一文中说道："我国的书法家并不限于文人，武将中也不少，如岳飞、张飞等。"有关张飞善书法之说，不仅有书法作品实证，而且还有不少文献记载频频佐证。

南北朝时期梁国人陶弘景在他的《古今刀剑录》中明确记载说："张飞初拜新亭侯，自命匠炼赤山铁，为一刀。铭曰：新亭侯，蜀大将也。"此即张飞亲书《新亭侯刀铭》的证据；明代文献与考据学家曹学佺在他的《蜀中名胜记·廿八卷》中记载，顺庆府渠县有八蒙山，山下有一石，石上题有："汉将张飞率精卒万人大破贼首张郃，立马勒石"，并且认为此《立马铭》也是张飞"立马勒石"一时兴起所书；明代《丹铅总录》也记载有张飞在今重庆涪陵留有《刁斗铭》的书法作品；明代卓尔昌编著的《画髓元诠》记载"张飞……喜画美人，善草书"，说明这位蜀汉的车骑将军不仅善书法，还是位画家，而且爱画美人；元朝大画家吴镇有诗《张翼德祠》云："关侯讽左氏，车骑更工书"，是说关羽喜欢读《左传》，张飞更工于书法画作。

这里不惜笔墨、引经据典举证张飞既喜欢画画也喜欢书法不为别的，实际上在为张飞为啥费那么大的工夫，在他管辖的那么大的范围内，从巴中到南江到旺苍，从阆中到剑阁到梓潼，号召军民广植汉柏绿化道路，进一步找到其文化的源头。看来张飞不但是一位文武兼备的全才，还是一位懂科学（明白植树可以保持水土不被流失，保证道路的经久耐用的道理），有环保情操，喜欢美化环境的人。

可是通过对翠云廊柏树的数轮研究得知，除了占比不及1/5的粗大个体外（这些树龄大都在距今1700多年），其他柏树都只有四五百年的树龄。原来，这要感谢500多年前（明朝时期）一位在剑州任职的李璧李知州。

李璧，字白夫，号琢哉，明孝宗朱佑樘弘治八年（公元1495年）举人。明武宗朱厚照正德十年（公元1515年），李璧调剑州任知州，直到正德十六年（公元1521年）升任云南临安府同知，前后在广元剑阁一带生活了6年时间。正是在这6年期间，李璧在前人植树绿化的基础上，组织民工整修剑阁到阆中之间300里官道的同时，对原来的行道树进行维护，又补植柏树上万株，奠定了目前柏林如翠云成廊的规模基础。为了巩固植树成果，他还颁布了"官民相禁剪伐"令，规范和教育百姓要长期保护沿途的柏树林木。

翠云廊小道

他在任期间"植柏、补柏和护柏"的政绩得到了当地百姓的认可和拥戴，后任和百姓为了纪念他与另一位也颇有政绩的知州（杨如震），于明万历八年（公元1580年）在剑阁县老县城普安镇修建二贤祠，并且铸造铜像以供奉。改革开放后，由政府出资，又在翠云廊景区内专建一座李璧祠，以祭祀和颂扬他500多年前为广元市为剑阁县为翠云廊古柏林所做出的巨大贡献。

说到翠云廊，不得不提到剑阁县境内的另外一段"皇柏古道"——"拦马墙"古柏保护区的古柏树和在古柏掩映下的古道遗址。

拦马墙石碑

"拦马墙"位于剑阁县老县城普安镇西将近8千米的凉山乡石洞沟,由于该段古道与108国道比邻延伸的翠云廊古道相比目前并不"当道",所以许多外地人对此非常陌生。为了让更多的人了解拦马墙古道古柏的旅游赋值和亲身感受到什么叫真正的古道"活标本",地方政府的文旅部门已经将它划归翠云廊景区统一管理,并且对游人开放。

　　拦马墙景区的古道西起凉山铺,东至清凉桥,长约5千米。古道两边古树参天、遮云蔽日。人行其中,要是小雨天气,但听雨声,不见雨滴;要是骄阳似火,除偶尔几许光束从树叶空隙中穿过,丝毫不影响路人的阴凉感受。我多次考察行进在拦马墙古道上,有一种茅塞顿开的体会:要不,古道两端的地名为啥取名曰"凉山铺"和"清凉桥"呢!由此及彼,觉得翠云廊最初的得名也许就是"翠阴廊",后来口口相传成了"翠云廊"。不过翠云廊这名字更有文采,也更形象:古道两侧的参天古柏枝叶相交重叠,犹如厚厚的绿色云彩,地下的廊道延长到哪里,这天上的云彩就铺盖到哪里……

　　拦马墙的得名与此段古道险要处的古"护栏"有关。一些古道地段坡度较陡,一侧面临陡坎而且还是转弯的地方,为了防止疾驰而来的马匹或者马车发生意外,于是就在古道的外侧用巨石垒砌挡墙;挡墙高度大多在1米以上,厚约0.8米左右,石块多是就地取材的砂岩条石块石,基础石料体态巨硕,层层交错码砌。砂石本身具有较大的摩擦力,加上石条石块的自重压力与一定黏合土的固结密实,实实在在可以起到安全防护的作用。

　　拦马墙景区内的古道路更是让人走在上面就有穿越了时空隧道的感觉。这里的路面都是用就地取材的砂石石墩、石条、石板铺就,虽历经千百年依然保存较完整。上面除了在漫长岁月中碾压的痕迹历历在目外,基本上不见它们有明显的位移、错位与变形。路面一般宽约 2~3 米,最宽处可达 5 米左右。由于时代久远,在一些石质路面上,分明可以看到不少的车轨、马蹄和人行印迹,以及从古树梢滴落而下的雨水溅蚀的小圆坑。但凡有雨水溅蚀坑出现的地方,其附近的古树年代一定更加久远,否则,即使滴水可以穿石,那也要在同一个地方一以贯之、持之以恒才能够达到穿石的效果。而且前提是地面的铺路石块不发生位移,古树必须古老到一定程度,让某处的树梢将雨滴"对号入座"地滴入坑中。久而久之,自然天成。一个小小的雨水溅蚀坑,足以写成一篇含金量很高的道路考古研究论文。

对此,剑阁县科协的梁国江先生有自己的看法。后来,我们再次一起重访拦马墙古柏道时,他注意到在那些"滴水穿石"的空隙里,有些孔洞深处并非都与树枝上滴下的雨水呈垂直滴落关系,而在空隙内有弯曲走向的现象。所以他怀疑这些孔洞未必就是"滴水穿石"的结果。同行的朋友们也期待我这个科普作家给他们以合理的解释。

我指了指眼前的这些古柏道上的砂石和砂石上的圆孔说道:"在大约距今 2 亿多年前的地球古生代晚期到中生代早期,剑门山还是一片汪洋大海,从陆地上大江大河搬运而来的泥沙经过海水大浪淘沙地分选沉积,再经过后来地质运动的构造隆升作用,这些砂土泥粒逐渐变成了如今的剑门山砾岩和砂岩。就在这些砾岩和砂岩的形成过程中,海水中的盐分也被裹挟其中,成了岩层中的一部分。它们的存在可不一定配合千万年之后的雨水垂直落下的角度啊,只要遇见有液态的水,这些见水即消的盐分子便脱身而出形成了新的空隙——这在

翠云廊拦马墙古道

照壁村大剑山的元阳石

地质学上又称为盐风化。"我一边讲一边展示昨天在剑门关前拍摄的一张大剑山陡壁的照片,上面显示出无数大大小小的眼球状空隙,那就是所谓"盐风化"的地貌证据。

"哦,我说那些洞洞眼眼都是咋个形成的呢,原来都是盐风化的功劳啊!"一旁的剑阁县科协主任刘高先生不无兴奋地对我说道。

"要是这么说的话,您说的还是有道理的呢。"梁国江先生稍微迟疑了一下也笑着补充道。

在古道持续陡坡的路面上,一些横向刻槽引起了我的注意。同行的市科协同志告诉我,这就是拦马墙古道的"防滑线",其功能类似现在公路上常用的"减速带"。可敬的先贤先祖们!纵观全国全世界,哪里见过广元剑阁拦马墙这般科学的古道奇迹!无论人行至此,还是车辚辚马啸啸,尤其是天雨路滑,行至陡坡处,有"减速带"让你平安通过,何愁不平安呢?此外,沿途还专门建有旅人客商休息时用的拴马桩和饮马水槽。

据不完全统计,现存于拦马墙古道路段的古柏树有240余株,最粗者胸高直径可达3米多,根曲干虬,盘根错节,许多树龄都在几百年甚至千年以上。有的树根延伸到路面以下,将人力也难以错动的石板石墩微微翘起。估计古代的道路管护人员的主要任务之一就是将这些"过界"生长的柏树根系及时清理,否则会引起"交通事故"的。

有人说,剑阁县拦马墙古道有"三古"——古道、古柏和古老的交通设施!真是难以想象和匪夷所思的三古遗迹。于是又有人说,拦马墙古道反映了四川境内古蜀道真正的高水准道路建筑历史风貌,堪称"天下第一古道",是一处存活千年目前仍然具有道路功能的道路历史博物馆！

考察完拦马墙古道后我在想，为什么要将这里的古道景区取名曰"拦马墙"呢？须知，这拦马墙只是此段"皇柏古道"建构的一部分啊！那么，应该取一个什么名称最能代表它们呢？存疑于此，希望有识者关注之。

一般人将原与108国道经过并且几近平行的剑门关到梓潼县七曲山一带的古柏道称为

翠云廊拦马墙古道"刹车防滑带"

"翠云廊"。有专家却认为但凡有古柏分布的四川川北广元、巴中和阆中一带的古柏道都可以叫作"翠云廊"。据统计，目前保存在这些地区的"翠云廊"古柏树有12351株，其中剑阁县有7886株，南江县有3808株，梓潼县有496株，广元市昭化区有144株，阆中市有17株。

由于剑门关地处原川陕公路必经之地，以前只要乘汽车从成都来回，都要经过和拜谒这座中国关隘文化的丰碑地。即使现在有高铁和高速公路了，也愿意不时择机再去一睹它那经久弥新的巍峨风采。

有一次陪同原国家气象局党组书记、局长秦大河院士考察完唐家河自然保护区返回时，顺道又来到剑门关游览参观。在古老的剑门关前剑溪石拱桥附近弃车步行拾级而上，仰首向上望去，霎时间，"噫吁嚱，危乎高哉！蜀道之难，难于上青天"的感慨再次油然而生。想当年，诗人李白背负行囊，拄杖攀缘，估计那首回肠荡气的《蜀道难》在途经剑门关的崎岖山路上，一直反复斟酌吟咏，当越过千难万险，终于跨上这座长满青苔的古剑溪桥时，最初在此酝酿成文：

噫吁嚱，危乎高哉！

蜀道之难，难于上青天！
蚕丛及鱼凫，开国何茫然！
尔来四万八千岁，不与秦塞通人烟。
西当太白有鸟道，可以横绝峨眉巅。
地崩山摧壮士死，然后天梯石栈相钩连。
上有六龙回日之高标，下有冲波逆折之回川。
黄鹤之飞尚不得过，猿猱欲度愁攀缘。
青泥何盘盘，百步九折萦岩峦。
扪参历井仰胁息，以手抚膺坐长叹。

问君西游何时还？畏途巉岩不可攀。
但见悲鸟号古木，雄飞雌从绕林间。
又闻子规啼夜月，愁空山。
蜀道之难，难于上青天，使人听此凋朱颜！
连峰去天不盈尺，枯松倒挂倚绝壁。
飞湍瀑流争喧豗，砯崖转石万壑雷。
其险也如此，嗟尔远道之人胡为乎来哉！

剑阁峥嵘而崔嵬，一夫当关，万夫莫开。
所守或匪亲，化为狼与豺。
朝避猛虎，夕避长蛇；
磨牙吮血，杀人如麻。
锦城虽云乐，不如早还家。
蜀道之难，难于上青天，侧身西望长咨嗟！

考虑到诗人年轻时多在蜀道的江油与剑门关、昭化和广元一带生活、游历，而且他到了长安以后再也没有回过四川，也就是说他没有翻越过真正的秦岭主峰太白山西侧的陈仓古蜀道，所以《蜀道难》应该至少构思于出川之前，只是后来到了长安才修改成文示人的。

关于李白（701—762）的出生地，一说是四川江油的青莲镇，也有人说他祖籍是甘肃成纪（今天水秦安）人，出生于西域现吉尔吉斯斯坦境内的伊塞克湖滨的碎叶城，5岁时与经商的父亲返回内地，最后定居在四川江油的青莲镇。青年时，李白常常去不远的梓潼、剑阁、利州（今广元）一带出游考察，25岁时"仗剑去国，辞亲远游"，先去成都、峨眉，再下渝州（今重庆），出三峡，过了襄阳到洛阳……从此再也没有回过四川。

如果说李白从小就在江油青莲镇出生长大，直到25岁南下向东乘船出川，而且再也没有回过四川，此前他最多只是去过梓潼、剑阁、利州（今广元）等地游历，并没有翻越过秦岭太白山的经历，那么，他的《蜀道难》又是如何写作完成的呢？

如果说李白真的是出生在现吉尔吉斯斯坦的碎叶城，那么他们在回国时就会翻越天山，经河西走廊，过兰州（古称金城）到天水，走徽县、两当县，再经过凤县翻越主峰太白山以西的秦岭大散岭西坡段，经褒斜古道，过宁强，翻七盘关入蜀，再一路南下，过剑门关，最后定居于江油的青莲镇。有了这些经历，加上他后来25岁以前也曾经又到过梓潼、剑阁、利州"故地重游"，成名后能够写出千古绝篇《蜀道难》就顺理成章了。所以，《蜀道难》成为李白可能出生在西域碎叶城的最佳佐证。

但是最大的问题也就出现在诗人对于秦岭主峰太白山的地理定位的"错误"了。《蜀道难》中"西当太白有鸟道，可以横绝峨眉巅"二句解释为："西边的太白山有飞鸟能过的小道，它的高度可以比肩峨眉山巅"。可以想象，既然诗人构思"蜀道难"时还没有到过长安，更没有翻越秦岭主山脉的经历，就没有见到过

作者考察剑门关岩石

真正的秦岭主峰太白山，太白山对诗人而言只是传说。再说，蜀道的主要路线都位于秦岭主峰太白山以西，那么，何来"西当太白有鸟道"呢？因此，李白一定是在长安修改诗文时想到太白山位于他的西南方向，于是就将自己的位置想象成蜀道的位置，进而就有了"西当太白有鸟道"的错位描写。

据史料记载，唐玄宗李隆基于天宝十五年（公元756年），为躲避安史之乱西逃入蜀时经过的路线和时间大致为：六月十三日凌晨逃离长安，十四日至兴平县马嵬坡，十七日抵达凤翔县（古称扶风郡），十九日抵达宝鸡市（古称陈仓），廿日渡渭河到达大散关，然后翻越秦岭大散岭隘口，廿四日抵达凤县（古称河池郡）凤州村……是年的七月初十到达广元昭化，此前大约两三天（推算应该是七月初七左右）在广元的明月峡出口处受到四川地方官员的觐见迎接，所以此地从此就叫作"朝天坝"或者"朝天驿"（今天广元市朝天区所在地）。唐玄宗一行七月廿八日到达成都，历时46天——可见这是中国古代更是唐代由陕入蜀的主要道路。而这条路径正是从秦岭主峰太白山以西经过的，其中的大散关已经西距太白山（海拔3771米）100多千米，李白在《蜀道难》中那句"西当太白有鸟道"的地理常识错误是不是不言而喻了呢？

我不是文科出身，也不研究历史，却是一位毕业于兰州大学地质地理系的"地理学家"，对于地理学方位的考证也是专业使然，丝毫没有对我国历史上伟大的浪漫主义大诗人的些许不恭不敬之意，只是文章写到此处遇见似有矛盾难解的地方稍做考证有感而发吧，请方家识者斧正。

剑门关一带的地质基础为中生代中晚期的紫色角砾岩和砂岩构造，在漫长的地质历史中，海滨相或者湖滨相沉积的冲洪积物在地层自身压力作用中，砾石之间会在时间的磨合下，选择最佳接触角度，通过一些细腻的泥沙的黏合彼此链接，结构密实，最终形成了具有紫红色泽特征的剑门砾岩，又在随后的漫长隆起过程中，经过外营力的侵蚀切割冲刷，那些有构造裂隙和质地软弱的地方，就会形成相对低矮的沟壑与隘口，那些坚硬挺拔的岩石就会形成相对突出的山峰，有的甚至会形成千奇百怪的象形石，如"五指山""元阳石"等。

由于岩石的颜色呈紫色为多，地貌形态的逶迤风光也不逊于福建武夷山，剑门关所在的剑山山脉又是广元市丹霞地貌典型的分布区。只是剑门关和翠云廊太出名,加上四周又是三国文化、蜀道文化等的密集分布区,典型的丹霞地貌倒显得相形见绌、名不见经传了!

在高速公路和高铁没有通达的时候,剑门关和翠云廊是来往交通的必经之地。

在雄伟的关楼

剑门关下剑溪桥

前,我们踯躅留步,久久不忍离去,好让心灵穿越千年时空,细细体味中华民族历史文化传承的艰难与磨砺,伟岸与灿烂。

正要离开之际,一位穿戴整齐干净的农妇手提竹篮,篮内装着几根柏树手锤,手锤的锤头是柏树生长过程中自然形成的"节瘤"。农妇一边笑容可掬一边用手锤敲打着自己的肩部腰部,好一幅舒适的感觉。农妇说这都是她们自留山里给树木修枝时的"副产品",烧掉可惜,卖了可以贴补家用。还说如今国家对农民的政策太好了,不仅不征收任何农业税,而且还派出干部下沉到村到户,对口精准扶贫,帮助她们这些贫困户们修房造屋、整修道路、改水改厕,想方设法给农民找到防止返贫的致富门路。

"其实,要和改革开放前比较,现在的农村哪里还有真正的贫困户?"农妇压低声音继续说道:"政策这么好,除了老弱病残失去劳动力的,还有那些好吃懒做的,只要稍微勤快些,就不会穷到饭都吃不起的样子嘛!当然如果是奔小康,那还是要政府帮助我们一下的哦。"

"看您说得头头是道的,文化水平不低吧?"我是广元人,用乡音对话显得亲切近乎。

"初中毕业,谈不上水平哦。"然后指着竹篮内的柏木手锤再次解释道:"我卖的这些柏木棒棒真的与翠云廊的古柏树没得啥子关系,要是领导们看得起,不用给钱，拿去用就是啦。"家乡人对人很客气，喜欢将远道而来的客人尤其是年长的客人叫领导。不过今天倒是叫对了，因为与我同行的秦大河是原国家气象局党组书记、局长，卸任后又先后出任了全国政协常委和中国科协副主席。

看那柏木材质的手锤，大小适中，轻重正好，10元钱一个，买了三个，两个送老同学，一个留着自己用，既环保又实用。

早先剑门关的关楼是在隘口的南侧，2008年5·12汶川大地震后，原来的关门、关楼受到一定程度的损毁影响，于是在国家和省市人民政府财政的大力支持下，投入3.5亿元，将关门和关楼北移至目前位置，按照国家4A级旅游景区的标准进行了景区的改扩建。新增景点90多处，新建了地质博物馆、高空滑索等设施，景区游览面积扩大了50多倍。

2011年，又对翠云廊景区进行了步游道和相应配套设施的改扩建，游览线路从原来的800米增加到3800米，景区面积也增加了5倍之多，仅新增游客的休憩设施就有30余处。

2015年7月，经过多年精心培育打造，两个彼此相邻、历史文化一脉相承、均为国家4A级旅游景区的剑门关景区和翠云廊景区合并，被批准为国家5A级旅游景区——剑门蜀道剑门关旅游区。同时，在申报过程中，又先后投入6.9亿元，建设和完善了蜀道三国文化线、剑门关绝壁观光线、生态文化旅游线，形成了剑门蜀道遗址、翠云廊古柏群、大剑山丹霞绝壁、剑门关隘、剑阁柏、剑门关楼、钟会故垒、姜维城、剑门七十二峰、剑溪桥、元阳石、石笋峰、梁山寺、志公寺、舍身崖、天梯峡和栈道、金牛峡和栈道、玻璃观光栈道、剑门关古镇、剑门关4D电影院、叹观台诗词走廊、清朝果亲王书法题字"第一关"、姜维墓、平襄侯祠、李璧祠、汉德驿等54处特色景点。

过剑门关关楼不远，就是剑门关古镇。新建的古镇街道两旁，青堂瓦舍，店铺林立，琳琅满目的地方特产和大同小异的旅游纪念品吸引着各方来客。

正是午饭时刻，我们来到一家专营"剑门豆腐"的餐厅。餐厅内的所有设施都是古香古色的实木装修，即使不吃豆腐只是在那些厚重的原木家具前坐一坐、喝杯茶也是一种舒心的放松和享受呢。不过剑门豆腐远近闻名，既来之则吃之。

豆腐最早起源于汉朝淮南王刘安的炼丹术。由秦到汉，帝王家族和上层官员为了长生不老，笃信道教，炼丹制药。由于那时人类知识层次和科技水平的局限性，不可避免的派生出了许许多多类似羽化飞升、得道成仙的故事传说。就这些古代原始生化实验，有的丰富和完善了新的冶炼术，有的丰富和完善了新的瓷器陶器的烧制术，有的丰富和完善了火药的勾兑术，有的还可能真的练成了一些中成药的配方制剂。豆腐正是在热火朝天的炼丹术中脱颖而出的一项具有世界级影响和实用价值的创造发明。

汉文帝十六年（公元前164年），16岁的刘安被封为淮南王。刘安为汉高祖刘邦之孙，从小受到良好的教育，聪明好学，一生著述颇丰。流传至今的历史名著《淮南子》《淮南王赋》《群臣赋》《淮南歌诗》《淮南杂星子》和《淮南万毕术》，或编写或著述均出自淮南王刘安之手。他的"无为而治"的治国理政理念至今也是学界高度肯定和认可的思想遗产。刘安也热衷于炼丹之术。他礼贤下士，广纳人才，按照今天的说法，除了召开学术研讨会、著书立说，还提供资金和场地，进行各种各样的矿物分析和农副产品的生化实验。虽然我们无法全部复原当时那些有识之士们的思想脉络和实践实验过程，但是千万不要单纯地理解为那就是一些漫无目的的"荒诞之举"！除了有"长生不老"的思想使然外，主要还是想为社会的进步作出一些创新发展的事迹来。就拿豆腐的发明来说吧，绝对不仅是一种偶然之举得到的结果。

相传当时刘安手下有近万人的知识分子和工匠队伍，最具才华的有八位：李尚、苏飞、田由、左吴、毛周、雷被、伍被、晋昌，号称淮南"八公"。淮南王常常与八公们在一个叫楚山的地方谈经论道，讨论许多有关治国方略、道德文章以及炼丹等"学术问题"。这八位知识精英不仅为刘安编著的各类图书文集撰写文章出力，还亲自参与了包括豆腐在内的实验发明。虽然后世多以"偶然"一词来描述当年豆腐的发明过程：偶然将黄豆磨成豆浆，偶然将石膏与豆浆融为一体，偶然获得豆腐的成功；但是相信一定是经过了许多人的许多次实验失败，再实验，再失败，直至最后的成功！豆腐是一项经过长期实践的集体成果，其中淮南王与八公居功至伟，功不可没。为了纪念苏飞等八位淮南王的优秀门客，后人将楚山更名为八公山。

一顿余香绕梁的剑门豆腐让我突发奇想：国人耳熟能详的"四大发明"加

剑门豆腐

上豆腐应该是我们的"五大发明"啊！豆腐的发明大大地改变和丰富了人们的饮食文化。在西方各国和日本，豆腐的发音与汉语别无二致，就是"tofu"或者"doufu"，干脆与汉语拼音一样。英国著名的科学史家李约瑟先生花费半个世纪写成了一部洋洋大观的《中国科学技术史》，其中总结出了中华民族的四大发明：火药、指南针、造纸术和活字印刷术。同样，李约瑟先生也将中国的豆腐生产技术纳入该书的食品类章节里。在李约瑟先生的指导下，英国另外一位科学史学者罗伯特·坦普尔又撰写出版了一部《中国：发现和发明的国度》，书中他明确指出，中国历史上对世界的贡献远远不止于"四大发明"，而最少有100个位居世界第一的伟大发明。其中，中国豆腐位居第45位，甚至位居于瓷器（第57位）、地动仪（第58位）、火药（第85位）之前！

　　剑门豆腐中有道招牌豆腐菜肴——熊掌豆腐，那真是剑门豆腐宴的上品美味，色香味形俱全。

　　撰写此章节正值新冠病毒流行之时，许多医学专家都认为包括新冠病毒在内的新型病毒可能来源于动物体内，同时，野生动物都是我们人类的朋友，都是同一个星球的主人，人类必须杜绝猎杀和食用任何野生动物！熊，在我国又称狗熊、黑熊，是我国二级野生保护动物，被国际野生动物保护红皮书（IUCN）中列为"易危"种。我历来主张人类不应该猎食任何野生动物，早在2009年我撰写的文章和科普专著中（比如《大峡谷冰川考察记》），就明确反对猎杀售卖野生动物。

　　熊掌豆腐其实与熊等野生动物没有任何关联，只是说那味道那形态与熊掌有类同之处。这就足以说明，当地人也曾经有猎杀和食用野生动物的嫌疑。建议剑门豆腐菜品中的那道熊掌豆腐还是改改名字吧。由此，我又想到传统相声段子《报菜名》，什么"烧熊掌，烧鹿尾儿"，也该改改了。

剑门豆腐选料好，都是用上好的黄豆泡软后用石磨磨浆。磨好的豆浆用白布过滤除渣，再放入锅中煮沸，加入适量的石膏等天然凝固剂，将凝固好的豆腐置入纯棉布做成的包皮内加压，尽量将其中的水分挤出，于是一墩墩优质的豆腐就做成了。剑门豆腐无论油炸、红烧还是切丝切片，都不失柔软韧性劲道的风味，剑门豆腐不水、好吃，是质量上乘的真豆腐、好豆腐！

剑门后山的照壁村

在一个秋天周末的早上，在广元市科协相关朋友带领下，广元市科学探险协会秘书长卫冬，监事长高尹红，常务理事何勇、刘渝、李妍和我一起乘车，出广元市西门，过嘉陵江，直奔剑门后山的照壁村而去。初秋的广元正是山肥水美的季节，在淡淡晨光的辉映下，空中几缕时隐时现的雾岚不断地从车窗边一晃而过。车行在稻谷正黄的田畴旁，丰收的喜悦仿佛也感染着我们，几辆车都不约而同地放缓了车速，意在尽情地欣赏大自然赐予我们的浓烈秋色。

一小时后，我们来到剑溪河的剑溪古桥桥头，再次端详着金牛古道上这座古老的剑溪桥，同时也想起了明代诗人李璧（即时任剑州知州）的《剑溪桥》诗：

看山晓度剑溪桥，踏雾冲云马足遥；
见说金牛经历处，欲将兴废问渔樵。

过剑溪桥后，一条岔路引领着我们向东南方向上行，不远处有一座观景台，站在观景台上可以对剑门关后山的地质地理状况和地貌景观一览无余。

果然，只见对面天际下一字排列着剑锋起伏的陡峭山峦，人们自古以来就将其认定为是一幅天造地设的天然屏障——剑山照壁。啊，这照壁也太大太雄势了！看来，照壁村的名字就来源于此吧。地名随山形，这是我国地名学的重要惯例。

在前文已经提及，照壁，又称影壁，是中国古代建筑体系中的一个非常重要的元素，一般建在官衙和豪华民居的大门内正中位置，有隔音避风和院内诸事不被外面直接窥视以及粘贴文告等作用。不过照壁村的照壁可是整整一座山呢！"照壁"的这一侧是昭化，那一侧是剑阁，两地被照壁山隔绝得严严实实，真是互相不能"窥视"呢。

这"照壁"是与剑门关所在的大剑山连为一体的山体，只不过视角转过了

照壁村元阳石景观

180度,而且山体根部矗立在绿浪滚滚的林木之中,有拔地而起之势,一些松柏杂树横长在山体的缝隙中,更显巍峨壮美。岩体色泽褚红,一座座吻天宝剑般的山峰直插云霄——非常典型的丹霞地貌!尤其是其中的一座剑门蜀道剑门关旅游区54处著名景点之一的元阳石,却想不到在景区外的照壁村看得更加清晰逼真。

远远望去,元阳石所在的照壁山横亘十几里,山体直立,危岩耸峙,真如李白在《蜀道难》中所形容的那样:"连峰去天不盈尺,枯松倒挂倚绝壁。"

中国境内最早开发也是最为著名的丹霞地貌景区,位于福建省武夷山市南郊武夷山北段东南麓,一条风光如画的九曲溪与一脉风光如画的武夷山构成了九曲盘绕,九峰形胜的丹霞山水画廊。天游峰、虎啸岩、一线天、九曲溪竹筏漂流等都是武夷山丹霞地貌景区最为游人喜欢的地方。

到了照壁村对面那一脉剑锋林立的褚红色照壁山,尤其是看到那直立挺拔的元阳石峰,要是没人提醒,真以为来到了福建武夷山呢,只是没有那条弯曲

照壁山丹霞地貌

的九曲溪而已。

　　武夷山的丹霞地貌形成于中生代晚期的白垩纪，广元市剑阁县的剑门山和其中的照壁山也形成于白垩纪，都是红色砂砾岩建造。这就巧啦！一个地处东南的福建省，另一个地处西南的四川省，两地相距几千千米，怎么都会出现同一地质历史时期同一地层的丹霞地貌景观呢？

　　其实，距今6500万年的白垩纪是地球历史中一个非常特殊的时代，尤其令人匪夷所思的是，在地球上存在了近2亿年的恐龙家族突然在这个时代莫名其妙地彻底消失了。更令人想不到的是，消失后的恐龙们并不愿意就此"隐姓埋名"，却以化石的方式分布在地球的许多地方，包括南极洲在内，恐龙化石的种类多达上千种以上。正是恐龙曾经生活过的那个时代的地层，多以砂岩和砾岩为主要岩性，而且几乎无不呈现出一片红色景象。地质学家、地理学家和古气候学家认为，大凡地层呈红色者，当时的气候曾经经历过长期的干旱少雨时代，太阳辐射给予的热量让地球表面发生严重的氧化作用，使得大量的铁锰类元素富集在地层中，于是我们今天见到的白垩纪地层就成了这般靓丽的彩丘、彩岭、彩陵、彩山和彩峰的模样。经过后来第三纪和第四纪到目前的地质构造运动的抬升、下沉、褶皱、断裂，以及流水、生物等外营力的风化作用，这些当初比较水平的地层有的变成了起伏的山峦，有的变成了连绵的丘陵，有的变成了奇形怪状的峰丛、峰林，有的变成了弯弯曲曲无处不通幽的峡谷，有的变成了让人惊悚胆战的悬崖峭壁，有的变成了类似武夷山那样的九曲江流环绕的丹霞地貌，有的变成了类似剑门关这样的万亩绿树簇拥的丹霞地貌。

照壁村属于昭化区沙坝乡下辖的行政村，前不久广元市乡镇重组，改由红岩镇管辖。照壁村行政归属于昭化镇，却与剑门蜀道剑门关风景名胜区唇齿相连，到了剑门关，只需"借一步看景"就到了照壁村。换句话说，照壁村就地域属性而言，其实也位于剑门关景区的核心腹地。

照壁村村主任何子廷很想借中国科学探险协会与广元市科学探险协会的优势，将照壁村建成科学探险的基地。老何一边走一边兴致勃勃地给大家介绍照壁村的优势：最大的优势就是那一方顶天立地映照全村的照壁山。此外，村上近几年在国家精准扶贫的政策指导下，从民居改建着力，将原来广泛流行的土坯房"改头换面"，打造成了更具川北农家特色，又具有现代元素的美丽新村舍。

广元市地处四川与甘肃、陕西交界地带，在民居建筑上，既有四川流行的穿斗结构木柱大梁式的框架和瓦盖屋顶，又有土坯为墙体的北方特色。只不过广元一带的土坯墙体不是用干打垒的土砖砌成，而是在穿斗房柱的大框架立好后，以房柱为骨架，采集土质粗细适度和干湿适宜的黄土倒进房柱之间的木制长方形模具（俗称墙板）中，用夯杵将模具中的黄土层层夯实，在一定高度后（一般高于门窗一米左右），再将穿斗木制屋架和房梁房檩架设在土墙的墙肩与穿斗房柱之上，于是房屋大致成型。这种类型的民居称为"土墙房"。土墙房的墙体厚实保温，在中华人民共和国成立前，既可防匪防盗，还可以防止野生动物破门而入，而且冬暖夏凉，关键是可以就地取材，造价低廉，农村里只要有劳动力就能够修造一栋像模像样的土墙"安居房"。

可是由于年久失修，加上长期以来，人畜距离太近，有的甚至人畜没有区隔，圈厕一体，下雨时一片泥泞，天晴时臭气熏天，要是按照现在的小康标准那就相差太远了。经过国家扶贫政策补贴后，照壁村家家户户的土墙房不仅都通水电并接通通信网络，而且改水改厨，改圈改厕，圈厕分离，房屋翻新，墙砖上墙，地砖铺地，使屋内外窗明几净。更有前庭后院，下水道和阴沟、阳沟一律硬化通畅。还建了沼气池，既能将圈厕厨余垃圾封闭分解成为有机肥料，又利用沼气照明、做饭。在照壁村第十一社看到一处张家祠堂，是改造过的老房子，青瓦白墙，朱漆裙栏，楼上楼下的几十间房屋，看着都让人心动不已。这居住条件比我这参加工作几十年"老革命"的三室两厅好太多了。如今的照壁村真正做到了"业兴、

照壁村藤椒园

家富、人和、村美",成了广元市远近闻名的美丽新农村。

何子廷还带我们参观了令他引以为豪的"藤椒基地"。

藤椒与花椒一样,属于芸香科,花椒属的多年生落叶小乔木。由于其枝条细长柔软如藤蔓,所以被叫作"藤椒"。藤椒的叶长而阔,民间又称为"竹叶花椒"。藤椒主产于江西、湖南以及华北一带,在中国许多地方都有生长培育,而花椒则主产于四川省,所以花椒又有蜀椒和川椒之谓。

广元市照壁村的藤椒也是前几年才从外地引种的增富作物。藤椒不仅可做调料,而且压榨出来的藤椒油更是兼具调味和油料甚至保健的功能。藤椒比花椒的麻香味更浓烈绵长,口味的清爽丝毫不亚于花椒。除了食用,藤椒与花椒一样都可以用作工业润滑剂,比如制作肥皂和油漆等。藤椒的果实叶子和根茎等浑身都是宝,据说药用时可以行气止痛,祛风驱寒,尤其对风湿性关节炎有相当的疗效。

藤椒的果实与花椒大小差不多,只是成熟的花椒为红色,而成熟的藤椒果实呈紫红色,种子则为褐黑色。藤椒对光照需求明显,在年平均气温17~18℃,

年降水量为1000毫米左右的地方最宜生长。对水分和土地要求一般，比较耐旱却不经涝，水分太多反而容易让树苗死亡，在一些较为贫瘠的山地坡地上都可以生长得苗壮果肥。

照壁村的藤椒长势正旺，人未到，香气来，一阵扑鼻而来的特有香味让我们一下子神清气爽。大家鱼贯而入到作物地笼中的地埂上，纷纷对何子廷的藤椒实业赞叹不已。老何笑眯眯地抽出几张名片分发给大家：四川省广元市藤椒协会会长。

哦，何主任也是何会长！这就是照壁村的现代农民！

何会长说："目前我们的藤椒产品不愁销路，请大家再回头看看吧！"

不说不知道，回头更有料：照壁山！美丽的照壁山！

何会长指着照壁山对我们道："那里才是科学探险的好地方啊。"

可是要将照壁山作为科学探险基地，却有些让人望而生畏。接近90度的直立山崖，看看可以，修索道观光游览可以，要想徒步攀爬考察，那可是难上加难的事情。

晚上住在照壁村接待处，这是一家兼具聚会（比如村民大会）、餐饮、娱乐、住宿等功能的乡村农家乐。次日一早，简单的早餐后，何子廷就在大门口等着我们了。他安排我们当天上午去近距离考察一次照壁山。

沿着农家乐后山一条山路缓缓而上，大约1小时后，我们来到一堆大石头前。只见一些石头上的野生金银花花期刚过，半枯半绿的藤蔓从石头顶部散漫而下，好像慵懒农妇的头发。胸径碗口大小的柳杉树疏密有度，林下的箭竹、杜鹃和蔷薇科的植物却摩肩接踵，将地面掩盖得严严实实。画眉鸟儿在林间飞来飞去，唱着欢快的歌儿，是告诉同伴们来了客人还是警告我们不要进山打扰它们？几只栗色的松鼠也在树上树下不停地弓着毛茸茸的大尾巴跑来跑去——它们真是在树上"跑"，尽管它们的身体和树干与地面均呈垂直状，可是凭着它们那两双带勾的脚爪，地球引力也奈何不了它们的"我行我素"和"天马行空，如履平地"。

透过那些还留有余香的金银花枝蔓，只见许多岩石都没有固定形状，显然是在山体上升或者地震时从照壁山上部剥离断裂滚落而下的"离石"。所谓离石就是无根无础的单个顽石，与地球上的母岩已经没有直接联系了。离石的规模都比较巨大，至少房屋大小才可以称得上离石。通过对离石的近距离观察，我发现构成照壁山的砂砾岩的岩面上并非像远处看到的那样光滑无着，而是凹凸不平的，凸起处都可以成为攀爬时手脚最佳着力点。再走近细看，几乎每个凸起的角砾岩石的结构都非常致密，不会因为手脚着力后发生脱落松动。

角砾岩在最初形成过程中都伴有洪水、泥石流或者滑坡等动力冲积。被冲积的砂砾石中不乏富含钙质泥浆的充填物。这些砂砾石在后来翻天覆地的地质构造中，在一定温度和压力之下，再经过富钙质泥浆的黏结与密实，最终形成了眼前见到的比高等级混凝土还结实牢固的角砾岩。

继续向上攀爬，一会儿就来到一处崖壁的根部，带路的村民说时迟那时快，几个箭步就出现在了不远的崖壁裂隙尽头的石峰顶端处，双脚踩在凸起的砾石上，一手搂住另一个凸起的石砾尖，从裂隙里长出的几株苦楝树枝繁叶茂，村民还要凭借苦楝树的支撑继续向上攀爬，我说，没有系带保险绳还是安全为重，以后有机会有条件再来专门攀爬吧。

在何子廷等人的带领下，我们继续沿着照壁山的根部"搜索"前进。一路走去，乱石横陈，荆棘挡道。同行的李妍曾是吉林省冰雪运动员，年轻身体好，她主动为我在前面探路，将荆棘踩平，不时伸出援手，让我省力不少。小李由于伤病提前退役来到四川创业，在广元市科协的大力支持下，成立了元宝枫生态农业公司，在剑阁县碑垭乡刘家村承包土地，开展元宝枫的种植。此次照壁村考察结束后，我们还要去她们的生产基地考察，此是后话暂时不表。

经过近4个小时的实地考察，我此前不可攀岩的看法烟消云散，认为照壁山可以从大处着眼，小处着手，此处是一个可以集科学探险、攀岩培训以及旅游观光为一体的理想之地。科学探险基地的建立对于广元市丹霞地貌的形成原因与古地理环境演替，地质古生物化石的遗迹与分布，新构造运动的表现以及对周边地理环境的影响，照壁山生物多样性调查，照壁村小康示范的社会意义，照壁村藤椒产业等新兴农业对现代农村经济可持续发展等都有积极的推进作用。

大半天的科学探险考察，我们对照壁山有了整体全方位的了解。可是，何主任仍然不放手，说，在张家祠堂的后山有一棵一人抱的红豆杉树，希望我们前往考察认定。

早在1998年冬季，我作为骨干队员和瀑布分队队长参加了举世闻名的雅鲁藏布大峡谷无人区徒步穿越科学考察。在那次考察中，我不仅率领瀑布分队率先成功抵达雅鲁藏布大峡谷无人区腹部，完成了既定科学探险任务，而且在来回穿越的过程中有多项科学发现：大峡谷核心地段绒扎大瀑布的存在与认定，大峡谷核心地段存在若干瀑布群，首次对大峡谷核心地段的现代冰川进行了考察并且认定是典型的季风型海洋性冰川，雅鲁藏布大峡谷的重要支流——帕隆藏布大峡谷是一条世界上可以排名第三的大峡谷，还有就是在雅鲁藏布大峡谷的核心区发现了成片的原生喜马拉雅红豆杉林！这些考察成果经过中央电视台的连续滚动式的播报，成为当年家喻户晓的新闻。为此，在1998年度全国十大科技进展新闻评选活动中，被高票当选并且排名第二。其中的红豆杉一词和红豆杉植物的知名度比我这位"发现人"还要高呢。此后，我在相关的杂志上发表了几篇有关研究论文，还在《飞天》《驼铃》《中国青年》《科学启蒙》等国内著名杂志上刊登过不少科普散文和考察纪行文章。一时之间，红豆杉更是声名鹊起。不久后红豆杉从原来国家保护的三级植物提高到二级，再后来又被提高到一级。听眼前的何主任说他们村里也有一棵红豆杉树，出于特殊的红豆杉情结，我决定前往一睹照壁村这棵一人抱的"红豆杉"芳容！

离开张家祠堂，过一条小溪，隐隐约约见有小径直通山坡林密处。小径两旁长满了松柏等树木，由于长期没人行走，松柏树下的荆棘和小草将小径遮掩得严严实实，要是没人带路，外人无论如何也难以寻路而上。尽管如此，我们还是几经迷失方向，走了几次回头路，费了好大力气才到达在一个高斜台地上的目的地。可是抬眼向四周望去，哪里有红豆杉的影子啊？直到老何气喘吁吁地跟了上来，指着一株胖胖的落叶阔叶树对我说道："张教授，这就是我们村的红豆杉树！"

我上前几步定睛一看，这哪里是什么红豆杉啊。红豆杉是针叶常绿树种，而且树茎树干都是红色。

"那这是什么树呢？"大家几乎众口一声地问我道。

"红豆树！"我不假思索地回答。

红豆杉与红豆树是完全不同的两种植物。

红豆杉为红豆杉科，红豆杉属（*Taxus*）常绿乔木或灌木。该属共有11

作者考察照壁村红豆树

种,其中中国共有4种1变种,分别是云南红豆杉(*T. yunnanensis*)、东北红豆杉(*T. cuspidata*)、西藏红豆杉(*T.wallichiana*)和中国红豆杉(*T. chinensis*)及其变种南方红豆杉(*T.chinensis* Var. *mairei*)。红豆杉树可高达30米,胸径一般为60～100厘米。

红豆杉树冠常绿秀丽,形态漂亮,尤其是果实红豆美丽可人,不仅具有极高的观赏性而且也是贵重的高级建材。更为重要的是可以从红豆杉的树体中(包括根、叶、皮、芯材等)提取一种叫作紫杉醇的晶体物质,据说价格贵于黄金,因其是一种稀有的抗癌药品,尤其对一些妇科疑难病症有特效。

红豆树(*Ormosia hosiei*),俗称红豆子树,多为阔叶落叶乔木树种,豆科(或称蝶形花科),红豆属,为国家二级保护的濒危植物。红豆树在我国许多地方,比如江西、安徽、浙江、江苏、湖南、湖北、福建、广东、贵州、云南、四川以及陕西南部和甘肃南部都有生长,但是种群量并不大,所以原生红豆树仍然属于濒危植物。红豆树一般高达25～35米,主干粗壮有点类似非洲的面包树,胸径最大可达1米以上。2017年在重庆黔江区杉岭乡尖山子村发现一棵"中国红豆树王",高27米,胸径为1.83米,树龄长达1200年!

红豆树的边材容易被虫蛀腐蚀,可是芯材却非常坚实耐用,属于珍贵木材,截面光滑纹路美丽,是高等家具、工艺雕刻、特殊装饰和镶嵌等最佳用材。红豆树的果实等也有某些药用功能,比如理气、通经,主治疝气、腹痛、血滞、闭经等病症。

看到同行村民朋友有些沮丧的样子,我却笑了。因为,红豆树一样是国家保护植物,一样有很好的观赏价值,一样有极高的经济和药用价值。而且我仔细在周围考察后发现,除了这株高约15米、胸径近40厘米左右的成年红豆树外,周围最少有十余棵幼年红豆树,而且生长良好。这都是那棵成年红豆树的种子落下后自然长出的红豆树苗。

这棵成年红豆树正好长在原来山路的路旁,自从村里通了公路,这条山路几乎没有人通行了。同行的一位科协同志调侃道:"真要感谢这条山路的被荒废,要不这棵红豆树也许早就被人砍伐了哦。"

剑阁县的普安镇和下寺镇

结束剑门关后山照壁村考察后,我们再驱车前往剑阁县老县城普安镇考察。

剑阁县老县城普安镇距离广元市大约90千米,是一座具有近1700年历史的古老名镇。由于普安镇距离宝(鸡)成(都)铁路线和成(都)广(元)高速公路相对较远,而且普安镇所在的闻溪水量很小,要是遇见天旱年份,居民用水都很困难,所以几经论证,终于在2003年将县城搬迁至现在的新县城——下寺镇。下寺镇无论距离成广高速还是成(都)西(安)高铁以及嘉陵江的重要支流下寺河都很近。

据载,今普安镇早年为汉德县辖,南北朝时,南朝宋元嘉年间(公元424~453年)由于陕西等大片疆域为北朝占领,南朝政府将原陕西南安郡、南安县南下的难民安置在今普安一带,随即将普安改置为南安郡和南安县,于是该地一时之间成为南朝政府的虚置"侨民"辖区。到了南朝宋大明(公元457~464年)年间,眼看一时难以恢复陕西等北方疆域,就干脆将南安虚置"侨民"的郡县改为实置行政治所,直至大约90年以后的西魏废帝三年(公元554年)北朝西魏军队占领南安,为了彻底消除南朝的政治文化基础,北朝政府遂将南安更名为"普安",意即不仅只是"南安"而是普天之下都要安宁。从那时算起,普安有将近1500年的历史了。

1500多年前的剑阁县曾经成为北方难民的接纳地,这说明了我们广元自古以来就是一个好客之乡,是一个友好的包容之乡。广元人乃至四川人不排外是有悠久渊源和历史传统的。这种历史还可以追溯到蜀汉皇帝刘备时期。当刘备还在中国东部起事之初,一次在徐州战败,他舍不得徐州百姓被对手欺负虐待,于是带领全城百姓一起逃亡而被史家赞誉为"爱民亲民"的大义美谈(见《三国演义》中的"马跃檀溪"一节)。土地革命战争时期,红四方面军从安徽、湖北一带长途跋涉远道而来，得到了广大的川北人民的热烈拥护和欢迎，致使当年的川陕革命根据地在两三年之内扩大到500多万人口，在23个县建立了县级苏维埃政权和一个市级苏维埃政权，范围涉及现在的达州市、巴中市、广元市和南充市，其中在剑阁地区的普安县、金仙县和赤化县建立了三个县级苏维埃政权。

有趣的是，包括剑阁县普安镇在内，中国目前有四个同名、同字、同音的普安镇，另外三个分别是四川省达州市开江县的普安镇、四川省广安市岳池县的普安镇、贵州省三都水族自治县的普安镇。中国人崇尚中庸，以和为贵，希望普天之下平安昌盛，这种思想反映在许多类似普安这样的地名的沿革与演替中。

作为郡县一级行政单位的治所，普安郡从西魏一直延续到唐代乾元元年（公元758年）改为剑州，但是普安县仍然保持县一级建制。明朝洪武六年（公元1373年），普安县纳入剑州，自此普安一名暂时从历史上隐去。清朝同治十一年（公元1872年），剑州治下重设普安保，

剑阁县普安镇古城墙城门

普安得以重新恢复名义。中华人民共和国成立之初的1950年，普安保更名为城关镇，1981年恢复成为普安镇至今。

作为川北重要的政治、经济、文化和交通要道，普安一直是剑阁行政治所的主要城镇。中国工农红军川陕革命根据地时期，在普安建立过剑阁县苏维埃政权。红军长征北上，1935年夏国民党中央政府在普安设立四川省第十四区行政督察专员公署暨保安司令部，下辖剑阁、昭化、广元、苍溪、阆中、江油、彰明、平武、北川9县，1942年又将青川和旺苍纳入剑阁专署管辖，辖区县增至11个。1949年12月18日，中华人民共和国成立后的剑阁县首届人民政府设在

普安镇。1950年1月，普安同为剑阁县人民政府、川北行政公署剑阁专员公署治所。1953年，普安划归绵阳专员公署后，保留剑阁县城治所。1985年，广元从绵阳专区划离建市后，剑阁县归广元市管辖。

2003年9月，剑阁县城由普安镇迁至下寺镇，至此，普安镇结束了作为地、县一级治所的千年历史地位。

目前的普安镇不仅是四川省首批历史文化名镇，四川省特色小城镇，而且还是第二批全国重点镇，是剑阁县新县城（下寺镇）以外的第二个经济、商贸、文化、教育、交通中心。

在广元市所属的县区中，剑阁县的教育在历史上比较有凸显度。曾经创立于1927年的剑阁县师范学校是当时川北极具影响力的中等专业学校。我的叔父张尚游曾经在20世纪30年代初就读于该校，并加入中国共产党地下组织，后受组织派送参加红四方面军。目前的普安镇有中学4所，小学5所，1所民营职业学校。

普安镇的历史悠久，名胜古迹也不少，最具影响、最负盛名的当然是"剑州古城"啦。剑州古城始于南北朝南朝宋孝武帝刘骏时期，也就是前文提及的从陕西逃难来此的"侨民"居住的南安郡和南安县城。不过那时南朝自身难保，所谓城也就是小小的一围城墙而已。到了唐朝，普安郡治的普安城已经成为中央政府钳制西南地区的军事重镇，所以已成相当规模。在明朝170余年间，普安城经过三次大规模重建，城墙设有六洞城门，墙体采用一丁一顺条石石灰浆砌，层层错缝构筑，更显一劳永固。1983年还保留有明代城墙467米，有南门箭楼和小南门以及钟鼓楼还完好如初。剑阁县政府专门颁发文件，明确规定剑州古城"以城内钟鼓楼、箭楼为中心，连接古城墙、丁字古街道、民居建筑和店铺等，这些都属古城的重点保护范围"。这个保护范围，即今东街百货公司起，穿过钟鼓楼，到南街、西街蚕丝公司止，长380米古街道、钟鼓楼至南门再向左至烟街"坐而言"茶楼的250米古街道，都属于有历史文化价值的保护范围，剑州古城目前被保存的面积可达0.43平方千米。

剑阁县老城是幸运的，普安镇古城是幸运的。因为在中国的大多数县级以上的千年古城，历经许多劫难得以保存下来的实在是凤毛麟角。有的地方虽然看

剑阁县的普安镇和下寺镇

剑阁县老县城一角

上去都是古香古色，其实仔细一瞧，均为钢筋水泥其内，油漆涂料敷外的冒牌货！关键是有的建筑风格不伦不类，不古不今，不中不洋，看了难受至极。比如我们的多数电影城，那些门楼、牌坊、亭台楼阁，即与秦汉相去甚远（有现存汉阙实物可比），又与明清古建筑的风格不符。

除了剑州古城之外，普安镇还有许多值得拜谒与玩味的古迹，最古老的算是位于小玲珑社区的三国时期的闻溪河武侯桥遗址。虽然只是桥位遗迹，但却能让懂得它的人感慨万端，发尽思古之幽情。

位于老县城东南城东村的鹤鸣山跨越近千年时光的石窟寺和石刻，不像川北绝大多数摩崖石窟（比如巴中南龛坡石窟造像和广元千佛崖石窟造像等）那样尽显佛家的慈悲祥和，却是中国本土道教圣地中的魁首——须知，魏晋南北朝和隋唐时期那可是佛教"外来和尚好念经"的鼎盛时期啊！能够将这方净土留给我

道教名山鹤鸣山

们"国粹道教"的"方士"们遮风避雨倒是非常难能可贵的事情，同时也再次说明在广元这方热土上，它的包容性不仅体现在人文文化上，在宗教文化方面也能够兼收并蓄，和而不同。建议那些研究中国古代宗教教派形成演化和时代特征的学者们将此作为研究方向，说不定会有意外惊喜的大突破、大发现呢。

鹤鸣山道教石窟寺石刻艺术是国家第七批重点文物保护单位。走近一睹这伟大的道家艺术殿堂，特别是那四龛唐代道教摩崖造像（其中两龛保存比较完好），道人们身着衲袄，脚穿道履，体态丰满，仿佛一幅自东汉以来中国道教文化长卷徐徐向我们展开，同时似乎有一种声音娓娓道来，叙述它们在广袤的历史长河中饱经世事沧桑的种种奇美与凄美故事。

剑阁县老县城鹤鸣山道教石窟寺石刻艺术最少可以给人两点启示。

其一，四川是道教的发祥地，东汉末年，张道陵在成都青城山创立道教，因为入道者须出五斗米，于是又称为"五斗米教"。那时的道教在四川一带已经家喻户晓、影响极深，加之东汉时佛教还未从印度传入国内，后来即使佛教南渐入川，也一时无法与根基深厚的道教抗衡。从位于与剑阁县毗邻的梓潼县七曲大庙（始建于晋朝）内供奉道教祖庭文昌帝君张亚子联想到鹤鸣山的道教石刻，再联想到张道陵之孙张鲁曾经为三国时汉中南郑太守等历史，不能不说在汉晋时期道教在四川尤其是四川北部一带流传是非常广泛的。

其二，从鹤鸣山道教石窟寺和石刻人物图像看，并没有中国道教一脉相承的那种所谓仙风道骨的清瘦特征，倒是与晋唐佛教中的人物以胖为美大同小异，衣着薄透，浅胸短袖，均显得面相圆润，身材胖硕丰满。这再次说明那时的气候温暖适宜，粮食等作物收成也不错，物资丰盈足以保障供给，尤其是中上等人家的生活比较殷实富裕。那时也许没有减肥一说，于是不胖才怪，尤以女性为最，因为女性居家多、少外出，天气暖和穿的又不多。反映在类似图画制陶摩崖石刻等艺术中，以胖为美、以胖为艺术创作原型也就是自然而然的事情了，并非现在有人解释的那时的社会开放，人们都喜欢胖子……

站在石窟寺前向鹤鸣山顶望去，有一座坐北朝南的白塔直矗云霄，这就是建于清朝乾隆年间（公元 1770～1777 年）的剑州白塔，又称文峰塔。文峰塔为砖石结构的 6 层建筑，塔高 21 米，建筑风格有些类似于西安的小雁塔和云南大理点仓山上的三塔之主塔千寻塔。一二层为青条石石灰浆砌，三楼以上为砖砌。底座石基高 1.35 米，为正方形，边长 10.36 米，底座投影面积 20.76 平方米。塔基以上为须弥座，呈八棱石砌而成；须弥座高 1.34 米，塔身建立在须弥座之上。塔身第一层空间较大，有八根石柱做塔身主体支撑，塔柱都有造型逼真的蟠龙浮雕，具有极高的艺术价值。塔内设有旋梯可通最上层，每层都开有小窗户以通空气，同时也可让登塔人凭窗望远以观赏古剑州城的风光。一层以上的塔身以大约 25° 逐层收紧直至塔顶尖末。剑州白塔八棱塔身、密檐六重，四平八稳，坚实敦厚，既刚也柔，刚柔相济，

鹤鸣山剑州白塔又称文峰塔

雄伟挺拔，和谐秀美。在一层青石望板上绘有八卦图，而且无论白塔的坐向与塔身形状都与道教八卦乾坤相合，所以剑州白塔无疑应为道教思想的寄托象征。

鹤鸣山山麓的重阳亭于唐大中八年（公元854年）为剑州刺史蒋侑监造，因为落成于是年农历九月九日，故名"重阳亭"。看来唐代还是有敬老习俗的，最少这位蒋侑刺史有敬老的为政为民品格。重阳亭内保存有唐代大诗人李商隐的《剑州重阳亭铭并序》，铭文以四字为诗韵，是以小篆书写。此唐碑原件真迹能够保存至今，真是弥足珍贵。

在鹤鸣山上还有一幅唐颜真卿书法《大唐中兴颂》石刻供人拜谒模仿。

唐上元二年（公元761年），文学家元结在寓居江西九江荆南节度使判官任上时，正值安史之乱基本结束，于是即兴写下了这篇《大唐中兴颂》。10年之后也就是公元771年，元结守母丧来到湖南浯溪隐居，时值大书法家颜真卿正好也在此游历，又见浯溪有石壁平整如纸，于是再增加"湘江东西，中直浯溪，石崖天齐"等句内容，邀请颜真卿将全文丹书于此。到了南宋光宗赵惇绍熙年间（公元1190~1194年）有隆庆府（宋时剑阁为隆庆府）通判吴旰从湖南浯溪将原件拓印回到剑阁翻刻在鹤鸣山上。到了明朝万历年间（公元1582年）剑州知州陈宗凯看到宋刻有些字迹已经逐渐模糊，于是又以原刻为基础，逐一镌刻加深字迹笔画，恢复了宋刻原貌。目前遗存的《大唐中兴颂》石刻共有四处，而鹤鸣山的《大唐中兴颂》石刻保存最为完好，弥足珍贵。

隆庆府是南宋绍熙年间到元朝初年（公元1190~1283年）设置在今剑阁、梓潼、广元、江油等部分区域的一个幅员较大的行政辖区，相当于现在的一个地级市。最初的府治设在普安镇，1255年后移至现剑阁县苦竹寨，即今剑门关镇的朱家寨，1283年改为剑州。

现将《大唐中兴颂》抄录于此，以供更多的朋友了解唐朝的经典颂文的行文风格与文字结构和特征。全文如下：

天寶十四季，安祿山陷洛陽，明季陷長安。天子幸蜀，太子即位於靈武。明季，皇帝移軍鳳翔，其季復兩京。上皇還京師。於戲，前代帝王有盛德大業者，必見于歌頌。若令歌頌大業，刻之金石，非老於文學，其誰宜爲？

颂曰：噫嘻前朝，孽臣姦驕，為梼為妖。邊將馳兵，毒亂國經，群生失寧。大駕南巡，百寮窜身，奉賊稱臣。天將昌唐，緊睠我皇，匹馬北方。獨立一呼，千麾萬旗，戎卒前驅。我師其東，儲皇撫戎，蕩攘群兇。復復指期，曾不逾時，有國無之。事有至難，宗廟再安，二聖重歡。地闢天開，蠲除祅災，瑞慶大來。凶徒逆儔，涵儒天休，生死堪羞。功勞位尊，忠烈名存，澤流子孫。盛德之興，山高日昇，萬福是膺。能令大君，聲容沄沄，不在斯文。湘江東西，中直浯溪，石崖天齊。可磨可鐫，刊此頌焉，何千萬季。

以上颂文笔者是根据石刻拓片用繁体字录入的，这主要考虑一些字改为简体后容易产生误读和误解。

在鹤鸣山上还有唐、宋、明、清和民国等碑刻、石刻供人揣摩观赏。

除此之外，普安镇还有唐代的安乐泉井，明代的剑州文庙、广济桥、聂雨轩墓，清代的兼山书院、二贤祠、龙泉题刻，民国时期1925年修建的钟鼓楼等建筑群，1935年《中国共产党十大政纲》石刻等多处省、市、县级文物保护单位可供游览参观和考察研究。

再来说说剑阁县新县城的下寺镇吧。

下寺镇是剑阁县目前的新县城，位于广元市中部清江河（即下寺河）下游的河谷地段，是剑门关景区的北大门，也是剑阁县新的政治、经济、文化、交通和工业中心，剑阁县最集中的文化旅游接待基地。截至2020年，下寺镇下辖21个村（社区），面积达222平方千米，目前常住人口约6.4万人。

发源于青川县摩天岭大草坪的清江河一路由西向东流来，在下寺镇的"四山"（空木山、冠京山、云台山、大坪山）、"四坝"（大仓坝、沙溪坝、修城坝、邓竹坝）中放缓了它那匆匆步伐，两岸宽缓的阶地和平静的河水在南面大剑山的福荫下，更显得宁静与安详。宝成铁路、西成高铁、京（北京）昆（明）高速公路、108国道等交通命脉在此交汇，又向各自的来去方向继续向前延伸。

早在东晋时，下寺镇这个地方就曾经为剑阁的县治所在地。到了唐代武则天主政直至宋代初期的260余年的时间里，下寺更是剑阁的治所之地。虽然在漫长的剑阁历史长河中，作为政治、经济、教育、文化与交通等中心枢纽要津的下寺镇多半时间让位于普安镇，可是为了跟进中国改革开放的大趋势，为了今天的发展需要，历史最终还是选择了下寺镇。经过1985年的改建，1996年下寺镇开始新县城定位建设与开发，并于近7年后的2003年9月将剑阁县县城从普安镇搬迁至此，下寺镇也因此获得了"川北金三角"的美誉，先后被授予四川省重点镇和全国重点镇称号。

东汉末期之前，下寺镇属于当时的葭萌县，东汉建安廿二年（公元217年）到东晋永和三年（公元347年）划归那时的汉德县管辖。从东晋穆帝永和三年开始在下寺镇境内的雷鸣社区的大仓坝设置剑阁县，到晋孝武帝时废置。到了晋安帝时期，又在此设置始平郡（又称僚郡）和始平县（又称僚县）。南朝刘宋元嘉年间，随着北朝步步紧逼，南朝将始平郡和始平县府侨迁至今三台县西北一地。西魏废帝三年（公元554年）在下寺镇设置东洛郡，领鱼盘县（今青川县境内部分区域）。武则天武周圣历二年（公元699年）在下寺镇大仓坝新置剑门县（注意，不是剑阁县而是剑门县），其地域包括当时的普安、永归县和阴平县。北宋乾德五年（公元967年）剑门县治所移至今剑门关镇。自此，下寺镇一直到2003年

剑阁县新县城下寺镇

9月剑阁县新县城搬迁至此前均为区、乡、镇级别的建制。

作为剑阁县新县城,原来只有两条极不起眼的小街道的下寺镇一下子今非昔比,仿佛换了一个地方似的。目前的城区建设面积近8平方千米,绿化面积达2.8平方千米;新老街道有49条之多,一排排超市门面顾客盈门,车水马龙;一座座新楼盘拔地而起,一家家农家乐热闹非凡;一处处街心花园和休闲广场人来人往,一条条休闲步道绿树成荫、花香鸟语,工作的人们按部就班热烈有序,休闲的人们满脸的快乐与安闲。

都说山川形胜,地灵人杰,此话不假,可是有时候也有特例,比如剑阁县新县城的下寺镇。虽然也有山川形胜之利,可是要不是政治、经济、社会的发展需要,将县城从同样山川形胜的普安镇搬迁到此,下寺镇可能到目前为止还是那两条不起眼的小街道,还是一个乡镇的规模。正如我国最早的经济特区深圳,要不是政治、经济、社会的大局发展需要,要不是小平同志在"中国的

刘禅之妻张仪仙皇后墓

南海边画了一个圈",深圳哪里有今日的辉煌荣耀,可能还是南海海滨的一个普普通通的小渔村呢!要不是有了人的思想境界的介入,一个地方的山川形胜特点就只是地方发展变化的地理基础之一,并非重要的决定因素。

下寺镇不仅有宝成铁路经过的沙溪坝站,还有更为便捷的西成高铁经过的剑门关站,无论去广元市还是去省城成都或者出川去外省和首都北京,都是举手抬脚的容易事。此外,108国道与京昆高速公路(绵广段)在下寺镇也设有快速通道出入口,为下寺镇和剑阁县的客运货运提供了更多的选择。广元盘龙机场距离下寺镇仅20千米,真的是为剑阁人"一飞冲天"增添了一双强有力的翅膀!兰(州)海(口)高速公路广元段也近在咫尺,可以通江达海的广元港更是与穿

城而过的清江河（下寺河）"一衣带水"，他日载舟而行也只需几个小时。

还有一个好消息，那就是在不久的将来，剑阁县将再通过轻轨直接与广元市中心城区相连接。

规划中的广元市一号轻轨线正是起始于剑阁县下寺镇城区，一路向东先后经过利州区的宝轮，再到广元盘龙机场，经过机场高速公路出口，到广元市国际会展中心、转盘路、市政府、广元市地税大厦、利州广场、广元博物馆、御锦湾、广元国际大酒店、广元妇幼保健院、通大道、港湾国际、雪峰、红星公园、昭化区城区（元坝）。规划设计一共有18个停车站点，将广元市的剑阁县、利州区和昭化区的主要文化和经济活动区连接起来。要是没有特殊变化，也许在不久的将来，剑阁人就会乘坐着目前只有大城市才具备的轻轨便捷地游走于广元市主要的商业中心、学校、机场、码头与市中心之间——让我们一起期待吧！

剑门石斛"还魂草"

在驱车去剑阁县老县城普安镇的途中，我们绕道来到剑阁县城北镇民主村剑门石斛生产基地考察。基地老总吴建先生算是我的老朋友了，我们曾经在2018年的"感动广元十大人物"的颁奖会上相识，此后彼此加了微信留了电话，时时在朋友圈里彼此招呼点赞。吴总是江苏人，早年从军。一颗报国的赤子之心让他即使在退伍后仍然用军人的高标准严格要求自己，不忘初心，牢记使命，砥砺前行。在他的广元旺苍籍朋友赵金光先生的引见下，他于2006年和江苏吴氏生物科技公司携带数亿元资金移师西进，来到大剑山深处的腹心地带，建立起了剑阁县石斛康旅产业园。

吴建也是广元市科协的老熟人、老朋友，卫冬电话联系他时，他说他马上就从下寺镇赶回来。大门保安接到通知后热情地邀请我们进入园区参观考察。不久，吴总回来了，他一面让员工为我们倒茶，一面让人打开培育石斛的大棚大门，带领大家进入石斛栽种区近距离观测剑门石斛生长状况。未进门就有一股浓浓的特异芳香味扑鼻而来，抬眼望去，只见齐腰的养殖架上摆满了一盆盆正在绽放花儿的剑门铁皮石斛。它们排列有序、疏密有致，好像一队队手持花朵迎接客人的方阵，只不过这方阵的"战士"都是吴氏生物科技麾下的石斛"仙草"。

经过近5年的发展，目前基地的石斛已然具有38万盆的规模。不仅在占地50亩的智能大棚里栽种着仿野生环境的让人怜爱不已的石斛苗，就是在智能大棚的梁柱上和基地里所有的路边石头上、树上和建筑物的立柱上几乎都可以看到生长良好的石斛的倩倩身影。

石斛属（*Dendrobium*）为兰科草本附生植物，是兰科最大的属之一，大约有1500种，中国原产的石斛属植物至少有90种（包括变种）。石斛对土壤和水分的要求都不高，往往生长在海拔千米左右的山地石壁上和树木的树干以及枝丫

石斛立体种植

上。即便人工培育也只是喜欢被栽种在砂石为主的陶瓷小盆内,一个星期浇一次水就可以了——这些常识都是剑门石斛的主人吴建先生告诉我的。

小时候常常听大人讲有人去米仓山深山里的悬崖峭壁上采摘"金耳环"的故事,还说那种金耳环草长在陡峭的崖壁上,由于植株小,数量稀少,只有善良的和有足够鉴识经验的人才能发现它们的踪迹。据说那种金耳环草可以治疗多种疾病甚至可以让人起死回生,所以乡亲们都将其称为"还魂草"或者"仙草"。后来知道,这种"金耳环"就是石斛的一种——金钗石斛（*D. Caulis*）。不过在剑阁县城北镇民主村的吴氏生物科技园里的石斛却不是我幼年时听说过的金钗石斛,而是以剑门关命名的"剑门铁皮石斛"。

铁皮石斛（*D. officinale*）是诸多石斛中的一种。根茎同体,多直立,圆柱形,高10~35厘米,直径2~4毫米,根茎呈多节生长,不分枝丫,叶分两列,长圆状披针形,叶子的边沿和中肋略带淡紫色,视觉上给人有一种厚重感。每株茎蔓上部在老叶片脱落后可以生出两到三朵花,长5~7毫米的花蕊呈卵形,花蕊的蕊柱与萼片、花瓣多呈黄绿色,花的唇舌为白色,花蕊色泽为紫红,与萼片、花瓣的淡绿色互相映衬相得益彰,更显得伶俐可人,极具观赏价值。铁皮石斛的花期可达半年之久。

在剑门关所在的大山里自古以来就有铁皮石斛的生长分布。经过技术人员的移植栽种和试验培育,剑门铁皮石斛已经在民主村的基地里落地生根并且形成一定规模。试想,38万盆的铁皮石斛盆挨着盆放在一个平面上是个啥概念？每到春末夏初的石斛花开季节,基地中38万盆的石斛花儿渐次绽放,一片花的海洋,满园尽是花的芳香……

看上去仍具军人气质的吴建先生说,他的产业园将在近年实现5000亩的种植面积,年产值5亿元左右。实现年土地租用金300万元,季节性务工4800人次,务工收入1800万元。除了已经具备规模的高科技智慧大棚种植示范区,还将逐步建设石斛野生栽培示范区、石斛养生文化体验区、石斛养生文化馆、石斛中药馆、石斛组织培养工厂、石斛研究院以及电商中心。目前已经研发和开发出剑门铁皮石斛纯粉、石斛鲜条、石斛干条、石斛干花,以及含有石斛养生成分的牙膏、洗手液、洗衣液、肥皂、香皂、面膜、将军酒等系列产品。

产业园栽培的剑门铁皮石斛

坚持以优化生态环境和优质产品为导向,坚守"农业+科研+旅游+精准脱贫"(目前已经由精准脱贫转变为乡村振兴)可持续发展新业态,尤其要加大科技投入,引进高端科技人才,让科学技术成为剑门铁皮石斛康养产业园发展的引擎。

元宝枫，又一个芬芳的优质生态产业

为了继续撰写本书，我在 2020 年 5 月底乘坐广元市科协小苟驾驶的科普大篷车，在卫冬的陪同下，经下寺镇和普安镇，再到刘家村（原属于剑阁县碑垭乡，2020 年 5 月碑垭乡被撤销后，归白龙镇管辖），考察广元市元宝枫产业基地。

我们一行向刘家村进发，中午时分抵达刘家村村委会。

剑（阁）南（部）公路从北而南穿过，属于省道等级公路，虽然一路弯道不少，但由于来往车辆不多，柏油路上显得比较空旷顺畅。去年到访刘家村时，有的水稻还未收割完毕，沿途时而见有金黄片片，给人一种丰收的喜庆氛围。此次再到刘家村，又是一番川北山地绿意盎然的感觉。20 世纪末的成都近郊还能够看到大片农田，一年四季都很容易感受到竹林掩映下的川西坝子那金黄浓烈的油菜花、青青麦苗儿和阡陌金黄的稻谷浓烈的香味。可是现在的成都以及几乎所有的大都市只能够偶尔去那些有名无实的"农家乐"，过一下大同小异的城市生活罢了，哪里还有农家的些许风情呢。要想看到真正的农村农家景色，还是要到我们广元这样远离喧嚣大都市的山区乡坝头哦！

经过下寺镇时，县科协的梁国江先生告诉我说，在去刘家村经过的龙源镇一带也有不少千年古柏和古蜀道遗址，还说在龙源镇古柏道上还存留一方立于明朝的禁止早婚早育的石碑。广元科学探险协会秘书长卫冬和驾驶员小苟都是求知欲相当强烈的科学探险爱好者，剑阁县科协主任刘高先生正好要去沿途的龙源镇等地查看落实广元市科协有关"天府科技云"项目的执行情况，他对沿途的道路非常熟悉，于是驱车走小道，我们果然在龙源镇红彤村一处古柏道的路旁见到一方古石碑，只是碑文字迹大都被岁月的蹉跎风化得模糊不清了，好在早些年前对碑文内容有过详细记载：

都察院示谕，军民人等知悉，今后男婚须年至十五六岁以上方许迎娶，违者,父兄重则枷号。地方不呈官者,一同枷责。

据考证,这方禁止早婚早育碑刊刻于明朝万历十三年(1585年),在20世纪80年代被发现,碑石高约80厘米。无独有偶,2014年在紧邻剑阁县的梓潼县文昌镇民胜村也发现了一方有同样内容的石碑;2005年在四川广安县广安区的小井乡同样发现了一方内容完全相同的明代万历年间的石碑。看来在几百年前的封建社会,并非完全像以前教科书上讲的那样,统治者完全不顾百姓的民生,虽然按照现今婚姻法的规定,十五六岁的男女青年结婚仍然算是早婚,可是既然有此碑文在,并且由官方发布,说明当时幼男幼女结婚现象极为普遍,这不仅对国民整体素质的提高有极大影响,而且对人权人性也是一种极大的摧残。不过从这些告示碑刻内容看,只是规定了男性结婚的最早年龄,对于女性的婚龄却没有明确说明,当然这与中国几千年重男轻女的封建传统有关。不过在落后的封建社会,能够以国家层面将男性结婚年龄强制性地规范在十五六岁以上已经难能可贵啦。四川境内明代万历年间的禁止早婚早育告示碑算是一部封建社会有据可考的雏形"婚姻法",这对于古代,尤其是明代相关婚嫁习俗的历史研究提供了实物文字依据。

禁止早婚早育的石碑

过白龙镇不久,就闻见了一股特殊的植物芳香,来白龙镇接我们的李妍指着不远的几株略显暗红的小乔木告诉我们说,这芳香的味道来自那些叫作"元宝枫"的经济林木树种。

枫树,是大家耳熟能详的树木,诗曰:

　　　　远上寒山石径斜,白云生处有人家。

元宝枫秋叶

停车坐爱枫林晚，霜叶红于二月花。

这是晚唐诗人杜牧的《山行》诗，说的是经过秋冬霜冷天气的砥砺，无论远处弯弯曲曲的山间小路两旁还是白云生处人家周围，大片的枫树叶在"花青素"（当然那时的诗人绝对不知道有花青素一说）的作用下，将原本绿色的树叶由黄而红变成了比春季二月的花儿还要美丽的娇艳一片。

我们老家的小地名就叫枫香岭，也是因为那里曾经有过许多秋冬季节红叶烂漫的枫香树。由于20世纪中叶那些年大炼钢铁时多被砍伐，如今只剩其名却不见其树了。记得小时候那些枫香树棵棵粗壮高大，树冠浓密延展方圆几十米，长在流水沟附近的悬崖峭壁处。人们常常在枝丫的悬臂上结绳做成秋千，每当过年过节或者农闲时候就会有不少人在枫树下荡起秋千，尤以妇女为多，有时候还两人面对面一来一往，越荡越起劲，越荡越高，技术好的还可以荡起来与枫树的悬臂持平，让观看的大人小孩张大嘴巴都合不拢了。后来，学了植物学的基本知识后才知道，枫香树的叶片虽然秋冬季节也泛红，可却与枫树既不同科更不同属。枫香树（*Liquidambar formosana*）属于金缕梅科，枫香树属，是一种更为高大的乔木树种，最高可达30多米。

枫树为槭树科槭树属（*Acer*）中一些植物的泛称，是一种树干高达几米到20米左右的中小乔木，分布于亚洲、欧洲、北美洲和非洲北部。而加拿大甚至用自己的国旗图标"抢注"了红色枫叶的专利,他们将枫树定为国树,国旗上就是一片火红的加拿大枫树叶。加拿大枫树品种主要为糖枫（*A. saccharum*）,一棵成年加拿大糖枫每天至多可提取 12 升枫树液,每 40 升枫树液可以提取 1 千克枫糖浆。加拿大平均每年可生产枫糖浆近 1000 万加仑,产值约 35 亿多加元。加拿大到处都可以观赏到枫树那妙曼的身姿和绰约的树冠美景。每逢秋天到冬季,加拿大在枫叶的点缀下,到处是烂漫红色的枫树海洋。

全世界共有槭树属植物 200 多种,中国约有 140 余种,比较常见的有 8 种:鸡爪槭（*A. palmatum*）、茶条槭（*A. ginnala*）、橄榄槭（*A. Olivaceum*）、建始槭（*A. henryi*）、光叶槭（*A. laevigatum*）、厚叶槭（*A. crassum*）、血皮槭（*A. griseum*）和元宝槭（*A. truncatum*）。

元宝槭也叫元宝枫,又名枫香树、平基槭、华北五角槭,原产于我国的东北和华北地区,目前在陕西、湖北、湖南、山东、浙江、江西、安徽和四川等许多省区都有分布。因其果实酷似古代的金银元宝而得名。

我们的车刚刚进入刘家村村委会,下车伊始,主人刘渝和李妍就先后滔滔不绝地给我们介绍起元宝枫的相关知识。原来,刘渝正是从刘家村走出去又回乡创业的实业家,前已述及,李妍原是吉林省冰雪运动员,由于训练伤痛而退役,一个偶然的机会,李妍来到广元市加盟刘渝和刘蜀的团队,从事元宝枫的种植开发产业。目前,刘渝先生是广元古柏道农业开发有限公司的法人代表,李妍是广元市剑阁县润天农业种植专业合作社的社长兼法人代表。其经营范围都是当地特色产品的种植、推广和销售。除了元宝枫产业还有蔬菜、水果、谷物、中药材及油料作物种植,水产畜禽养殖,为村社成员提供种植、养殖所需的生产资料,帮助收购、销售村社成员生产的产品及相关技术培训信息咨询服务等。

这里的"中药材及油料作物种植"正是李妍所在的刘家村农业合作社的主打种植开发产业,其中重要一项内容就是元宝枫的种植、推广、开发和研究。

稍事休息我们就直接步行到了刘家村润天农业种植专业合作社的元宝枫种植园参观考察。

这是一面开阔的山坡梯田地,稍低的地方的水田稻谷长势不错。在稻谷田的上方旱地中种植不久的元宝枫树苗长势正好,那些元宝形状一样的元宝枫果

刘家村元宝枫苗圃基地

实预示着刘家村元宝枫产业的未来前景一片美好。有的植株上的枫叶已经展露出花青素即将催生的万紫千红的浪漫色彩啦。李妍告诉大家说,到了深秋季节,这里就是一片属于元宝枫的火红的海洋了。

元宝枫虽然也称枫香树,但与我老家枫香岭的枫香树明显并非同一种属。成年元宝枫高8~10米,为落叶乔木,树皮呈纵裂状,单叶或者单叶对生,掌状叶片上有叶脉5条,叶柄一般长3~5厘米。花叶同时开放,春季发芽,4~5月开花时节叶片也几乎同时成形,9月结果。元宝枫树形树姿优美,叶形秀丽可人,春天的嫩叶泛红而后变绿,秋天的叶片又慢慢由绿变黄变红。从树高树形及叶片花果等特点看,元宝枫肯定与我们家乡的那种又高又大的"枫香树"不是同一个种类。

元宝枫是优良的观叶树种,在旅游景区片植后,非常具有观赏价值,也是现代城市绿植美化生态环境的重要树种,同时又是经济价值非常高的经济林木。刘蜀、刘渝和李妍热情地告诉大家说,元宝枫浑身都是宝,它们的叶、花、果实、果皮和果仁中都富含许多人体需要的维生素C、E,SOD和多种氨基酸,药用黄酮、单宁和绿原酸等物质,是优质的食用和保健品的原材料。尤其是从元宝枫果实榨出的元宝枫油中还可以提炼出一种叫作神经酸的药物,纯度98%的神经酸价格每千克达10万美元以上。神经酸对于抑制和预防诸如心脑血管等疾病均有较高的特效作用。一般的元宝枫油可以提炼神经酸比例为4.8%,而刘家村的元宝枫油中可提炼的神经酸比例可以达到5.14%。

成熟的元宝枫树只要有枝有叶必定也有果实,真是花满枝果压树,挂果率非常高。果实中的含油量高达50%左右,机器榨油率为35%以上,高于橄榄的出油率（18%～24%），与油菜籽的出油率（30%～40%）不相上下，稍低于花生的出油率（40%～50%）以及芝麻的出油率（45%左右）。除了元宝枫油，元宝枫的叶和花还可以制成元宝枫茶供人饮用。

与一年前相比，刘家村元宝枫苗圃的树苗好像变魔术似的长高了长密了，面积也扩大了。目前苗木保有量大约为400多万株，2020年已经有近200万株签订了购销合同，并已经收到了120万株的预付款。如果每株树苗以10元计算，应该有至少1200多万元的毛收入进账，加上后续的订单合同与秋后元宝枫油、元宝枫茶和元宝枫神经酸的售卖收入，总产值估计将会超过1500万元。李妍告诉我说，估计再有1年，3年前（2017年）个人入股集资投入的近2000万元就可以完全回笼进入良性循环的生产轨道了。

我再次向眼前的苗木地看去，觉得这片土地面积也不大呀，怎么会有几百万株的苗木呢？刘渝似乎看出了我的疑虑，于是抬手指向对面的山上，然后又沿着左右两侧画了一个半圆弧线说："我们在刘家村承包的土地一共有1239亩，除了较低处的水田之外，几乎所有的山坡地都被我们种植上了元宝枫，加上以前没有被利用的撂荒地，一共有可种面积1600余亩。由于还有未来的生态康养建设需要，目前我们只种植了近1400亩，还留有200多亩的规划用地，为后来的生态保护和开发建设留出足够的土地空间……"我顺着刘渝先生的手指方向缓缓看去，只见满目苍翠的柏树林间，果然有颜色稍显差异的条带状林木生长，要不是他刻意说明，谁也不会想到在那传统山林之间，竟开发有上千亩具有"元宝"般价值的元宝枫经济林的种植

元宝枫林下种植的魔芋

基地呢。

刘家村的生产基地种植的元宝枫有来自全国的41个品种，已经成为国内著名的元宝枫苗木生产基地。

刘渝和刘蜀是刘家村人，他们一心要通过自己的产业为家乡父老乡亲们彻底脱贫致富出一份力。我们考察的基地的后山是一座长满古柏树的山脊地，海拔700来米，冬季不冷夏天不热，那里正是2000多年以来从阆中古城到剑门关常年通行的一段古蜀道翠云廊遗迹地。刘家兄弟和李妍等公司与合作社负责人还想在适当的时候，将元宝枫产业和此处古蜀道开发建设连为一体，将刘家村打造成兼具古蜀道和元宝枫产业特色相结合的生态康养旅游目的地。

李妍的合作社和刘蜀的公司目前正式员工只有8人，但是每年的用工人数达到几千人次，为刘家村解决了相当部分就业问题，为村民带来实质性的致富途径和可观的收入，而且随着元宝枫产业的全面走强和村后那段翠云廊古蜀道的开发利用，刘家村的未来大有希望。

苍溪，一个赋值谦虚美德的地方

中国古代是十分讲究"风水"的，即便是现在，也有不少国人"风水"不离口，只是多数人都将风水这一古代朴素的地理环境概念神秘化甚至迷信化了。按现代地理学的观点，所谓风水就是环境，尤其是空气和水环境。换言之，这里的"风"就是空气，每时每刻都处于运动状态下的空气；这里的"水"自然是江河湖海的分布及其地理位置。要是空气清新如许，又有山明水秀的地理环境，这样的风水当然是天上人间啦。好的空气环境与优越的地理环境尤其是优越的水环境密不可分。所谓风生水起，所谓顺风顺水，还有类似风平浪静，一帆风顺，呼风唤雨，乘风破浪，宿水餐风等都与风和水有"同框"的不解之缘。

一个住家，要是溪水环绕山风徐来，那就是好风水；一个地区，要是山水相连、青山绿水，一定会土地肥沃、水旱无虞，那就是风水宝地；一个国家，要高原有高原要大山有大山，而且山高水长，江河纵横，湖泊密布，大海无疆，那么这个国家定将世代繁荣昌盛，历史源远流长！

广元市地处嘉陵江的上游，它的上源主流与支流都与所在的县区或者分分

苍溪县县城

合合，或者单独流过。唯独到了苍溪县，无论是白龙江汇流后的嘉陵江还是嘉陵江另外一条重要的支流东河，别无旁骛，都毫无保留地自北而南从苍溪县全境穿流而过，也就是说，嘉陵江在流出广元市境之前，沿途将母亲河最丰腴甘甜的乳汁和甘霖全数滋育在居住着近75万人口、面积为2334平方千米的苍溪县的肥沃土地上。

嘉陵江从剑阁县鹤龄镇流入苍溪县鸳溪镇水晶坪，后又先后流经亭子镇、浙水乡、陵江镇，在县城陵江镇东南加入九曲溪水的汇入后，再流经五里乡、寨山乡和八庙镇，于涧溪口流入阆中市境。流经县域全长103千米，流域面积619平方千米，是流经苍溪县境内最大、流量最为丰沛的河流。

东河又名宋江或者宋熙水，从旺苍县张华镇流入苍溪县的桥溪乡喻家嘴，再先后流经东溪镇、岳东镇、漓江镇、歧坪镇、唤马镇、元坝镇等地域，纵贯苍溪县南北及其腹地，在云峰镇周家河附近流入阆中市的滥泥沟注入嘉陵江。东河在苍溪县境内全长189.5千米，流域面积为954.4平方千米，是流经苍溪县境内距离最长、流域面积最大、流量仅次于嘉陵江的第二大河流。

此外，县域内还有诸如插江（凿水）、深沟河（桥河）、红花溪、九盘溪以及毛溪河（三角塘河、长滩河）等200多条大小支流，多呈南北向河网，与嘉陵江、东河一起，并且作为嘉陵江、东河以及东部片区渠江流域（毛溪河）的补充水系，无私地眷顾滋育着苍溪县的山川大地和勤劳朴实的苍溪县儿女。

匪夷所思的是，有如此滔滔江河水流过的苍溪县的名字怎么谦虚得只用一个"溪"字以概全而上位呢？

查《苍溪县志》："西晋武帝司马炎太康年间（公元280～289年），从阆中县地分置苍溪县"，且以苍溪水为县名。原来早在1800多年前苍溪人就如此谦和多让，只是将嘉陵江和东河定位为从巍巍米仓山蜿蜒流来的几条溪水而已。

苍溪县境内的地层最早形成于中生代的三叠纪，那时的整个四川盆地还处于北半球的古特提斯海的漫渎之中。到了三叠纪晚期和侏罗纪早期，大地构造让特提斯海向西向南退去，与此同时,随着四周的山脉间断隆升，四川盆地逐渐成形。其中，原属于秦岭地槽的古海洋也不甘寂寞，渐次隆起为秦岭山脉与大巴山—米仓山，成为四川盆地北部的主要屏障。盆地四周山地来水迫使中国的另外一条母亲河——长江顺应而生。在长江漫长而艰辛的"溯源"侵蚀过程中，在盆地内部产生了诸如川西坝子一样的平原和不少丘陵地貌。顺着这些丘陵从盆地中部向盆地周边一路看去，先是浅丘、矮丘，继而中丘，再而深丘，直至盆地周边的高山耸峙。

春到苍溪

在数以千万年计的时空岁月中，嘉陵江和东河以及它们的大小支流也在苍溪县留下了地质地理演替的痕迹——被流水冲蚀切割而成的浅丘和中丘。相比更北部的广元市其他几县几区，苍溪县的山没有那么高，水没有那么险，地势平缓，水量充沛，气候温和。多年平均降水量 800～1300 毫米，县城附近年降水量为 1050 毫米左右；多年平均气温 15.9～17.4℃，加权多年平均气温为 16.7℃；多年平均日照数为 1491 小时，无霜期可达 342 天，最长有霜期为 28 天，最短时仅为 6 天，多年平均降雪日数仅为 3 天，而且多为北部山地。苍溪县的地质地理环境也有自己的特色。

在与苍溪县北面毗邻的旺苍县南缘有一条东西展布的山脉叫南山。

在地质历史上，受秦岭构造运动的影响，米仓山和大巴山的隆升带动并且促使了苍溪县县域北部南山山脉的形成。不过与米仓山（最高峰光雾山海拔 2507 米）和大巴山（最高峰神农架神农顶海拔 3105.4 米）相比，南山在苍溪县境内最高海拔才 1377.5 米（九龙山主峰），属于中低山类型。自南山向南，地势一路走低，县域最低海拔是八庙镇涧溪口的嘉陵江出口，仅为 353 米。

受嘉陵江和东河以及一些支流河水的阶段性多次下切与堆积，苍溪县大致可以分为中低山区、低山区、山源区、深丘区、台地区和平坝区。在河流两岸由河水侵蚀下切形成的多级阶地与堆积台地正是世世代代的苍溪人居住与生活的主

苍溪县城一角

要土地基础。

  苍溪县的生态环境条件总体而言在广元市四县三区中占尽先机。

  在那些"五小"工矿企业以环境污染为代价的年代,苍溪县由于缺乏某些矿产资源而略显窘况,如今在"绿水青山就是金山银山"的新时期,生态立市康养广元,建设美好家园的新时代,苍溪县的环境优势在经济、社会的阔步前行中犹如锦上添花,祥云添彩。在众多出彩的苍溪县特色招牌中,让人首先想起了两样使苍溪县名扬四海的产品——苍溪雪梨和苍溪猕猴桃。

苍溪雪梨，甜蜜的故事

梨，也叫梨子，是一种常见的水果，它是蔷薇科，梨属（*Pyrus*）植物的果实。梨树为落叶乔木，少数野生梨树也有灌木形态的。中国是梨子的主要原产地，全世界35个梨属植物种，我国就有14种，是世界上梨子物种最多的国度，也是梨子产地最为广泛的地方。中国人自古就喜吃梨，东汉时有"孔融让梨"的故事传说，现代有伟人毛泽东极富哲理的名句："要想知道梨子的滋味，就要亲口去尝一尝。"

每年春季梨树开花时节，满山银装素裹，犹如漫天飞雪飘洒到了无垠的大地上，竟然让文人墨客将真正的大雪飞扬比作"千树万树梨花开"。更有甚者，一曲京剧《梨花颂》让艺术家将梨花带雨的意境搬上舞台，着力展现穿越时空的深邃大爱之美。总之，梨这种给人带来甜美的果树植物在国人的心目中早就深深地扎下了根。

我老家旺苍县与苍溪县仅一山之隔，也出产梨子，品种有青梨、红梨和小黄梨，还有秋子梨和"施家梨"。据说施家梨是一种经过嫁接的品种，但是为啥叫作施家梨却不得而知。后来有人说，施家梨就是经过嫁接后苍溪雪梨的最初名称。老家也有经过嫁接的其他一些梨子的品种，但是那时还年幼，叫不出名称来。

后来上了大学，去到北方，尤其是到了大西北的兰州，除了一条滚滚穿城而过的黄河，就是黄河两岸那一面面深切的黄土高坡，以及黄土高坡下的黄河阶地上阡陌纵横的瓜地和果园。

兰州最著名的瓜是白兰瓜，后来在白兰瓜的基础上经过杂交培育选育，又推出了一个新品种——黄河蜜。白兰瓜在中华人民共和国成立前叫作华莱士。这是因为兰州的白兰瓜最早产自美国，抗日战争时期，美国土壤学家和水土保持专家罗德民趁美国副总统华莱士1944年访问兰州之机，托他将种子带到兰州。自此，这种外观光滑白色如玉、内瓤青绿如翡翠、瓜子全部集中在瓜心，味道又甜又香的瓜种在兰州落地生根。兰州人为了纪念这位给自己带来财富与名气的美国人，于是将其起名曰"华莱士"。1956年，时任甘肃省省长邓宝珊，根据瓜皮的颜色且获源于兰州，将华莱士更名为"白兰瓜"。

兰州著名的水果也很多，有大枣、沙枣、苹果、杏、桃、梨等。兰州的梨子最好吃的有冬果梨、酥木梨，还有软儿梨。冬果梨又大又甜，酥木梨个小汁多。只有软儿梨的吃法独特：每到深秋季节，将软儿梨摘下，置入特殊的仓房，直至数九寒天将其自然冻结成为又硬又黑的冰块状后，再将其放在暖和的器皿里慢慢融化，去皮食之。清甜可口的兰州软儿梨，尽管丝丝凉气不绝，可是吃一颗余味绵长，总想着还要去拿第二颗、第三颗……那种味道只有亲身吃过它的人才会有欲罢不能的深切感受。

那时兰州大学的四川籍学生不少，有来自广元的朋友总是说四川苍溪县的雪梨与兰州的梨子相比，别有一番风味。自此，我心中就埋下了想亲口品尝一下苍溪雪梨的愿望。

直到改革开放后，一次回老家，一位晚辈亲戚是苍溪县人，他从苍溪县带回一筐略带金黄色的雪梨。梨子的个头较大，一口咬开，金黄色的皮下是满满雪白细嫩的梨肉，不仅清脆口感好，而且梨汁水分饱满，有浓浓的蜂蜜香甜味。一颗雪梨吃完后，总觉得有些似曾相识的感觉。这时，一直在老家生活、工作的哥哥说道，我们五权镇上营里（现旺苍县五权镇山花村）有几棵施家梨树，与苍溪雪梨的模样和味道大同小异。只不过，上营里那几棵施家梨梨树年代久了，处于自然生长的状态，长期无人修枝管理，不仅个头很小，味道也没有苍溪雪梨浓厚纯正。

直到此次到苍溪县考察梨博园时，卫冬先生才告诉我说，苍溪县的雪梨原本的"土著"名称也叫"施家梨"。施家梨是川北一带广元等地早就有名的梨子品种，还是苍溪县独有的品种？是经过苍溪人民长期精心呵护与培育，才有今日的苍溪雪梨这一知名水果品牌的？这施家梨又是起源于何处呢？

我问过不少苍溪朋友，他们都一脸茫然。当问到苍溪中学特级教师、广元科普作家协会副会长、作家李桂芳老师时，她的回答是：据说不知道多少年前曾

苍溪雪梨，甜蜜的故事

经有位姓施的农民最早嫁接成功了这种梨树的品种，为了纪念他，故名"施家梨"。似有道理。

看来，苍溪雪梨真的是苍溪人民经过长时间精心培育出来的一种让苍溪人、让广元人乃至国人食后不忘其味的果中珍品。

苍溪雪梨是川北一带砂梨群落中在苍溪县发现的特殊品种，它的果实呈倒卵圆形，果皮深褐色，个儿大，皮儿薄，肉质细白脆嫩，汁多爽甜，有着浓浓的蜜汁香味，可食部分高达90%以上。幼株定植后4～5年开始挂果。挂果后的营养生长期大约7个月，成熟季节在9月

苍溪雪梨

下旬到10月下旬。果实平均重量为480克，最重的可达1900克。苍溪雪梨耐储藏，有利于远距离运输与搬运——这对当前盛行的地方土特产网络销售自然是利好。

苍溪雪梨的栽培历史至少已有千年以上的时间了。南宋著名诗人陆游在他的《怀旧用昔人蜀道诗韵》中就有对苍溪雪梨的明确描述：

最忆苍溪县，送客一亭绿。
豆枯狐兔肥，霜早柿栗熟。
酒酸压查梨，妓野立土木。

那次陆游经过苍溪县时应该正是深秋季节吧，虽然送别的长亭四周仍然绿树成荫，可是地上已然白露为霜，柿子和板栗也被水平降水的秋霜（霜和冻雨以及树挂都是由于空气中的过饱和水汽在低温条件下所形成的天气现象，在气象学上称为"水平降水"，以示与天空中大气降水在形成机制上的区别）催熟了，霜打过后的苍溪梨自然正处于甜爽可口的最佳品味期。可见，那时的苍溪雪梨给这位诗人留下了多么深刻的印象啊！

在明初朱元璋洪武十四年（公元1381年）编撰的《广元县志》更有明确记载："梨中最佳者，施家梨，种出苍溪。"在苍溪县城附近有一方明末的焦应高墓志记也对当时号召军民大量种植苍溪雪梨的情形与种植规模等做了记载："良田阡陌，植梨数千……陶将军景初令军户各皆栽种……"，并于县城西回水坝"军田种梨三百亩"。到了清末光绪廿九年（公元1903年），时任县令姜秉善曾经将其作为贡梨进献朝廷，而且受到清廷的肯定与推崇。凡此种种，既是苍溪雪梨最早为苍溪施姓人士嫁接、培育、推广的确凿证据，也是苍溪雪梨尚佳品质早已声名在外的佐证。

目前苍溪雪梨的种植面积和规模早就不是当年的"良田阡陌，植梨数千"和"令军户各皆栽种"以及"军田种梨三百亩"，它已经成为县域经济的主要支柱产业。

改革开放后，经过农技人员的科研试验和推广开发，苍溪县的雪梨产业已经覆盖到全县39个乡镇内536个行政村，受益农民达到14.5万户，占全县农业人口的75%以上。同时，根据全县的地理小气候环境的差别，对雪梨的生产种植和改良进行了科学区划，形成了东、中、南部与晚、中、早熟梨相对应的生产区，一些乡镇的雪梨年产量动辄上千吨。近年来，苍溪雪梨的产业发展势头更是有增无减，打造雪梨基地乡镇7个，雪梨专业村40个，专业合作社组织10个，核心梨博园区2个，科研基地1个。目前，全县雪梨产业面积达16.5万亩，年产优质雪梨10万余吨，年产值近6亿元。苍溪雪梨除了一般水果的食用功能外，还有明显的清肺、化痰、理气等保健医疗效果。这些年陆续开发出的雪梨浓缩汁、雪梨膏、雪梨饮料等系列产品，除了满足国内市场外，还远销欧盟等十多个国家，为苍溪县的县域经济提供了更加强劲的活力。

苍溪雪梨，甜蜜的故事

千树万树梨花开

在去苍溪县梨博园考察时，正值庚子年农历闰四月上旬（2020年6月4日），包括苍溪县在内的广元市大部分地区久旱不雨，此时也是雪梨挂果成长的关键时期，但是地里缺水，势必对当年的雪梨产量与质量都会造成较大影响。那天也去了苍溪县的猕猴桃园参观考察，同样也是挂果生长的关键季节，只见连片的雪梨园和猕猴桃园在炎热的阳光照射下，有的叶片开始发黄，有的卷起了叶边，陪同的园区管理人员不无焦急地说道：要是再不下雨，今年的收成将会减产不少呢。3天后，我们在昭化区的桃博园参观考察时，本来正当成熟的桃子平均直径应该10厘米左右，可是今年的桃子平均大小不足8厘米。这天突然大雨滂沱，连同桃树和我们这些参观考察的人都被浇得像落汤鸡似的，陪同的何总说，要是这雨早下10天就好啦……

苍溪县不缺水，可是没有健全的灌溉设施的话，如果遇到连续干旱少雨天气，嘉陵江的水也不会倒流上山的啊。中国有的地方也在学习以色列的滴灌技术，将水管的细小喷口对准植物的根部，进行适时灌溉以保证作物的最佳水平衡需求。在干旱少雨的中国北方这种技术值得推广，但是在中国南方未必符合因地制宜的原则。可是，纯粹靠天吃饭更不是办法，也不符合日新月异的现代农业发展的形势。虽然见到一些山坡地上建有一些圆形水塘，但是这些水塘的容积很小，而且储水都是来源于雨季的自然降水补充，一旦连续天旱，那也是杯水车薪，不能够解决根本性的缺水之虞。从江河里抽水提灌是一种行之有效的办法，可是修堰修渠又会占用大片的农地。怎么办？也许飞机洒水抗旱是未来可行的最佳途径。这样一来，还可以大大的促进我国民用飞机制造业尤其是大型直升机的发展与产业转型。这种飞机平时用作空中运输的交通工具，要是哪里发生了旱情火灾以及其他的灾害险情，随叫随到，方便灵活，快速精准，效果最佳，与水渠等灌溉系统相比，也许成本更低呢。因为在天气正常的情况下，水渠灌溉系统用地的建设投入和闲置浪费会增加实际运行成本的。

  苍溪雪梨每年3月中旬开花，花期可以延续到3月下旬甚至到4月上旬。梨花开放时节，苍溪的山山水水仿佛一夜之间全被晶莹剔透的雪花所笼罩，于是伴随着苍溪雪梨的盛名，苍溪梨花节便应运而生。每年的3月18～25日正是苍溪梨花节举办的时候，那时如诗如画的雪梨之乡真是花团锦簇，车水马龙，人山人海。

维 C 之王猕猴桃

猕猴桃是苍溪县紧随苍溪雪梨之后的特色水果产业。

在四川盆地周边许多山地都生长有种类繁多的野生水果，包括核桃、板栗、桃、梨、李、杏、梅、枣、八月瓜等，此外还有野生的猕猴桃。

小时候去米仓山里捡柴割草，往往都会在不同的时令里发现一些应季的野生水果突然出现在眼前的荆棘林间。那时，一定会将手里的活儿放一放，专门选那些完全成熟的野果一饱口福。其中最难忘的一种水果就是猕猴桃，因为山里的野生猕猴桃的长相特殊，个头虽然不大，但模样与其他水果差别很大。剥开褐色果皮，里面的果肉绿绿的、翠翠的、软软的，比芝麻还要小的黑色种子围绕果肉中心呈放射状排布。种子太细小不好吐，就干脆连肉带籽一起"打包"吃下去，嚼起来脆嫩有声，果味浓香、酸甜适口。

因为这种野生猕猴桃的果皮上有许多黄褐色的绒毛，所以家乡人把它叫作毛梨儿或者茅梨子。大人说山里的野果都不能吃，那是因为害怕小孩乱吃不该吃的东西，因此干脆一竿子打死，说山里的任何野果都不能吃，包括那些似乎永远都长不大的野生猕猴桃。可山里娃胆子大，背着大人啥都想尝试一下，尤其是那味道迥异的野生猕猴桃——甜酸甜酸的，既不像桃也不像李，更不像杏，吃了还想吃。尤其是吃了那种水果后，平常回家晚饭时只吃一碗的，就会再吃一碗或者半碗，还好像意犹未尽。后来随着年龄的增长，家乡的许多事情也从记忆里渐行渐远，慢慢淡出了，包括对山里那些野生猕猴桃的印象。

大概是改革开放后不久的一天，我趁着在北京开会的间隙去距离中国科学院所在的木樨地不远的长安商场购买一些野外考察用的装备，在路过一排水果柜台时被一种似曾相识的果品所吸引，走近仔细看去，只见那堆着水果的木屉下面赫然写着"新西兰特产，猕猴桃"！

新西兰奇异果种植园

猕猴桃？新西兰特产？我心里蓦然一惊。那水果个头的确很大，可是那模样、那大同小异的形态让我的记忆突然被激活——那不就是我们老家米仓山里寻常所见的野果毛梨儿吗？怎么成了新西兰特产了呢？后来回到单位到图书馆检索文献才知道，原来猕猴桃的原产地果然就是我们中国。大概在18世纪末和20世纪初，一些包括新西兰人在内的探险家们陆陆续续来到中国，四处探寻他们此前不知晓的中国特有动植物和文物古迹，其中有大量动植物标本和植物种子被盗运出境。

那时的中国积贫积弱，没有正规的海关，更谈不上出入境申报检疫检查，许多西方列强在中国都有"租界"和强行占有的运输港口。于是在那百多年的耻辱历史里，外国人来去中国如入无人之境，何况一些名不见经传的花花草草和一般人看不起眼的动植物标本与种子呢。其中最严重的事件是英国人福钧（Robert Fortune）从中国盗走了茶树和制茶技术，使中国逐渐在国际市场上丧失了茶叶的主导地位，蒙受了巨大的经济损失。此外，原产中国的很多杜鹃花、山茶花品种也被所谓"植物猎人"盗运到国外。猕猴桃也是在此期间被引种到新西兰的。

我们通常所说的猕猴桃的正式中文名称是中华猕猴桃（Actinidia chinensis），为猕猴桃科，猕猴桃属植物，其别名甚多：猕猴梨、茅梨子、毛梨子、毛木果、藤梨、野梨、麻藤果、狐狸桃等。猕猴桃是一种木质藤本落叶植物，雌雄异株。《本草纲目》中记载："其形如梨，其色如桃。而猕猴喜食，故有诸名。"宋代《开宝本草》记载："藤生着树，叶圆有毛，其形似鸡卵大，其皮褐色，经霜始甘美可食。"《本草衍义》记载："十月烂熟，色淡绿；生则极酸，子繁细，其色如芥子，枝条柔弱，高二三丈，多附木而生。"经过人工培育的猕猴桃个体呈椭圆形，长6厘米左右，直径可达4.5～5.5厘米，表面有黄棕色长柔毛，皮下果肉多为亮绿色，有多圈层的黑色种子。

猕猴桃味道奇异可口，兼具诸如苹果、葡萄、柠檬、草莓、香蕉甚至菠萝等多种水果的口味，富含人体所需的猕猴桃碱、蛋白水解酶、单宁果胶、果糖、脂肪，还有丰富的葡萄酸、柠檬酸、苹果酸、叶酸、胡萝卜素、黄体素、天然肌醇和十几种氨基酸以及铁、钙、钾、硒、锌、镁、锗等多种微量元素。钙元素的含量为苹果的17倍，香蕉的4倍。维生素含量平均高达200毫克左右，最高可高达400毫克，是柑橘的5～10倍，尤其是富含丰富的维生素C、A和E，其中维生素C的含量是柳橙的2倍。猕猴桃的营养成分宽泛而丰富，有水果之王和维C之王的美誉。据研究测定，猕猴桃的营养价值无论男女老少尽皆咸宜；经常食用既可以一定程度提升人体的免疫功能和蛋白质水平，也能够对高血压、糖尿病和一些心脑血管的疾病，甚至对于坏血病等有一定的食疗功效。

猕猴桃适宜生长在亚热带和温带的湿润与半湿润气候地区，海拔高度一般在800～1800米的山地环境最佳；年降水量要求在800～2000毫米，年平均气温最好在11～17℃，无霜期最低要求为160～270天；喜欢半阴的地势环境，对强光照射较为敏感，尤其是忌讳强光线的直接照射。

下面说说猕猴桃是如何被引种到新西兰的。

大约在距今120多年前的1899年，著名的植物学家和园艺学家英国人伊尔勒斯特·亨利·威尔逊（Ernest Henry Wilson）第一次踏上中国这片神奇的土地，其目的是考察并且采集中国的植物标本和植物种子。在此后将近19年的时间里，他先后受雇于英国维奇园艺公司和美国哈佛大学阿诺德树木园，5次来中国，主要在湖北、重庆和四川等地采集了植物标本65000多份，并且将大约1500多种植物包括一些经济类植物的种子带到英国和美国，极大地丰富了西方园林的植物种类多样性。

大约在1908年前后，威尔逊在湖北宜昌三峡大老岭一带的山区采集到了不少野生猕猴桃的果实，在宜昌长江口岸码头附近，"显摆"的威尔逊将多余的猕猴桃果实分发给了当时生活在那里的外国人尝鲜，将余下的果实晒干后分寄给了英国和美国。世事弄人的是，威尔逊寄出去的猕猴桃种子发芽后全为雄性植株，对于猕猴桃雌雄异株的特性而言，这无异于引种失败。可是无心栽柳柳成行，真是机缘巧合，那次威尔逊在宜昌口岸码头分发尝鲜野生猕猴桃的外国人中有一位来自新西兰到宜昌探亲的女教师伊莎贝尔。伊莎贝尔觉得这种果实的口味太美太奇特了，于是有心的伊莎贝尔将剩下的几枚猕猴桃带回了新西兰，并且在自己的祖国繁育出了一雄两雌的猕猴桃树苗。

以后的故事就不用赘述了。不过值得一提的是，新西兰人没有忘记这种奇异的果实来自原产地中国，于是将其起名曰"中国鹅莓"，由于味道奇美异常，也叫"奇异果"（kiwi fruit）。

后来，经过新西兰园艺工作者不断优选改良驯化，原生的猕猴桃逐渐成为新西兰"特有"的水果，成为该国的支柱产业，出口到包括中国在内的几十个国家。为了让"奇异果"保持优质高产，防止老化退化，新西兰还派人来中国继续寻找新的野生猕猴桃品种，以保持其产业的可持续发展。

那么，到底猕猴桃的"祖籍"，也就是原产地在哪里呢？一种说法是在中国的湖北省宜昌市夷陵区的雾渡河镇。2008年11月6日，来自世界上19个国家的200多位植物学家和猕猴桃专家在新西兰举行的国际猕猴桃大会上一致认定：中国是猕猴桃的原生起源中心地，并且将湖北省宜昌市夷陵区的雾渡河镇定为猕猴桃原生区域的代表地。为啥将这个桂冠戴在了湖北省宜昌市夷陵区的雾渡河镇呢？主要原因就是有资料说，新西兰猕猴桃最早的引种地正是夷陵区的雾渡河镇。但是实事求是地讲，当年那些专家们虽然认定了中国是猕猴桃的原生起源中心地，可是对于猕猴桃原产地的具体定位并非十分的科学和准确。因为就我所知，仅在四川省，除了前面刚刚说过的米仓山外，在川东北的大巴山、川西的龙门山、峨眉山和青城山，以及海螺沟所在的贡嘎山地区都有野生猕猴桃分布。广元市所辖的利州区、昭化区、朝天区、青川县、剑阁县、旺苍县与苍溪县的山区野林里都生长有野生猕猴桃。

猕猴桃之所以得名，前面已经述及，是由于猕猴桃是猕猴们喜欢吃的一种食物，这是有一定道理的，因为在中国大凡产野生猕猴桃的地方都是猕猴的出没之地。

一个不争的事实是，中国现代猕猴桃产业的发展乃至世界当前猕猴桃产业的发展，与新西兰早年从中国引进野生的原生猕猴桃经科研人员和水果专家不断精心培育改良，然后再将相关猕猴桃品种与技术回归到中国原产地并且引进到相关国家分不开。

苍溪红心猕猴桃

国人知道新西兰猕猴桃源头真相的时间正值中国改革开放的大潮席卷中国大地之时，于是一时之间，在中华猕猴桃的故乡掀起了科学种植猕猴桃的热潮。广元市苍溪县担当科学种植猕猴桃的排头兵。

1978年，改革开放的春风刚刚吹拂到嘉陵江上游的水面才泛起几片涟漪，在全国的猕猴桃资源普查中，于苍溪县北部山区200多平方千米范围内的山林中发现了大片生长良好的野生猕猴桃。为了更好地保护利用这一天然的野生猕猴桃资源，县上成立了专门的猕猴桃研究所，同时开始了野生猕猴桃的人工移栽与培育试验，苍溪县自此也成为全国首批猕猴桃驯化栽培试点县。

有心的苍溪人没有盲目地赞叹新西兰和其他生产猕猴桃的国家的优良品种，也并不满足于一般的猕猴桃种植与产量的扩大。他们对所有培育成熟的树苗和果品进行了细心比对，不放过任何本土特色优势可能的蛛丝马迹，皇天不负有心人，苍溪县的科技人员终于通过一次又一次的品种比对试验，在1986年发现了三株猕猴桃的成熟果实肉质竟然呈现出红色。后经过品种的稳定性试验，认定这是一个根植在苍溪县本土的猕猴桃新品种，于是培育出了世界上首个红心猕猴桃——苍溪红心猕猴桃品种，并且将其命名为"红阳"红心猕猴桃。后来在红阳红心猕猴桃的基础上，经过反复科学试验，又先后培育出了"红华""红美""红升"等苍溪系列红心猕猴桃新品种，夯实和奠定了苍溪县作为世界红心猕猴桃第一县的坚实基础。

苍溪红心猕猴桃果皮比较光滑，表面少毛或者无毛，果皮下果肉外层金黄，内层有一圈肉红色果肉，果肉细嫩，香气袭人，酸甜度最佳。最为关键之处还是它们的模样俏丽可人：无论横切还是竖切，果实的切断面都会神奇地呈现出一幅美丽、诱人、天造地设与尤物般的图画，那种一派天然艺术品的美感似乎让人舍不得张口去碰它、咬它、吃它。

目前苍溪县的红心猕猴桃种植已经扩大到全县几乎所有的乡镇，建成了以红心猕猴桃为主产的现代农业万亩园区17个，千亩以上的农业园区66个，猕猴桃产业庭园3.8万个，种植面积达到39.5万亩，年产鲜果猕猴桃12.6万吨，综合产值60亿元，远销国内各大省市以及日本、韩国和东南亚等十余个国家和地区，受到国内外市场的一致好评。

苍溪县是我国著名的猕猴桃产地，也是国家地理标志产品，尤以苍溪红心猕猴桃最为知名。

苍溪县是中国红心猕猴桃原产地，是国家现代农业猕猴桃示范区、全国绿色食品标准化原料生产基地、国家出口猕猴桃质量安全示范区，其中的"红阳"猕猴桃成为全球第三代猕猴桃首选换代品种，因此又有"中国红心猕猴桃第一县"的美誉。

除了雪梨和猕猴桃之外，苍溪县可以大展宏图的农经作物和极具地方特色的工艺品还有不少呢。比如苍溪脆香甜柚、川明参、手工真丝织毯、唤马剪纸、笋壳画等。

包括苍溪县在内的广元市许多地方都盛产竹子，尤其是慈竹（或称茨竹）。慈竹高大粗壮，每年开春出笋，到了秋季，竹笋已然长成又高又大的嫩竹，嫩竹身上的笋壳就会在秋风的吹拂下自然脱落。20世纪70年代前，这些竹笋的笋壳多数会被农村妇女们拿去做手工布鞋鞋底中的隔水层，可是苍溪人却用它们做成了笋壳绘画工艺品，让"踩"在脚下的家用普通材料顿时身价百倍一下就登上了大雅之堂！

说完苍溪县好吃的，还要说说苍溪县好看的。

西武当，川北道教圣地

位于苍溪县城附近的红军渡和西武当山颇负盛名。

世人皆知中国湖北有个道教名山武当山，可是朋友们是否知道除了湖北武当山，在苍溪县还有一座西武当山？

武当山位于湖北省十堰市丹江口附近，又称太和山、谢罗山、仙室山和参上山，有太岳、大岳和玄岳的美誉称谓，是曾经被明朝中央政府册封过的"皇室家庙"所在地，是中国本土道教文化名山，是道教武当派创始人张三丰创立的武当派和武当派武术的发祥地，是被联合国公布的世界文化遗产地，是著名的国家5A级旅游景区。

与武当山有关联的地方除了苍溪县的西武当山外，陕西省宝鸡市的陇县境内和甘肃省张掖市城西约35千米的祁连山中也有称为"西武当"的地方。相传陇县的西武当正是张三丰亲自去那里传道时授予其名。而位于河西走廊祁连山中的张掖市西武当距离湖北省的武当山更有数千里之遥，可见中国的道教文化曾几何时的影响之辉煌灿烂！

不过，苍溪县的西武当山名气和历史可是非常源远流长的，因为这里曾经也是中国道教创始人张道陵悟道传教的地方。

苍溪县自古以来就是一个道教文化发祥荟萃之地。据记载，截至中华人民共和国成立前夕的1949年，苍溪县大约还存有400余座道观，那时苍溪县城有民谣说："一条长街九条巷，半城民宅半城道"，可见这里真的就是中国历史上少有的道教发祥地和传播地。目前境内尚存的除了西武当山的真武宫，还有云台山的云台观、烟丰山真庆宫、八庙镇三清观等数十座道观。

"地占嘉陵三百里，根寻巴国五千年"，说的是苍溪县的历史地理与文化传承的大势。苍溪自西晋太康年间立县以来已经历经1700多年的历史了，可是

西武当山山门

说起道教在苍溪的传播还要比苍溪县的立县时间早 100 多年呢。据史书记载,道教天师张道陵在四川青城山创立五斗米教后,于东汉汉安二年(公元 143 年)一路东行,来到距离苍溪县城东南 18 千米的云台山建立云台观,并且在此悟道修真传播他的正一道思想,从此苍溪云台观便成为全国最早的 24 座道教治所之一,也是张道陵飞升之处。云台观位于苍溪县五里乡和云峰镇之间的云台山,此处也是苍溪县与阆中市邻近交界处。

苍溪立县之后,加上嘉陵江的水运之便,南来北往的信众更容易云集于县城附近的西武当山,于是,苍溪县道教中心北移,以真武宫为基地的西武当山,逐渐形成中国道教西部正一派道教的中心。西武当山就在县城附近的红军当年飞渡嘉陵江的古渡口东南一侧,目前已经是与苍溪县红军文化融为一体的著名景区——红军渡·西武当山景区。

1935 年 5 月,中国工农红军第四方面军为配合中央红军北上抗日,离开川陕革命根据地,其中一部经过苍溪县的陵江镇嘉陵江渡口,渡江西向与从旺苍等地出发西进的红四方面军主力大部队和总部在广元剑阁等地汇合后,一路高歌猛进，于 1935 年 6 月 12 日在四川阿坝懋功达维与中央红军胜利会师。

为了纪念那次渡江西进的成功进行，苍溪县在当年红军的渡江地修建了"红军渡"纪念公园，以供后人凭吊。

位于苍溪县陵江镇的红军渡属于苍溪"红军渡·西武当山"景区的一个重要组成部分，为国家 4A 级旅游景区。

红军渡面临宽阔的嘉陵江水、背靠西武当山，江面无论枯水季节还是雨季，无论水涨水落，都算是波涛不惊比较平稳，要不当年红军也不会将渡江地选在这里啦。

与西武当山等名胜古迹一起，广义的红军渡景区占地达 5000 余亩，由红军文化旅游区、西武当山森林旅游区、杜里坝水上游乐区三大旅游区和红军渡纪念园、西武当山森林公园、中华百家姓氏追踪园、相思书法碑林园和乡土树种博览园五大园区组成。旅游区和园区集中体现了苍溪县"红土地、绿山水、梨乡情"的精髓主题理念。

红军渡景区中老红军任荣塑像

进得红军渡主题公园，我们拾级而上，沿途的石墙上涂染一新的红军标语随处可见，尤其是有关"北上抗日"的内容让那些历史虚无主义者说"红军当年长征没有明确的政治主张"的谎言不攻自破。上到红军渡广场后，一座由徐向前元帅题写的"红军渡"铜制雕像赫然出现在我们的视野前方。怀着对红军当年不畏艰险英勇战斗精神的礼赞，我们先后参观了红军渡遗址、红四方面军长征出发地纪念馆、渡江指挥所、红军石刻标语碑廊、将帅台、功勋馆、万名烈士纪念碑、将军陵等红军渡主体文化内容。

现在的红军渡已经没有当年那样的渡船可以来往于江面了，因为在红军渡附近的江面上一座现代化大桥像一道美丽的彩虹凌空而起，将苍溪县老城与对面的新城连为一体，嘉陵江在这里只是苍溪县城中的一弯水道而已。

《苍溪县志》有载："武当山在县东五里，其形如屏，塞大江之流，上有供城楼，昔传'日见千人拱手，夜观万盏明灯'。""武当山形如笔架，塞大江之流，上建武当庙，以镇水口。""武当山由避尘南迤西去，以当嘉陵江东下之冲。山势壁立陡绝，水为倒流，不见出口，与奎阁隔江而峙，盖县治之锁钥也。"西武当山或直接称为苍溪武当山，距离县城以东不足五里，背依云台观，面临嘉陵江，山形如笔架，因此也叫笔架山。嘉陵江流到此处，由于受到地球在运行中形成的"科里奥利力"（又称科氏力）影响和西武当山的阻碍，迫使东向的江水改道南下后再回流向西，在这里形成了一个大大的回形水湾。

西武当红军渡的红军标语

纵观嘉陵江，自从走出秦巴山地进入广元地界后一路南流便是一个弯道接着一个弯道，一直到重庆进入长江才"一了百了"地消停下来。

何为"科里奥利力"？就是地球在由西向东的自转时，会产生向赤道方向的偏转力，其中北半球向东流的河流就会产生向南的冲动力，如果江河由北向南，那么就会有一种向西的偏转力；这种偏转力在河流沿程海拔高度变化不大和一定山势地形的控制下，就会产生一个个回形弯道。首先对这一地球运动力学问题提出并且进行研究论证的是法国气象学家科里奥利（Gustave Gaspard de Coriolis），于是将其命名为"科里奥利力"。

四川省阿坝州若尔盖大草原上黄河九曲十八弯的牛轭湖和月亮湾河流地貌，以及松潘县境内岷江上游漂亮的牛轭湖曲流都是受科里奥利力影响的典型例子。

也有极端的反证事例,比如黄河从兰州郊区的桑园峡开始北向一直到了内蒙古自治区的阴山南麓的河套地区才转向东再而南下,形成了一个奇特的"几"字弯,这才与南中国的长江一起比肩向东流去……

黄河在兰州东郊的桑园峡之所以不遵循科里奥利力规律的

西武当三霄殿

原因,一是受到此地黄土覆盖下的花岗岩地体的严重阻碍;二是在桑园峡到宁夏回族自治区西侧一路北上有一条原生构造断裂带"开门迎客",于是黄河水竟然不顾科里奥利力的"勾引",我行我素顺势向北,形成长度2000多千米的举世闻名的黄河"几"字形弯!

西武当山早在西晋初年就建有道观"玄武庙",到了宋代,因为避讳宋真宗尊崇的赵玄朗而更名为"真武宫"。赵玄朗,字公明,就是中国民间传说中的财神爷。宋真宗在大中祥符五年(公元1012年)追尊他为"上灵高道九天司命保生天尊大帝",庙号圣祖。

除了真武宫,在西武当山还有南天门、慈航殿、闻钟楼、仰天楼等临山而建的道教建筑可供游人参观游览,以及了解苍溪县悠久的道教历史文化底蕴与真谛。

九龙山，苍溪野生猕猴桃原产地

到了苍溪县，还有个应该去的好地方，那就是野生猕猴桃的出产地，也是苍溪县地形制高点所在地——九龙山自然保护区。九龙山自然保护区位于苍溪县的三川镇，最高峰海拔1337米（一说为1348米）。保护区森林占地面积为8048公顷，森林覆盖率高达92%，是苍溪县生物多样性资源最为丰富的地区，也是四川省重要的天然动植物物种基因库。其中有野生植物达170科892种，比较著名的有铁甲松、银杏树、香樟树、枫香、百合以及多个兰花品种，当然还少不了我们苍溪县红心猕猴桃的祖宗——九龙山野生猕猴桃群落。这里还是许多野生动物生长繁育的乐园，比如小熊猫、金雕、梅花鹿、林麝、黄麂、金钱豹、野猪、狐狸、红腹锦鸡、白冠长尾雉、猕猴、大灵猫和许多蛇类。据调查，九龙山自然保护区一共有野生动物84科277种，其中金雕、林麝、金钱豹等为国家一级保护动物；小熊猫、红腹锦鸡、白冠长尾雉为国家二级保护动物。

为此，苍溪县九龙山在2011年被四川省政府公布为省级自然保护区。

大概国人对龙图腾的特殊情感，再加上一些地貌象形等原因，我国许多地方的山水地名都喜欢与龙的意象相联系。比如黑龙江、白龙江、白龙潭、黑龙潭、白龙洞、东龙洞、西龙洞、龙泉山、龙门山等。近一点的像旺苍的十八龙潭（或称龙潭子）、巴中市的龙河（巴河的古名称），至于将喀斯特溶洞命名为"龙洞"的地方更是比比皆是。即使在苍溪县也有不少以龙为名的小地名：龙王镇、龙山镇、五龙镇、龙洞乡，至于以龙为村名的地方就不止三处五处：龙口、龙回、龙隐、龙岩、卧龙、龙宝、龙垭、龙江、骑龙、龙狮、蟠龙、龙固等。除了苍溪县有个九龙山外，位于浙江省遂昌县西南部有个九龙山，河南省卢氏县有个九龙山，江苏省邳州有个九龙山，还有上海市九龙山、湖北省麻城市九龙山、湖南省隆回县九龙山和常德市九龙山等。其中浙江省遂昌县九龙山比较著名，是一个国家级自

野生猕猴桃

然保护区，最高峰为1724米。据一些中国科学院的朋友说，浙江省遂昌县九龙山自然保护区做过许多详细的科学研究，比如那里的植物资源本底调查细致到非维管束类植物384属804种，其中的苔藓植物为65科185属436种，地衣58属159种，大型真菌38科101属209种。有维管束植物（蕨类和种子植物）179科684属1569种，其中蕨类植物35科73属227种，种子植物144科611属1342种，分别占浙江省种子植物科的80.4%、植物属的52.9%和植物种的41.1%……

　　要是我们广元市的生物多样性家底也有这样清楚翔实那该多好啊！这里，我丝毫没有厚此薄彼的意思，只是想说，一个地区要想真正发展起来，科学与文化的投入是一方为政者的远见卓识之举，也是可持续发展的重要基础。就像我国东南沿海省市虽然颇具科研院所和大学等研究资源优势，但是毋庸讳言，也与为政决策者们的长远发展担当有一定关系。建议我们广元市所有的景区景点敞开胸

九龙山中的保护动物：猕猴、鸳鸯、红腹锦鸡、梅花鹿

怀，邀请相关的科研院所和大学师生到我们广元市教学实习、科学考察，给他们提供相应的便利条件，当然最后的考察结果和考察报告在不涉及国家规定的保密要求前提下，一定要与我共享，为我所用，以此达到丰富我们自己的自然资源本底资料数据库的目的。

除了九龙山自然保护区之外，县城南面不远的嘉陵江对岸的少屏山烟丛寺、白鹤乡的天主教堂、苍溪县北部的海拔1200米左右的望天观及其山上的唐代摩崖石窟遗迹等都是值得一看的地方。尤其是春暖花开季节的望天观，能够观赏到漫山遍野的映山红（杜鹃花的一种），给那里的丹霞地貌锦上添花。

青川，名副其实的绿水青山之地

青川县的青竹江主源发源于唐家河摩天岭，有"其水青美"之誉，于是得名青川。青川县位于广元市西北部，北面与甘肃省和陕西省交界，西部与平武县接壤，南面和江油市比邻。面积3216平方千米，目前大约有常住人口15.6万人。自西汉设郡以来，先后设置郡、州、县、所、司等行政治所17次，距今至少有2300多年的历史。青川县城位于县域中北部的乔庄镇，2008年5·12汶川大地震后，部分县级职能部门搬迁至交通更为方便的竹园镇。

青川县不仅是广元市地貌地形的制高点，还是广元市最名副其实的绿水青山之地。

2008年那次震惊世界的5·12汶川大地震，主要涉及龙门山构造带的汶川县、北川县和青川县，所以有专家说那次大地震又可以称为"三川"地震。其中，

重建后的青川县县城

青川县县城一角

远距汶川300多千米之外的青川县竟然受灾强度一点也不比震中地的汶川小！究其原因，那就是青川的地质构造与汶川所在的龙门山属于同一个山系——岷山—龙门山构造体系。一条嘉陵江（包括主要支流白龙江）南北Y字形大断裂带将广元市分成两大地质构造山系：以东属于秦巴山系的米仓山隆升带，以西属于龙门山隆升带。由于受到青藏高原和横断山总体抬升的影响，岷山和龙门山的海拔高度明显高于嘉陵江以东秦巴山地。科学界尤其是地学界都知道，距今大约2亿年前的四川盆地还属于古特提斯海的一部分，那时的特提斯海将南面的印度古陆和北面的亚欧古陆一分为二，四川盆地的水域一直可以直达现今的地中海甚至大西洋呢！后来地球水陆格局发生了远比5·12汶川大地震强烈得多的翻天覆地的大变化，印度板块向北俯冲将青藏板块逐渐抬升，随着青藏高原多次间断式的隆起，终于形成了目前中国西南部的地貌格局。其中的岷山与龙门山作为青藏高原向我国东部平原过渡的第二台阶，虽然其海拔高度不及青藏高原主体山脉那样高大雄伟，但是也出现了诸如四姑娘山（主峰幺姑娘山海拔6250米）、雪宝顶山（海拔5588米）等高耸入云的冰峰雪岭！如果朋友们再顺着雪宝顶向东看去，就会发现一条与龙门山和雪宝顶如出一辙的山脉蜿蜒延伸到了广元市的青川县境内，那就是闻名遐迩的摩天岭！摩天岭最高峰正是位于青川县唐家河大熊猫自然保护区源头的大草坪，海拔高度3837米。大草坪不仅是青川县的最高峰，也是广元市的最高峰。为了尽量保持与青藏高原和岷山龙门山的强劲隆升态势，进入青川县后，尤其是进入唐家河自然保护区后，就会发现那里的绝大多数山体的基岩石头都是直立向上，很少有水平或者稍显倾斜的构造形迹者。唐家河的岩石岩性多为古生代和中生代海洋中形成的砂岩以及少

青川的壶穴地貌

量的石灰岩和其间从地球地幔内部熔喷而出的花岗岩。在花岗岩的熔喷过程中，又使得所过之处的砂岩和石灰岩发生接触变质而形成了变质岩层。这些砂岩、石灰岩、花岗岩和变质岩层受到青藏高原和横断山间断性隆升的影响，如影随形，"积极"向上，努力"攀比"，一改原本在当年海洋中形成时的水平状态，在强大的构造力的作用下，发生弯曲倾斜甚至直立，虽然不及前者那么的高耸入云、横断天际，倒也不乏伟岸雄势的风度呢。

这种强烈的地质构造仍然在间断地继续着。

正是有了大尺度的地质地理变化，促使青川县在广元市境内海拔高度的独树一帜。

大草坪是当地群众去山里打猎采药时发现并且随意称呼的一个名字，由于海拔高出当地的森林上限，生长着高山草甸植被，测绘人员以此为据将其作为唐家河最高峰的名称定格在了随后出版的地图上。其实，无论从历史溯源还是山形名胜与文化渊源而言，海拔3837米的最高峰应该叫作摩天岭才对呀！因为历史上只有摩天岭，没有大草坪呢。我是地理学专业出身，去过国内外不少无人区进行科学考察，也给不少无名的地方命名过，比如西藏的米堆冰川、则隆弄冰川、羊卓雍措源头之一的枪勇冰川，还有雅鲁藏布大峡谷无人区核心地段的列确冰川

青川县东河口地震遗迹公园

和绒扎瀑布,以及家乡旺苍县的十八龙潭、米仓山大峡谷、云雾坝等。希望此见能引起今后测绘制图部门的关注,有机会将主峰改为摩天岭为好。

都说人与人之间是"距离产生美",而大自然之间确是"海拔高度产生美"。君不见,青藏高原为啥美不胜收啊?因为那里的海拔高度可以让你山下暖如春,山上"南北极"。九寨沟和黄龙都属于世界级景观区,为啥那么美?海拔高度啊!退一万步吧,从自然界回归到我们人类,如果哪位面部没有高低错落有致的五官变化,没有线条与棱角分明的面部特征,恐怕都不会属于俊男靓女那一类吧!

广元市境内的唐家河正是有了摩天岭——大草坪这样接近4000米的地貌制高点,必然会发生诸多的故事:古冰川遗迹、角峰、刃脊;大熊猫、金丝猴、扭角羚;珙桐、水青冈、峨眉冷杉和随处可见的原始森林……

青川县是广元市的资源大县,由于其最高峰接近海拔4000米,就广元市而言,这里具有川北地区最多的自然地理垂直分带:以唐家河国家级自然保护区为例,海拔3700米以上为高山裸岩—多年冻土—地衣、藻类—寒冻风化带;海拔3700~3400米为亚高山多年冻土和季节冻土—灌丛—箭竹—部分大熊猫栖息地—草甸—次寒冻风化带;海拔3400~3200米为密灌—箭竹—大熊猫、金丝猴、扭角羚栖息地—草地以及暗针叶林—季节冻土—次弱寒冻风化带;海拔

青川，名副其实的绿水青山之地

青川县地震遗迹地质公园博物馆

3200～2500米为季节冻土—针叶林—箭竹林带—大熊猫、金丝猴、扭角羚栖息地；海拔2500～1500米为针阔混交林与阔叶林带—箭竹林带—部分大熊猫和部分金丝猴、部分扭角羚栖息带；海拔1500米以下为阔叶林和人类活动密集区—农耕地分布带（偶尔会有大熊猫等保护动物零星出没）。青川县原始森林面积大约有60万亩，森林覆盖率达到73%，不仅在广元市排名第一，在四川省也榜上有名。有水青冈、银杉、银杏、珙桐等野生植物1900余种，有大熊猫、金丝猴、扭角羚等珍稀动物440余种。

当然，青川县还有战国墓葬木牍和中国人几乎都家喻户晓的"偷渡阴平"的历史史实。

阴平古道摩天岭

  阴平是青川县唐家河流域深处的一个古老的小地名。唐家河是青川县青竹江的源头，发源于摩天岭大草坪东坡。话说三国时代的魏国军队在大将邓艾和钟会率领下，企图攻下蜀国大将姜维坚守的剑门关。可是，"一夫当关，万夫莫开"的剑门关让远道奔袭而来的魏军不能再越雷池半步。哪晓得，更加懂得"声东击西""胜利险中求"的邓艾舍近求远，剑走偏锋，在钟会率领的部分军队继续攻打剑门关的时候，率军沿着白龙江溯源而上，采取长途奔袭与长距离迂回战术，绕道摩天岭，在当地猎户的指引下，翻越大草坪附近的那本来名不见经传的阴平古道。为了抢占这来之不易的进军战略战术先机，官兵个个身先士卒，不怕沿途岩石尖利，荆棘密布，甚至"裹毡而下"。最终邓艾率军"偷渡"成功，位于川西平原的蜀国政治经济文化中心的成都则完全暴露在了魏国的军事压力下。究其

阴平古道廊桥

原因，就是摩天岭的高大险要让蜀国的军事家们放松了警惕，最终成为最早被魏国消灭的对象。不仅偷渡阴平的成功成为中国历代传颂的军事范例，同时也让狩猎采药羊肠小道从此千古留名。在成功抵达唐家河下游一段宽阔河谷时，充满成功喜悦的邓艾将军高兴之余在一方巨石上亲自书写并且请人镌刻了"邓艾过此"几个大字，当时魏军不可一世的气势可见一斑。后来有人据此在新开的唐家河公路靠山一侧的峭壁上将"邓艾过此"四字进行了复制，倒也尽显三国历史文化在当地的一笔浓墨重彩！由于偷渡阴平的成功，此后的魏国军队一路南下如入无人之境，先是攻克江油关，再是攻克今绵阳附近不远的涪水关，最后当然毫无悬念地，那位被蜀汉皇帝刘备并不看好的阿斗刘禅被虏去了洛阳，并且成就了千古不朽的成语——乐不思蜀。只是可惜了"三顾频频天下计，两朝开济老臣心"的先帝刘备和军师诸葛孔明为三分天下，进而一统江山大业奠定的丰功伟业了。

阴平古道"邓艾过此"遗迹

青川木牍，中国最早隶书的活化石

其实在青川县还有比三国时期的"偷渡阴平"历史更为古老的文化遗迹，那就是享誉中外的青川县郝家坪（村）战国墓葬群中出土的"青川木牍"。

1979年元旦，当地农民王文聪在建新房挖地基至1米多深处时，突然被眼前出现的瓷片、铜钱和木板等遗迹惊呆并且兴奋不已，有一定文化常识的他知道这可能与某种古代历史文物有关。那时的农村已经有了有线广播，尤其是县城郊区的村民，也会在电影中看到一些有关文物考古方面的报道，于是他及时上报了县文化馆。县文化馆相关人员初步判断是古墓葬并及时与四川省博物馆联系后，组成专家小组，通过进一步清理发掘，发现是战国晚期先秦墓葬遗迹，而且不是一座单一的古墓葬，是一处绵延方圆3300多平方米的战国晚期先秦时代的古墓葬群。可不要小看了我们的农民兄弟，他们的朴实，他们的勤劳，他们的简约，他们的实用主义，无论在艰苦卓绝的中国革命进程里，在自力更生的经济建设战线中，还是在充满家国情怀和牺牲精神的国防建设的钢铁长城上，哪里没有我们中国农民的身影？中国的事情，一旦离开农民就会一事无成。曾几何时，在广阔无垠的祖国大地上，通过农民兄弟们的指点，我们的地质工作者们找到了建设祖国必需的铁矿煤矿、金山银山，我

青川木牍出土地

青川木牍，中国最早隶书的活化石

们的石油工程师们找到了丰富的石油天然气，我们的考古学家找到了一处又一处文物古迹……

郝家村位于青川县乔庄中学附近的一处高台地上。乔庄河河水从台地的南面蜿蜒流过。由于地质构造的抬升，乔庄河在县城沿河一带形成了至少两级阶地，郝家村战国墓葬群发掘地就在乔庄中学附近的第二级阶地上。

青川县战国墓葬或称战国晚期先秦墓葬，最早发掘于1979年，这是目前为止四川省现存战国中晚期最大的棺椁墓葬群。据探测，该地分布有古代墓葬达150余座，已经发掘出土的墓葬为108座，均为土坑竖井墓穴，长宽比例大致为3∶1。古墓中有的有棺有椁，有的有棺无椁，有的有椁无棺，也有既无棺也无椁的土葬软埋者，这些殡葬形制的差别大概与当时逝者的身份和家庭经济状况有关吧。棺椁都是木制，青川县自古以来就不缺乏森林木材。令人惊喜的是，在一些墓葬的棺椁中出土了许多非常珍贵的文物，比如陶器、漆器和青铜器等。其中在1979～1980年长达17个月内先后3次对72座墓葬的发掘中，一共出土文物400余件，其中陶器124件、铜器58件、漆器177件、竹木器50件，还有铜制半两钱等。尤其让人叹为观止的是，在第50

青川木牍

号墓葬中出土了一些木质文字牍简，其中编号为 M50-16 和 M50-17 的两枚木牍保存完好。虽然 M50-17 号木牍未见有明显文字遗存，但是值得欣慰的是，M50-16 号木牍的正反两面虽然由于年代久远，部分文字缺失，但是经过文物专家们的精心辨识，居然将其内容比较完整地呈现在我们现代人的眼前。

M50-16 号木牍的正面文字一共有 121 个字，楠木质地，文字为墨书，内容是：

二年十一月己酉朔朔日，王命丞相戊、内史匽，□□更修为田律：田广一步，袤八则为畛。亩二畛，一百（陌）道。百亩为顷，一千（阡）道，道广三步。封，高四尺，大称其高。捋（埒），高尺，下厚二尺。以秋八月，修封捋（埒），正疆畔，及发千（阡）百（陌）之大草。九月，大除道及除浍；十月为桥，修陂堤，利津□。鲜草，虽非除道之时，而有陷败不可行，相为之□□。

木牍背面文字一共有 33 个字，为：

四年十二月不除道者：□二日，□一日，辛一日，壬一日，亥一日，辰一日，戌一日，□一日。

文中的"□"表示原本有字，但是已经脱落或者无法辨识。对内中一些字有人进行了解读。比如在 M50-16 正面文字中：丞相戊的"戊"应该为茂？一百的"百"应该为陌？一千的"千"应该为阡？"捋"应该为埒？在 M50-16 背面文字中的"日"字有人以为是今天的田字。

可惜郭老今不在，考古泰斗唯此公。在中国近现代的文物考古鉴定历史里，似乎没有什么出土文物可以难倒郭院长（中国科学院首任院长郭沫若）的。记得泰山有一花岗岩球状风化巨石上有清光绪年间文人刘廷桂"虫二"书法题词，成为泰山著名的七十二景之一。由于内容有趣又艰涩难懂，游人除了驻足观看，大多不知所云。一次有中日两国文化交流学术会议代表去泰山游览，学者们来到"虫二"碑刻前面，有的摇头晃脑，有的指手画脚，就是不能切中要害知其所以然。还是同行的郭院长一语中的：此乃"风月无边"是也！繁体字的"風"去掉边框即是一个虫，"月"字去掉边框就是一个二，也就是所谓"风月无边"了。郭沫若博览群书，知识渊博，勤于思考，在避难日本期间，即使生活艰辛着，仍然一头扎进书海，终于完成巨著《甲骨文字研究》，成为中国现代甲骨文研究最伟大的文字历史学家。此外，郭沫若还是中国近现代白话文和白话诗歌主要的领军人物，在小说、戏剧、诗歌、书法、考古方面均成就斐然。据不完全统计，他的著述多达38卷之多，真是名副其实的著作等身，在中国现代历史中无人能及。早在1926～1927年的北伐革命战争中，郭沫若任北伐革命军事委员会总政治部副主任兼宣传部部长，领中将衔；1927年蒋介石发动四一二反革命政变时，郭沫若不顾个人安危公开发表讨蒋檄文《请看今日之蒋介石》。此后他又积极参加共产党领导的八一南昌起义，并且是核心领导成员之一。抗日战争开始后，蒋介石在幕僚长有"文胆"之谓的陈布雷等人的说服下，不计前嫌，允诺郭沫若回国参加抗日战争，并且任命他担任政治部第三厅主管抗日宣传的副厅长（周恩来兼任厅长）。就在陪都重庆，冒着日本飞机的日夜狂轰滥炸，郭沫若团结当时中国几乎所有的文化名人，大力为中国的抗日战争鼓与呼，自己不仅夜以继日地忙于组织工作，还亲力亲为撰写出几十部令中国民众振聋发聩的积极参与抗战的历史剧剧本。由于才情过人，加上爱国主义的历史责任，他写起剧本来往往废寝忘食，有时三天一个剧本，有时一星期一个剧本；而且上演后往往万人空巷，不少青年男女受到剧情鼓舞后即刻奔赴抗日前线。即使再繁忙，他也不放弃从事历史研究的些微机会。记得早年偶尔看过一篇文章介绍说，郭沫若在重庆某处看到几片残缺的"秦砖汉瓦"后，著文推断说，中国的文化发源地不仅有伟大的黄河文化，应该还有伟大的长江文化，而长江文化其主要的文化中心之一就在四川一带……

郭沫若真是一部大百科全书！要是当年将青川木牍及时送到郭老的案头，也许就不会留下那么多的"□□"之谜了。不过长江后浪推前浪，江山代有能人出，相信在不久远的将来，一定会有新辈国学大家能够科学完整地将青川木牍残缺处解读诠释出来，让我们拭目以待吧！

仅根据目前可以确定的文字内容，可将此木牍文字翻译为：

二年十一月初一日己酉，王命令丞相甘茂和内史匽，百姓邪僻不守法，现对《为田律》加以修订：农田宽一步，长八步，就要造畛。每亩两条畛，一条陌道；一百亩为一顷，一条阡道，道宽三步。封高四尺，大小与高度相当；埒高一尺，基部厚二尺。在秋季八月，修筑封埒，划定田界，并除去阡陌上生长的草；九月，大规模修治道路和清理积淤难行的地方；十月，造桥，修筑池塘水堤，使渡口和桥梁畅通，消除杂草。虽然不在规定修治道路的时节，如果道路破坏不能够通行，也应该立即修复。

此处的二年是指战国晚期先秦时期的秦武王二年，即公元前 309 年。

楠木质地的木牍，耐腐败，可经千年而不朽。木牍 M50-16 长 46 厘米，宽 2.5 厘米，厚 0.4 厘米；木牍 M50-17 长 46 厘米，宽 3.5 厘米，厚 0.5 厘米。可惜的是，木牍 M50-17 上没有发现任何古文字信息，遗憾之至。有考古专家怀疑其上原本就没有文字，可是那么一方宝贵的楠木牍片，而且还随葬于墓穴，哪有不会有文字记录的道理呢？也许最新的考古技术有办法将浸润到木质之内的墨迹显现，以获得更多与先秦相关的历史信息。

仅从这片木牍记录文字看，至少给我们以下几种无须考证的信息：

首先可以明确无误地证明，即使在距今 2000 多年前的战国时代，那时的当政者不但具备关心民瘼，且已经一定程度上掌握了不少季节变化、天气特征以及农事规律，并重视基础设施建设等素质，还将农耕管理纳入法律法规之中，这就是青川木牍中反映出来的《为田律》。同时，还为我们提供了当时古汉字尤其是隶书的书写规范和书法特点。

2010 年青川郝家坪墓地发掘现场

记得此前翻阅卫恒（西晋书法爱好与研究者）所著《四体书势》时，曾经看到此公论定我国的隶书发端于秦始皇统一六国之后。书中说道：有位叫程邈的下杜人，是一个在朝廷供职的官吏，由于得罪秦始皇而下狱十年。在狱中，他将秦初推广的大篆书法经过研究修改，所谓"少者增益，多者损减，方者使圆，圆者使方"而奠定了古代隶书的书写规则。后来程邈将自己的成果进献给秦始皇，终于得以赦免并且封为专管书法出版的御史官职。

南宋陆游有《逆旅书壁》诗曰：

> 骑驴万里行，岁过一秦城。
> 下杜贳春酒，新丰闻晓莺。
> 绿槐新巷陌，白骨几公卿？
> 欲觅曲江水，连云禾黍生。

诗中有"下杜"地名，可见程邈出生地下杜是当时长安城附近的一个村落吧。

青川木牍的出土在中国书法形成的历史上真有一石激起千层浪和石破天惊的断代作用。

经过反复考证，青川县木牍上的"二年"只能是战国后期秦武王二年，也就是公元前309年。因为木牍中有"王命丞相茂"等内容，按照《史记》记载，公元前310年正是秦武王元年，秦武王命大将甘茂伐蜀，武王二年也就是公元前309年甘茂升任丞相。可见此处的二年当为秦武王二年，也就是公元前309年无疑。

秦始皇统一中国的时间是公元前221年，即使以此为界，青川木牍的隶书体也明显早于秦始皇登基前88年。何况任何事物的形成都有一个漫长的过程，青川木牍的重见天日，直接否定了此前几成定论的程邈是中国隶书创造发明者一说，将中国隶书形成的历史向前推进至少百年以上。青川木牍也成为中国目前最早的古隶书的文物标本，又被称为中国隶书的活化石。

青川木牍即使今天看来，也是比较美的隶书书法作品。

青川木牍的书法艺术完全显示出继承和革新于此前的大篆体与青铜铭文中的金文特征，而且和它的书法母体比较已经焕然一新了。具备一定专业常识的皆知，汉字的篆书和金文，笔画多盘曲而且纷繁复杂，要想明白文字所书内容，往往使非专业者有头闷眼花的感觉。可是经过青川木牍这样的隶书改革，就有郑板桥"删繁就简三秋树，领异标新二月花"的意境了。无独有偶，君不见郑板桥先生那"竹叶体"的书法不就是他对青川木牍的隶书书法的继承与发扬吗？

青川木牍的隶书字形开始初步显示出中国现代方块汉字的端倪。好像让我们看到那时的书家手握毛笔，蘸墨调试好笔锋，运足气息，视文字内容不同而分下笔动势的轻重缓急，每个字落笔起始时的回锋，收笔结束时的出锋，其变化都有一定之规了。尤其是向右笔画尾端的运笔明显地表现出一种现代汉字那种波挑显露之美。尽管青川木牍中仍然还有几个篆体字夹杂其中，这一方面说明它们与母体的传承有序，同也说明汉字的进化演绎有一个漫长的历史过程。但是无论如何，青川木牍的出土发现，让我们看到了目前所知道的最早的汉字隶书的书法语言和审美范例。感谢那位最早发现郝家村战国古墓并且及时报告县文化馆的农民朋友王文聪，感谢青川县文化馆和四川省博物馆最早发掘郝家村战国古墓群的专家们。

唐家河，大熊猫的又一个家园

青川县也是广元市唯一有大熊猫和川金丝猴等国家级乃至于世界级野生保护动物生长栖息的地方。

与青川木牍同样名扬天下，比之更为古老千万年的当属青川县的动物活化石大熊猫及植物活化石珙桐了。

大熊猫是目前世界上最珍稀、最可爱、最受人们欢迎，尤其是可以近距离与人类紧密接触的野生动物——用目前流行的网络语言讲，没有之一。

大熊猫（*Ailuropoda melanoleuca*），外国人一般都称其为 Giant panda。虽然中文名字叫熊猫或者大熊猫，但它却不是猫科动物，而是属于食肉目的熊科，大熊猫亚科，大熊猫属唯一的哺乳动物种类。

大熊猫最具特色的是它们那黑白两色的皮毛和圆圆滚滚的体型，尤其是那八字形黑黑的大大的眼眶眼眉与白白的脸颊脸毛，形成了世界上最为鲜明美丽的明星动物的脸谱。

大熊猫种类起源于距今大约 800 万年前的中新世晚期，也就是第三纪的中晚期，那时的大熊猫还是世界上动物的广布种，在我们亚洲大陆的许多地方都有

唐家河野生大熊猫

分布。到了距今大约 260 万年（一些文献也有 300 万年的粗略一说）以来的第四纪，由于经历了几次大的冰期寒冷时代，不少地区的大熊猫种群经不起气候大变化的折腾，渐渐趋于消亡灭绝。只有我们中国四川以及邻近一些地方所处的这块风水宝地由于有青藏高原的隆升和屏蔽，体量硕大广袤、大起大落的地形地貌可以随着气候的变化给包括大熊猫在内的野生动植物提供进退有据而且包容宜居的家园：气候冷了，动物们可以下山到比较暖和的地段以避严寒；气候暖了，可以退居山上，以避炎热。一些野生植物虽然规避气候变化风险的能力要脆弱得多，可是那些可以快速迁移的动物们（比如鸟类）以及气流形成的地形风可以将一些植物种子孢粉及时近距离传播到更适宜生长的区域。于是就在我们国家西部的崇山峻岭中，就在我们四川西部的青藏高原东缘，虽历经至少三次大的冰川作用，但就在这些严酷的冰川覆盖的缝隙边沿处，这些珍稀的生物活化石终究得以保存下来，成为我们人类几乎与之失之交臂的朋友。

我国云南的元谋和禄丰曾经出土过大熊猫远祖的化石，经过中国科学院有关单位鉴定为"始熊猫"（Ailuaractos lufengensis）的进化体，这时已经到了距

唐家河保护区摩天岭

今将近 260 万年的第四纪早期了,这就是大熊猫的先祖。这个时期的大熊猫分布仍然比较广泛,通过大量的化石考古发现,当时在我国的西北、华北、华东、华南以及西南等许多地方都有分布,甚至在越南和缅甸北部的一些山地也发现过大熊猫在那个时期的化石遗存。

大量的化石发掘证明,在距今大约 260 万年的第四纪早期,具有现代体貌特征的大熊猫已经出现。到了距今五六十万年左右的中更新世,大熊猫的族群数量达到鼎盛,成为随处可见的广布动物种类,分布范围也遍及亚洲许多地方,它们大多生活在海拔 500～800 米的中低山区。不过那时候的大熊猫可能并非如目前这样温柔可爱,因为那时的它们还主要以肉食为主。后来经过严酷的环境考验,大熊猫主动适应环境,将喜欢肉食的习性做了"革命"性的调整与改变,找到了它们新的最爱——箭竹。由于箭竹在四川西部等山地有大量的生长分布,大熊猫虽然种群数量也有大量减少,可是与那些经不起环境突变的动植物种群比如剑齿象、猛犸象等同期友邻相比,它们是幸运的。因为它们靠着取之不尽的箭竹得以继续繁衍在我们这颗蓝色的星球上,让我们人类可以一睹它们那憨厚乖巧而又非

常可爱的"芳容"!

在我国古老的地理著作《山海经》里,不止一次提到过在秦岭和岷山一带分布有"貔貅"这种动物。貔貅正是先民对大熊猫的一种称谓。此外,《书经》中将大熊猫称为貔,《书经》又称为《尚书》,据说是孔子编撰而成,主要记载有关西周的一些历史与自然史实。在西汉由毛亨与毛苌编辑的古代诗集《毛诗》里将大熊猫称为白罴。《毛诗》就是大名鼎鼎的《诗经》。明代的著名药学家李时珍在《本草纲目》中将大熊猫称为貘。清康熙十一年(公元1672年)成书的《峨眉山志》中也称大熊猫为貔貅。

始熊猫体型比现代的大熊猫要小,模样更像熊类动物,在长期的进化演替过程中,始熊猫从以肉食性为主的生存方式慢慢调整为以竹类植物为主要食物来源的杂食性,这也是虽经严酷的几次大起大落的冰期与间冰期的气候变化,大熊猫却以坚韧的毅力得以存活至今的最主要的原因之一。

可能一些非地质专业的朋友对地球的历史分期了解不多,这里,再次做个比较详细的介绍吧。

地球的形成大约有45亿年的历史了,科学家为了更加方便地研究我们人类赖以生存的这颗蓝色星球,根据目前为止在地球不同地层中发现的生物化石,对地球的形成演化历史进行了分期定位:将有生命出现以前的漫长时代称为太古代,大约距今20亿~15亿年以前,这一时期又被称为前震旦纪,那时候的地球还没有任何生命迹象。

到了距今15亿年的时候,地球上出现了大片海洋,海洋中开始慢慢出现了细菌、蓝藻一类的低等生命形态。这个时代过程经历得很漫长,一直到距今5.4亿年前,科学家将这个时期称为元古代的震旦纪。

到了距今5.4亿年的时候,正是地球上生物生命开始大爆发的时代,也是有原始动物出现于地球的伟大时代。从这个时候开始到距今2.96亿年间,科学家将之称为地球地质历史的古生代。古生代依据时间的早晚顺序又分为寒武纪(又称三叶虫时代)、奥陶纪(无脊椎动物大发展时代)、志留纪(鱼类出现的时代)、泥盆纪(鱼类大繁殖和蕨类植物广泛分布的时代)、石炭纪(鱼类、两栖动物大繁殖时代和蕨类植物更加广泛分布的时代)、二叠纪(鱼类、两栖动物与蕨类植物以及裸子植物开始出现的时代）。

距今 2.45 亿 ~ 6600 万年前的地质时期被称为中生代。中生代是地球上爬行动物尤其是恐龙分布最广泛、最不可思议的伟大时代，也是各种各样的原始大森林生长繁茂的时代。那些体型硕大的恐龙有的食草，有的吃肉，有的既吃草又吃肉，可想而知，那要多少动植物以供它们的不时之需！多亏那时没有我们人类，也没有大熊猫和金丝猴，在那些庞然大物面前，人类除了俯首称臣为人鱼肉之外还有别的办法吗？大熊猫和金丝猴还不是只有成为肉食恐龙王者的小菜一碟啊！可是，我也有自己的解读呢，要是真的那时我们人类与恐龙同时存在于中生代，也许，恐龙这种物种还能够一直延续到今天呢。因为人类凭借自己的智慧一定可以想方设法将那些恐龙驯化为己所用，并且成功避开直至目前都没法说清楚到底在距今 6000 多万年前发生了什么样的惊天大事件，让所有的恐龙家族陷于灭顶之灾——这有点像穿越的科幻小说啊。

中生代前后经历了三叠纪（距今 2.45 亿 ~ 2.08 亿年）、侏罗纪（距今 2.08 亿 ~ 1.44 亿年）和白垩纪（距今 1.44 亿 ~ 0.66 亿年）。

与恐龙同时大灭绝的还有大片的中生代广袤无垠的原始森林，这些远古的原始森林主要以裸子植物为主。在古生代晚期，也有一些被子植物开始出现，它们被那些神奇的力量翻天覆地地压在了深深的地下，在漫长的绝热密闭的地质作用过程中，碳化形成了我们今天人类工业化进程中宝贵的煤层等化石燃料。

2018 年 9 月上旬，我受《中国国家地理》杂志陈挥先生的邀请，作为首席科学家和科学顾问参加了中国国家地理组织的堪察加半岛和库页岛科学考察活动，在库页岛的南部海滨海滩上收集到被海水冲到岸边的琥珀化石。被同时冲到岸边的还有不少的煤渣，那些琥珀颗粒就是连同煤渣一起被大浪淘沙般的遗留在此的化石宝贝。琥珀的形成自然与远古时代的原始森林相关：原始森林中的树脂尤其是松柏科树木的树脂，从树枝上溢出滴落在地上，偶尔还会将一些昆虫封闭在其中，在恐龙和森林被深深地压埋在地层中时，树脂当然也不能够置身事外而幸免于"难"，于是历经沧桑巨变后再重见天日时，这些树脂就变成了一种有特殊收藏价值和装饰价值的有机化石了。有同行者问我，这些库页岛南端发现的琥珀有多少年的历史时，我会毫不犹豫地回答说，至少有 6000 多万年的地质历史了，因为地球上的恐龙最后存在的时间正是距今6600万年前的那个太多难解之谜的时代。

推而广之，琥珀化石与煤层有着如影随形的亲缘关系。理论上讲，在所有的煤矿区都一定会有琥珀的靓丽身影！所谓近墨者黑近朱者赤，当你要去煤矿地区寻找琥珀化石时，绝大多数的琥珀也会与那些乌黑的煤炭呈现一个颜色，但是只要捡起来对着光线一看，透过乌黑的外表就会发现其中有特殊光泽发散在眼前，那一定就是真正的琥珀了。

距今6600万年以来的时代，被科学家命名为地球历史的新生代。其中，距今6600万~260万年被称为新生代的第三纪，这正是地球上大量的哺乳动物繁衍的时代，也是大量被子植物广泛分布生长的时代。被子植物可以为更多的哺乳动物提供充足的果实类食物。大约距今800万年前，在这众多的第三纪哺乳动物中，出现了大熊猫的祖先——始熊猫。在前后大致同一时代的第三纪，除了大熊猫、金丝猴和珙桐、银杏和银杏的同宗树种——连香树，还有目前在旺苍南江一带成片生长的水青冈等堪称植物活化石的群落出现在了我们这个伟大的太阳系唯一有生命存在的蓝色星球上。

距今260万年以来的地质历史时期被科学家称为地球的第四纪，这个时代不仅被子植物广泛地分布在地球上几乎所有的陆地甚至一些水域中，最关键的是出现了人类这种划时代的物种！所以，地球的第四纪又被称为"人类时代"。

所幸大熊猫等一些国宝级甚至世界级的珍稀动植物经历了第三纪，又跨进了第四纪，与我们人类相生相伴走到了今天。

大熊猫主要分布在四川西部与西北部某些山地如大相岭、小相岭、邛崃山、岷山以及陕西的秦岭等零星区域。大熊猫在四川的分布地区有雅安市的雨城区、芦山县、宝兴县、天全县、荥经县、石棉县、洪雅县和汉源县等；凉山彝族自治州的美姑县、冕宁县、马边县、越西县、峨边县、甘洛县和雷波县等；甘孜藏族自治州的康定市、泸定县和九龙县等；阿坝藏族羌族自治州的汶川县、茂县、松潘县和九寨沟县等；绵阳市的安县、北川县、绵竹市和平武县等；广元市的青川县；成都市周边的都江堰市、崇州市、邛崃市、大邑县、什邡市和彭州市也有分布。在甘肃省与广元市青川县比邻的文县也有大熊猫的分布栖息。在陕西省秦岭南坡的大山中、也有一定数量的大熊猫繁育生活。它们主要分布在佛坪县、洋县；在太白县、宁陕县、周至县、宁强县和留坝县也有少量大熊猫出没。

中国人自古以来就知道我们有大熊猫这种特殊的野生动物。家乡米仓山也有关于大熊猫的种种记忆。前已述及，小时候要是哪家的小孩子不讲卫生，脸洗得不干净，大人就会说那孩子就像是一只大花猫。大花猫就是米仓山人对大熊猫这种动物的形象记忆。米仓山最高峰达2507米，就是位于巴中市南江县的光雾山。在总面积约850平方千米的米仓山，海拔超过2000米的山峰多达几十座，在山里也生长有大片的大熊猫的挚爱食物——箭竹。由于气候变暖及森林的过度砍伐，将包括大熊猫在内的许多大型野生动物的迁徙回流的大通道分隔开来，加上人为捕猎等原因，致使米仓山现在已经没有了大熊猫的踪影。

作为近现代动物学的著名标志性动物种类之一，大熊猫进入科学家眼帘的时间要追溯到19世纪70年代。

1869年3月，担任四川宝兴县穆坪东河邓池沟天主教堂第四任神父的法国传教士阿尔芒·戴维在一家李姓人家的墙壁上发现了一张黑白相间的动物皮，激动不已的戴维相信这就是他踏破铁鞋无觅处的动物新种，也就是后来被命名为"猫熊"的大熊猫。

当年为了达到在中国广泛传播天主教的目的，西方尤其是法国教会选择在中国的横断山一带当时政府"鞭长莫及"的地方，大量修建法式教堂，进行他们的"福音"培训与传播。其教堂的数量和密度让人意想不到。从云南到四川再到甘肃南部以及西藏东缘，一路走来，兼具法国风格为主和部分中国特色建筑元素的法国天主教堂比比皆是。法国传教士戴维其实还有另外一个身份：博物学家。当他听说四川宝兴一带是许多珍稀动植物分布栖息的地方后，不远几千里，从上海辗转来到宝兴，并且以传教士的身份在穆坪邓池沟教堂常住下来。除了传教，这位有心的戴维先生成天将目光死死地盯在一些奇异的动植物身上，尤其是传说中的"花熊""白熊"或者"花白熊"的信息。

戴维按图索骥，先后雇人抓到一只小的"白熊"和一只成年"白熊"。为了便于携带，戴维将小的"白熊"活活处死制成标本，同时企图将稍后捕获的成年大熊猫带回法国，可是由于没有科学有效的喂养经验，成年大熊猫在运送到成

第一只走出国门的活体大熊猫

都附近时已经奄奄一息。最后,戴维将成年大熊猫也制成标本带回法国,在巴黎法国国家博物馆展出,这也是大熊猫形象作为中国特有、稀有的动物新种第一次出现在中国以外的地方吧。

大熊猫标本在法国展出期间,博物馆主任米勒·爱德华兹经过认真比对研究,最终确定此种动物不属于猫科,而是一种与此前已经被动物分类学认可的小猫熊同属一个科属的动物类别,并且为了与小猫熊加以区别,于是命名为"大猫熊"。

1939年,作为陪都的重庆市有个平明动物园,为了显示中华文明的博大精深,在抗日战争期间特地举办了一个战时动物标本展览,其中最为显眼的当属大猫熊标本的展出。由于展出说明同时有英文和拉丁文,于是展板文字采用了西方从左向右的书写排版方式,而传统的中国观众当时都习惯于从右向左阅读说明内容,于是习惯成自然,久而久之大猫熊就成了目前的称谓"大熊猫"了。中华人民共和国成立前夕,原重庆动物园相关人员与资料一起转移到了台湾,所以目前台湾还有将大熊猫叫作大猫熊的原始叫法。

弱国无外交,当时一些外国人打着科学考察或者传教的旗号来华从事无视我国民族尊严的文化侵略,采集标本、收集文物、绘制地图、建立教堂,干了许许多多见不得人的事情,自然与我国那时没有健全的法律和严格的海关进出口管理制度有关,让戴维这些人进出中国如入无人之境。戴维之流虽然在客观上起到了最早将中国大熊猫推向国际视野的作用,但是他们这种明知故犯的行为即使按照当时的国际法也是令人所不齿的。

目前中国有野生大熊猫1800多只,国内圈养的大熊猫604只,包括我国作为国际交往的礼品租借国外的大熊猫69只,全球圈养总数673只。

青川县唐家河大熊猫的发现与引起关注的历史至少可以追溯到20世纪60年代,那时的唐家河隶属于四川省绵阳专区的青川县伐木场,伐木工人们在伐木作业中常常与那些活泼可爱的大熊猫、金丝猴不期而遇。经国务院批准，1978年在原伐木场和青川县森林经营所的基础上成立了以大熊猫、金丝猴等珍稀动物为保护对象的唐家河自然保护区。1986年7月，国务院批准唐家河自然保护区由省级自然保护区提升为国家级自然保护区，具体管理单位为"青川县唐家河国家级

唐家河国家级自然保护区管理处

自然保护区管理所"，归四川省和青川县共同管理。1991年12月，经四川省人民政府批准，将原来的管理机构变更为"四川省唐家河国家级自然保护区管理处"，划归四川省林业厅（现林草厅）直属管理。

唐家河国家级自然保护区目前总面积为41.09万亩（相当于4万公顷），属于以大熊猫、金丝猴为主要保护对象的综合类国家级自然保护区。实质上，唐家河国家级自然保护区与比肩相邻的甘肃省文县境内的白水江国家级自然保护区无论保护对象还是地域环境都处于同一类型，只是由于行政区划的原因将其一分为二。这种由于行政区划将本来属于同一保护区区隔开来的例子在我国比比皆是。比如本来属于同一地貌生态系统的贡嘎山的东南西北坡不仅分属于甘孜州的泸定县、康定市、九龙县，其东南坡的部分区域还属于雅安市的石棉县管辖；旺苍县米仓山水青冈自然保护区（原鼓城山景区）和南江县光雾山大坝景区内的大小兰沟水青冈自然保护区更是山水相连，同为米仓山系，近在咫尺，但是由于行政区划的不同，硬是将"孪生"兄弟的米仓山水青冈林区划为两个不同的管理体系。都说要科学发展，可是不尽科学的事情仍然层出不穷地屡屡发生在我们眼前，人

们熟视无睹也无能为力去改变,还有就是由于一些地方利益的驱使,也不想去改变它。国家应该出台特殊政策与法规,将本来在地貌区划、自然环境和保护主体属于同一类型的自然保护区,打破行政区隔的限制,成立跨越省、区、市、县的部门统一管理。这样既有利于科学研究以及科学保护与管理,又能够节省资金和管理成本,为地方经济社会的发展获取更加有利、更加宽泛的空间。见仁见智吧,谁叫我选择了科学研究这个喜欢实事求是的"伟大"职业呢。

说到此,又让我想起了将近20年前的一件事情。那时我正在西藏自治区发改委任职,在一次给自治区党委提供的一份文件(关于西藏自治区小康建设指标体系研究)中,谈及"精神文明,物质文明,政治文明"时,出于我多年对生态环境研究的职业敏感,建议是否应该加上一条"生态文明"的内容。虽然我明明知道不可能被添加上,但还是想提出来。

"那可能不行啊,目前还没有哪个文件上有生态文明的提法呢。"主管领导这么说当然情有可原,我理解。

"估计最多10年,或者15年,生态文明这个词汇一定会出现在包括中央文件在内的各种文件和文章中",我兴奋但是也无不遗憾地说道。

多年后,这位主管领导来成都时,我又重提此事,他还真诚地说道:张教授还是很有预见性和前瞻性的啊。

生态文明最重要的一项工作就是对自然环境的保护、保育和优化建设。自从有人类出现以来,尤其是到了人类开启了可以制造工具和使用工具的历史以来,为了自身的安全与发展,人类就将自己推向了大自然的对立面。古语说得好,"弱水三千,只取一瓢饮"。可是为了追求更好、更舒适的生活环境,人类总是不断地向看似无穷无尽的大自然索取、索取、再索取,一瓢饮哪里能够满足人类的贪心呢!于是,大片森林被砍伐了,大片田野被开发了,矿山被翻了个底朝天,江河被拦腰截成无数段……许多植物一夜之间被灭种,许多动物一早醒来突然找不见回家的路,成片原始森林被人为无情破坏,造成难以修复的隔离带,加上近现代以来的工业化蓬勃发展,城市规模快速增多变大,道路网络更是密密麻麻,画地为牢,只是可怜了那些形形色色的野生动植物,它们有的被隔离到一个生态"孤岛"上,有的找不到"妻儿老小"和同伴,有的失去了群落的依靠,有的失去了食物链，有的自然而然地成为人类砧板上的刀俎"鱼肉"了。

可以想象的是，青川大熊猫原本是与今天的雅安西昌一带甚至于陕西秦岭的同类"互通往来"的，却最终无奈地在各自更狭小的范围内活动。所幸我们终于明白一条早该明白的道理：地球不仅仅属于我们人类，也是包括大熊猫在内的所有多样性生物的共同家园！

据唐家河管理处多次陪同我深入保护区考察的何芳告诉我，截至目前，在唐家河的野生大熊猫大约有60只。这里生长着它们喜欢的多种竹类食物：巴山木竹、华西箭竹、糙花箭竹、缺苞箭竹和青川箭竹等，尤以巴山木竹和青川箭竹为它们的最爱。

唐家河大熊猫主要栖息在海拔1600～3600米的林下箭竹林中，栖息面积达300多平方千米，占唐家河自然保护区总面积的75%。唐家河大熊猫栖息地也是岷山山系大熊猫栖息地的重要组成区域。

唐家河自然保护区又称唐家河大熊猫国家公园。除了大熊猫，其主要的保护动植物还有川金丝猴、扭角羚、红豆杉、水青冈、连香树、珙桐等。通过对唐家河生物多样性本底科学调查，到2014年为止，动植物种类总数为3711种，其中植物为2642种，保护植物为17种；动物为1069种，脊椎动物为489种，保护动物为72种。

金丝猴为猴科，仰鼻猴属动物，有缅甸金丝猴（怒江金丝猴）、川金丝猴、滇金丝猴、黔金丝猴、越南金丝猴5种，其中除缅甸金丝猴和越南金丝猴外，均为中国特有的珍贵动物。金丝猴多生活在海拔1500～3000米左

唐家河自然保护区的保护站

川金丝猴

右的高寒地区，为了适应空气稀薄的环境，长期的自然演替让它们的鼻孔朝上，而且鼻管短促，以有利于呼吸到足够的氧气。

川金丝猴别名有狮子鼻猴、仰鼻猴和金绒猴等。面部呈蓝色，无颊囊（猴科动物口腔两侧内都有用于暂时存储食物的空间）。川金丝猴的肩部和背上都生长着金黄色的长长的体毛；成年的金丝猴身长与尾巴的长度大致相当，身长一般为57～76厘米，尾长为51～72厘米；雌性个体比较"窈窕"，体重为6.5～10千克，雄性则比较"威猛"，体重为15～40千克。

川金丝猴在唐家河的种群达到1200多只，群居特征很明显，经过反复观察统计，区域内大概有七八群金丝猴，每群平均150只左右，聚居活跃在海拔1200～3500米一带的针阔混交林和针叶林中，活动范围基本上与境内的大熊猫类似。除了各种野果外，它们还喜欢以杨树叶和桦树叶等青翠鲜嫩的阔叶树叶为食。川金丝猴无论白天还是夜晚都会以林间树上为主要的活动与休息场所，晚上或者两三只或者六七只分别抓卧在树枝上休息。

川金丝猴是地球上目前最大的金丝猴种群，它们主要分布在四川境内的大雪山、小凉山、岷山和邛崃山等山脉的泸定县、康定市、马边县、天全县、宝兴县、芦山县、茂汶县、汶川县、理县、松潘县、九寨沟县（原南坪县）、黑水县、北川县、平武县、安县、绵竹县、大邑县、都江堰市、彭州市（原彭县）、什邡市（原什邡县）、崇州市（原崇庆县）和青川县等县市境内的林区。同时，按照动物学相关分类以及形态习性等特征，分布区域还有甘肃省白龙江自然保护区内的文县、舟曲和武都；陕西秦岭南坡包括佛坪、洋县、周至、太白和宁陕；湖北的神农架等地的金丝猴也属于川金丝猴种群。川金丝猴以宝石蓝的面部颜色特征和灵动的眼睛以及恰到好处外翻逗人的嘴唇，给人一种非常性感的喜乐观感。虽然它们的种群数量达到近3万只，但是依然属于国家一级保护动物。被国际自然与自然资源保护联合会（IUCN）列为濒危动物等级，也是中国濒危动物红皮书内列属的濒危动物等级。

在唐家河生活的扭角羚目前大约有1000多只，它们常常出没在海拔2000～3400米的高山森林间。

在西藏东南部野外考察中，往往可以见到二三只扭角羚站在不远处的山岩边，一边啃食着青青的嫩草，一边警惕地望着我们这些"不速之客"。它们是当地一些人最喜欢围猎的对象。一条狗一支猎枪，一天至少有一只扭角羚倒在猎人的土枪之下。不过现在随着政府对类似扭角羚等野生动物保护与宣传力度的加大，当地的居民也得到了更好地精准扶贫与搬迁安居，生活工作以及子女上学就业都得到了充分的保障。相信如果有机会再去那些大山中考察，扭角羚们一定会安安心心地在它们的领地中逐水草而居、无忧无虑地嬉戏玩耍……

扭角羚又称羚牛（*Budorcas taxicolor*），属牛亚科（也叫羊亚科），分为4个羚牛亚种：不丹羚牛（或称喜马拉雅羚牛）、高黎贡羚牛、秦岭羚牛和四川羚牛。唐家河扭角羚显然属于四川亚种。在中国所有的扭角羚都属于国家一级保护濒危动物，被IUCN列为濒危物种红色名录。目前在我国境内生活繁衍的扭角羚种群数量大有上升趋势，据不完全统计，在西藏察隅、墨脱、林芝等区域，扭角羚的数量大约有3000多只；云南高黎贡山等地大约有3500多只，四川贡嘎山等地大约有2000多只，加上秦岭和唐家河，估计它们的数量为1万只左右。

扭角羚的肩高在110～120厘米间，体长可达2米以上，体重多在300千克上下，无论雌雄都长有一对非常坚韧的角，一旦突遇天敌攻击，几只扭角羚会集体向前凶猛冲去，全身的千斤之力集中在那一对向内扭弯的牛角上，让敌人遭受洪荒之力而四散逃离。

在那些不知道生物保护重要性的"蒙昧"年代里，大熊猫、金丝猴和扭角羚们真正的天敌其实就是我们人类啊！

扭角羚

在唐家河方圆4万多公顷的保护区内,还栖息着大量的动物物种:黑熊、猕猴、鬣羚、斑羚、金猫、黄喉貂、毛冠鹿、花面狸、猪獾、豪猪、黄麂、岩松鼠;红腹锦鸡、绿尾虹雉、雪雉、红腹角雉、勺鸡、噪鹛、白鹇鸽、红嘴蓝鹊等。此外,每当雨季来临的7~8月,大约有100多种的蝴蝶翻飞在大道小路旁和河流小溪边等空气比较潮湿的地方。

唐家河还是不少珍稀植物生存的天堂。最具代表性的有珙桐、红豆杉、连香树、水青冈等12种。唐家河的光叶珙桐和红豆杉都是国家一级保护植物,银杏、连香树与水青冈都属于国家二级保护植物。

说起红豆杉,我与它们似乎有着非常特殊的情结。

1998年11月,西藏的大部分地区都已进入大雪纷飞的隆冬季节,可是在雅鲁藏布大峡谷的河谷腹心地带却仍然暖意未退,鸟语花香。作为当年人类首次徒步穿越大峡谷无人区科学考察瀑布分队队长,我一路上不仅要顾及全队每个人的起居生活,还要保证大家的行程安全,顺利地带领大家穿越成功,最终还要将大家从那激流汹涌无路可循的大峡谷核心区带出来,一个都不能少啊。同时,出于一个科学家的责任与义务,我在行进途中时刻都在搜寻目力所及的无人区所展现的任何事物,哪怕一草一木、一沙一石。

工夫不负有心人。一天,我在一条山间溪流的两旁发现了大片原生红豆杉林!经过随队的中央电视台记者牟正蓬和新华社西藏分社记者多穷等报道(我还专门就此写了一篇新华社通讯稿《在大峡谷无人区腹地发现了天然红豆杉林》给多穷,通过新华社向全世界报道了此消息),尤其是通过中央电视台唯一的一台海事卫星报道系统现场采访后,在中央电视台的早间新闻、午间新闻、新闻联播和晚间新闻等进行了滚动式播放,大峡谷发现成片原生红豆杉林成为那时全国人民家喻户晓和街谈巷议的大事件。在结束考察归来后,我又及时将资料进行整理分析,在《山地学报》上连续发表了两篇论文:《青藏高原考察新发现——帕隆藏布大峡谷》《世界第一大峡谷——雅鲁藏布大峡谷科学考察新进展》。同时,又在大型文学刊物《飞天》《中国青年》

水青冈

等杂志上发表长篇科普散文,对包括大峡谷红豆杉等新发现进行了文学延续以飨读者。我不敢说因为那次的发现和宣传报道引起了相关部门的高度重视,此后将红豆杉从国家三级保护级别提高到二级保护,后来又提高到国家一级保护级别,但从时间节点上而言,应该是有大概率的相关性的。

红豆杉并不属于松杉科,而是属于红豆杉科的植物种类。四川一带的红豆杉大多数属于中国红豆杉或者南方红豆杉。在唐家河去往大草坪和阴平古道的路上,不时可以见到一些红豆杉树的靓丽身影。要是时值冬季,还能够在那些青翠的树叶间看到一颗颗红珍珠般的特殊形态的种脐果实呢。

唐代大诗人王维的《相思》诗曰:

红豆生南国,春来发几枝。

愿君多采撷,此物最相思。

不少人将王维诗中的红豆理解成红豆杉的种脐果实,其实是误解。王维所说的南国红豆是一种落叶阔叶乔木,而红豆杉则属于常绿针叶乔木,完全是两种不同的植物物种。

红豆杉

珙桐（Davidia involucrata）也是最早在我国西南地区，尤其是四川境内的雅安宝兴县一带发现的珍稀植物。每当花期，在山风的吹拂下，珙桐白色的花儿就像一只只翻飞的白鸽，所以又有"鸽子花"的美誉。后来发现，在我国的湖北、湖南、陕西、贵州和云南不少地区都有珙桐分布，其中在四川的荥经县和洪雅县更有大量的分布。眉山市洪雅县的瓦屋山国家森林公园内的珙桐分布面积达到了30万亩。

珙桐属蓝果树科或者紫属科，珙桐属，其中在唐家河等地见到的光叶珙桐是为珙桐的一个变种。一般的珙桐叶面都有细细的绒毛，可是光叶珙桐的叶面顾名思义，没有绒毛分布。

连香树与银杏树早在第三纪的时候属于同宗树种，经过后来第四纪冰川作用的洗礼，它们无论从形态上还是在植物生理等诸多方面都有比较大的差异。最起码，银杏树的果实（又称白果）可以为人所食，比如著名的川菜"白果炖鸡"。连香树的果实似乎只能作为中药偏方入药治疗小儿惊风一类的病，没有听说可以直接食用的。

水青冈在唐家河自然保护区有一些分布，但是不像广元市旺苍县鼓城山和巴中市南江县大坝和大小兰沟那样的集中连片。

无论是大熊猫、金丝猴，还是水青冈、红豆杉、珙桐、连香树以及银杏树，除了它们各自独有的生态特征外，都是历经数千万年地质历史检验的优良生物种类，如果地球在未来再次面临大灾变，它们劫后余生的概率会更大。一荣共荣一损俱损，人类要想在这个蓝色星球上存活的更加久远，那就必须保护好包括这些受保护动植物在内的所有多样性生物。

小何还给我介绍说，近几年在开展的大熊猫网络调查中又有许多新发现。除了红外夜视监测到大熊猫等活动视频外，还有不少惊喜频频传来，雪鹑（Lerwa lerwa）就是其中的一种。

雪鹑属于雉科，国家二级重点保护动物。原本只生活在海拔3800～5000米的高海拔地区，在四川境内多见之于更西边的平武、松潘、宝兴和康定一带，很少出现在唐家河这样海拔3000米左右的地方。只是到了秋冬季节为了寻觅更多的苔藓地衣和草籽等食物，才会飞到海拔3000米左右的区域，以求"温饱"。雪

珙桐

鹑的飞羽外端都有白色斑点，嘴部表现为红珊瑚颜色，足部则为橙红色，展翅飞翔时更加显得大气而英姿勃发。它的被观测到使唐家河原本只有10种鸡形目的鸟类增加到了11种。雪鹑被列入2013年IUCN濒危物种红色名录的低危级别。

藏黄雀（*Serinus thibetanus*）的英文名字很直白，就叫"Tibetan Serin"，为燕雀科，金翅雀属，这是一种与一般的黄雀完全不同的黄雀鸟类。一般的黄雀背羽同体皆为黄色，可是在唐家河新观测到的雄性藏黄雀的额头顶部到背部均显示为美丽的黄绿色，尾部羽毛呈现黑褐色，羽毛的边沿则呈现橄榄黄，腰部和尾部的覆羽更有鲜黄的色泽，下体全为鲜黄色。雌性藏黄雀的上部羽毛为带有黑色纵纹的黄绿色，下体呈现暗黄色，至腹部慢慢转淡……藏黄雀的体量和形态与普通黄雀倒也没有太大的差别。藏黄雀是一种喜欢在同一座山脉垂直型结群迁移的候鸟，春暖花开季节时开始逐渐飞向山体高处觅食生活，秋冬季节便向山区中下部位转移，多见于西藏东南部和四川更西部的康定、巴塘、稻城、亚丁等区域的亚高山森林带。

水鼩（*Chimarrogale leander*），又叫利安德水鼩，属于鼩鼱科兽类动物，归类于喜马拉雅鼩鼱科水鼩种的中国水鼩亚种。它们广布在中国东部和东南部以及亚洲东南部和印支地区，此前在四川从未见到过它们的踪迹，此次发现不仅为

木瓜

唐家河自然保护区和大熊猫国家公园填补了生物多样性的一个空白,也刷新了四川动物本底分布调查的新纪录。

绿鹭(*Butorides striatus*)为鹭科绿鹭属鸟类,它们广泛生活在除欧洲、北美洲和澳大利亚外的地球上大多数国家,也是四川省重点保护动物。在保护区的杉树坪曾经观察到它们那可爱的身影。在四川省内大巴山东南部的万源、城口,以及雅安、宝兴,还有会东、峨边等地多有分布。在我国,生活繁殖在长江流域以南的绿鹭鸟多为留鸟,无论栖息繁衍都在长江以南的原栖地;生活在长江以北地区的绿鹭则多为候鸟群落,每当4月天气转暖时就会集结成群向北方尤其是我国的东北地区迁移,在那里生蛋孵化,到了9月中上旬,就会带着学会飞翔的小绿鹭宝宝们一起飞回长江北岸那相对暖和且鱼虾草木丰盛的地方。

三棱虾脊兰(*Calanthe tricarinata*)是一种非常优雅的兰科植物。此前我在西藏的雅鲁藏布大峡谷地区的林芝、波密和四川黄龙景区的权子柏树林下考察过这种兰花,它们与西藏杓兰等多种兰花同时出现在泉池附近树林下的草灌丛里。在黄龙景区,一般游人只顾欣赏那些如诗如画高低错落的高山喀斯特"梯田"景观,哪里知道就在他们经过的身前身后还有幽香沁人、清丽怡人的兰之珍品呢!

在唐家河景区除了有虾脊兰,还应该有西藏杓兰生长,建议植物科研工作者予以关注。

毛泡桐(*Paulownia tomentosa*)是玄参科落叶乔木,泡桐属,又称日本泡桐。由于每到春季4月紫花似锦,又称紫花桐。在北美洲、欧洲和亚洲的日本、朝鲜和我国的辽宁、河北、河南、山东、安徽、江苏、浙江和湖北等地均有分布,在四川则少见其生长的踪迹。在唐家河景区发现于水池坪松光梁一带,这是此前在本区域从未发现过的一种泡桐属植物。顾名思义,毛泡桐与一般泡桐属植物的差别在于前者不仅叶柄上生长有黏性腺毛,而且在紫色的花冠外层也覆盖着一些细细的绒毛。由于毛泡桐的叶片和花冠上的被毛分泌出的黏性物质能够吸附大量的尘埃和有毒气体,所以毛泡桐还有优化环境的功能,被列入城镇绿化和防护林的优质树种。毛泡桐生长期快，成熟期为5～6年，材质轻、韧性强，富有弹性，是一些高雅的乐器尤其是琵琶、古琴等中国古典乐器的不二制作选材。

玉玲花（*Styrax obassia*）是一种安息香科，安息香属的小乔木，喜欢温暖潮湿的气候环境，同时还具备一定的耐寒性，在我国的东北吉林、辽宁

三棱虾脊兰

以及山东、浙江、安徽、江西、湖北等地均有分布，在朝鲜、日本也有生长。和毛泡桐一样，此前在四川乃至我国的西部地区都极为少见该植物种类。要是大量种植，每当春末夏初的5～6月，美丽的顶生或者腋生的白色花蕊微微下垂，散发出阵阵浓浓的芳香，人行其间，有一种赏心悦目、神清气爽如入忘我境地的感受。

我每次进入唐家河都仿佛失去了自我，看到的都是那多姿多彩、形形色色的多样性生物世界。就在经意不经意间，也许你看到的就会是某种以前没有发现过的动植物种类。那只正在啄食苔藓地衣的鸟儿就是雪鹑？正在尽情展现俏丽娇艳花瓣的植物就是虾脊兰？正在水塘边寻觅昆虫和草籽的就是传说中的藏黄雀？或者正当你行走和攀爬途中倍感疲惫时，一阵花香袭来，让你重新精神焕发、倦意全消，如果此时驻足细看，顺着花香寻去，也许就会发现在不远处正是朋友们踏破铁鞋无觅处得来全不费工夫的毛泡桐或者玉玲花呢！

多少年的科学考察，多少次的无人区探险，多少个日日夜夜的风霜雨雪，多少种艰难险阻，在我的心中，某一步跨越之后，唯有柳暗花明，尽皆地阔天宽！

唐家河的真假冰川

现代冰川主要分布在南极和北极还有类似我们中国西部海拔超过四五千米以上的高山高原地区，大约有1600万平方千米。地球在进入距今大约260万年以来的第四纪以来，经历过最少三次大的冷暖气候变化。当气候进入冷期时，地球上的冰川规模就会扩大；当气候进入暖期时，地球上的冰川规模就会相应缩小。

在我国的高山高原地区，由于这几次冷暖气候的大起大落，冰川变化也就会留下相应的痕迹，科学家将这些冰川曾经作用过的痕迹称为"第四纪古冰川遗迹"。例如，高高在上的金字塔形状的山峰叫作"角峰"；角峰与角峰之间往往有一道看似锋利无比的山脊叫作"刃脊"；冰川曾经的积累盆地叫作"冰斗"；冰川曾经切割侵蚀流动过的谷地叫作"U形谷"；冰川曾经磨蚀过的岩石面叫作"磨光面"；冰川曾经淘蚀过的后来积水成湖的湖泊叫作"冰蚀湖"；冰川会将上游和底部的岩石磨碎成为大小不等的冰碛石块，再经过特殊的冰川学运动规律，在冰川的两侧经过年复一年的堆积就会形成一道道垄岗状的侧碛垄，在冰川的末端形成一道道终碛垄；一些随着冰川运动的大小冰碛石块也会随着气候变暖发生冰川退缩后散落在冰川曾经达到的地方，冰川学家称之为冰川"漂砾"。当冰川在前进运动过程中会对经过之处的岩石进行只有冰川具有的特殊研磨方式所形成的一些特殊地貌形态：类似鲸鱼背脊或者羊的背脊一样的称为鲸背岩或者羊背岩；当冰川在经过狭窄谷地时会对谷地两侧的基岩侧面进行持续的刻蚀而形成一道道深深的凹槽，冰川学家称之为冰川"刻槽"；在冰川形成与运动过程中，可能山体会发生间断式隆升，于是就会在谷地中形成断崖，冰川在通过这些断崖时就会形成冰川瀑布，要是冰川退缩后，就会形成古冰川"悬谷"……总而言之，冰川作用，无论是在地质历史上曾经有过的古冰川作用区域，还是现代冰川周围，都会出现一系列与冰川作用相关的地貌形迹，而非单一的"个案"证据。

近年来，一些非冰川研究工作者喜欢到处兜售假冰川遗迹，一时之间，冰川地貌遗迹满天飞。某些部门在不了解真相的情况下，为了旅游开发的需要，听信不实之词，将一些与冰川八竿子打不着的地貌景观标上了"冰川"的头衔。

冰川是在一定地形条件下气候变化

作者与秦大河院士在唐家河考察

的产物。它的形成与延续，一是气候环境必须是负温条件，同时还必须有足够的大气降水（雪），再经过特殊的沉积和运动过程方能形成类似南北极的冰盖冰川和中国西部青藏高原等地区的山地冰川。可是那些到处泛滥的莫名其妙的假冰川，基本上都位于一些低海拔的河谷地带，不仅没有形成冰川的任何地理和气候条件，更无系统的冰川作用遗迹存在。

在唐家河考察的途中就有一处这样的"冰川"遗迹。分明这是唐家河河流在山体抬升过程中形成的壶穴地貌景观，可是却被张冠李戴地标上了"冰川"标识。

唐家河有冰川遗迹，可是的确不是这些美丽的壶穴景观，而是在前面提及的摩天岭大草坪一带的山体最高处！

河流形成的壶穴地貌具有极高的科研和教学价值，更有实实在在的旅游资源的景观美学价值，它们的存在和形成过程一样甚至更多更久远地反映了当地地质环境变化的规律和特征，它们包含的科学含金量不会少于冰川的科学赋值。科学的诠释和科普的解说对于我们民族科学素养的提高具有重要的积极意义。

经过我和著名冰川学家秦大河院士的共同认证，时任唐家河自然保护区保

唐家河碧云潭景区

护处处长沈欣娜女士从善如流,接受了我们的意见,及时还原了那处壶穴景观的本来面目。

  大凡有河流的地方,尤其是在一些山区河流谷地中,都会有类似唐家河河谷地带的壶穴地貌分布发育,这是流水裹挟砂石对基岩河床进行长时期"漩蚀"作用的结果,这种现象不用高深的科学原理,只要到现场一看,经过懂得地理知识的专家稍做解释就会一目了然。我曾经给《中国国家地理》杂志写过一篇科普文章,就大巴山—米仓山一带的这种壶穴地貌错误的被定位为"冰川"时写道:"我本巴山夜明珠,何苦借光桐油灯?"

又闻香菇香

在去唐家河考察的途中，有一大片蘑菇种植基地。只见在青山绿水环绕的一方平整的农田中，一排排种植大棚阡陌纵横，空气中散发着食用香菇菌类特有而浓郁的芳香味道。

常年的野外科学考察，在一些的深山密林中和广阔无垠的草原上常常会和各种各样的野生菌类不期而遇，同行的生物组考察的朋友会一边采集蘑菇的标本，一边数叨着各种蘑菇的特征、性能，哪些可以食用、哪些有毒有害……久而久之，我自己就会区分出不少野生菌类的功能属性来。早年我参加过不少综合性大型科学考察，比如1973～1976年中国第一次青藏高原自然资源综合科学考察；1977～1978年中国天山最高峰托木尔峰（海拔7435.29米）登山科学考察；1980年在世界最高峰珠穆朗玛峰（海拔8848.86米）和希夏邦马峰（海拔8012米）等地区进行的《中国冰川》电影摄制暨科学考察；1981年中国新疆博格达峰（海拔5445米）中日冰川联合科学考察；1982～1984年的中国西藏南迦巴瓦峰（海拔7782米）登山科学考察；1985年中国科学院与新疆维吾尔自治区合作在世界第二高峰乔戈里峰（海拔8611米）等地区进行的冰川洪水灾害科学考察；1985～1987年中国西昆仑山中日冰川联合科学考察；1987～1988年我的首次南极科学考察；1989年与原联邦德国在中国西藏进行的长江源头等区域的联合科学考察……以及不能不提的1998年举世闻名的人类首次徒步穿越世界第一大峡谷——雅鲁藏布大峡谷的科学探险考察。在这些几乎都是中国顶级层面多学科、多人次参加的大型科学考察活动中，每天都会有不同专业的权威人士们的彼此交流互动，如此多年的综合考察生涯的耳濡目染也让自己获得了不少的科学知识，更学到一些触类旁通的认识大自然所见所闻以及分析和诠释许多知识点的思维方法。这为我后来成为作家尤其是原创科普作家奠定了坚实的基础、聚集了丰富的创作营养。

后来一打听，这里正是广元市政府从福建引进的一家产业公司——四川唯鸿生物科技股份公司属下的香菌生产基地。

用公司董事长陈善明先生的话说，他不远千里来到广元市投资兴业，正是看上了广元这地方厚重的历史文化和洁净的空气环境，当然还有广元人的朴实勤劳与热情好客的人文传承。

我们中国对食用菌的认识有着非常悠久的历史，也是最早人工培育食用菌的国度。早在战国时期（公元前475～前221年）的《列子》一书中就有"朽壤之上有菌芝者"的记载。

作者与陈善明董事长在香菇种植基地

公元前239年成书的《吕氏春秋》还明确讲到产于浙江的一种蘑菇"味之美者……越骆之菌"。此处的"越骆"就是古代浙江一带的诸侯国之一。此后的《礼记》（成书于公元前73年）、《齐民要术》（成书于公元533～544年）、《菌谱》（成书于公元1245年）、《王祯农书》（成书于公元1313年）、《广谱菌》（成书于1500年）等古代典籍中都有关于食用菌的明确记载。

菌，又称蘑菇、菌子，早先也被称为"菌类植物"。但是，由于菌类与一般的植物种类相比有太多的差异，尤其是没有植物具备的光合作用功能，所以，科学家将菌类从以前的植物大类中分离出来，单独列为"菌物"，具有了与动物、植物平起平坐的身份。据研究统计，地球上的动物种类大约有150多万种，植物有35万多种，而包括细菌、黏菌与真菌在内的菌物大约有200多万种。

菌类菌物的形态大到几十斤到100多斤的"太岁"，小到一些肉眼都难以窥见的细菌。这里的"太岁"并非我国天干地支60年一轮回的"甲子太岁"，而是一种叫作肉灵芝的由真菌、细菌和黏菌复合而成的大型菌物。目前在我国发现的太岁最大的重量可达 140 多斤，直径为 1 米以上。2015 年 3 月，一位家住辽宁省东港市长安镇王姓村民偶然在附近山里挖到一颗白色"肉球"，后来经过专家鉴定为罕见的特大型太岁！由于是一种厌氧生物，太岁多生活在地面以下几米到几十米的土层中，因为埋藏太深，所以一般很难发现其踪迹。所谓不敢在太岁头上动土，应该改成不好在太岁头上动土，或者不知道从哪里在太岁头上动土。

成书于春秋时代早期的《山海经》中将太岁称为"视肉""聚肉"，也称太岁。起始于远古神农氏、编撰成书于东汉的《神农本草经》也明确记载将太岁称为"肉灵芝"，而且还说肉灵芝无毒，久服轻身不老。东晋葛洪在其《抱朴子》一书中也说：诸芝捣末，

人工种植的香菇

或化水服，令人轻身长生不老。明代李时珍在《本草纲目》中描述其特征：肉芝状如肉。久食，轻身不老，延年神仙……于是道家有"太岁神"一说，可以主宰人的延年益寿和"长生不老"，自然也就不敢轻易在太岁头上动土了。

在众多的可食性菌类家族中，香菇独树一帜，脱颖而出，它们不仅味道鲜美，而且还有一种特殊的香味。香菇那鲜美的味道让人们的舌头与口腔中的味蕾得到惬意的满足，那充盈的香气则使得人们的嗅觉器官获得诱人的享受。

香菇物质中含有可食性硫化物以及食物醛类、食物酸类、食物酮类还有食物酯类等极具挥发性的芳香成分，尤其是含有较为丰富硫化物的香菇素，它们为香菇提供了几米之外就可以闻见的扑鼻而来的香味。香菇那鲜美的味道则来自水溶性的鸟苷酸盐和呈味氨基酸以及鲜味肽等小分子物质。此外，香菇中还有一定数量的海藻糖、甘露醇、还原糖等碳水化合物以及不饱和脂肪酸、维生素和人体需要的矿物质等，加工烹制后就会显现出特别鲜美的独特珍馐味道。

广元市唯鸿科技股份公司旗下的香菇是一种近年来国内广泛开发培植的食用菌。公司成立之初就与西南科技大学合作，聘请专家，组建科研团队，对基地的香菇菌棒的品种、品质，母种的培育及其可能的病毒感染进行系统研究，提供技术支撑。除了在青川县建立面积1500亩的三个香菇种植基地外，他们还在巴中市的巴州区、重庆市的黔江区和贵州省的西秀区分别建立有600亩、300亩和850亩的香菇食用菌分基地。通过建立和完善"公司＋基地＋农户＋销售"的开发运行机制，利用技术资本研发与设备设施等优势，集中连片流转土地建立种植基地，包括基地内的道路、钢架、大棚、水、电、绿化由公司统一建设统一管理。同时吸引周边农户尤其是那些低收入的贫困户与公司合作，公司为农户提供菌种，农户接受公司的技术培训和指导。为避免农户们的种植风险，公司与合作农户签订合同，以"保护价"收购农户的香菇产品。

在基地菌棒生产的研发中，发现火山石矿物质做主要营养原料的菌种技术效果良好，科研团队还申请了专利。在地质历史上，不乏火山喷发物，我国的内蒙古、黑龙江、新疆和西藏交界处的西昆仑山，云南的腾冲，山西的大同，海南……都有着丰富的火山矿物资源。我在北极考察冰岛时看到，整个冰岛的国土上基本上全是火山形成的岩石。在日本、印度尼西亚等国和堪察加半岛都有非常丰富的火山喷发的矿物质分布。

唯鸿公司主打产品主要有生鲜香菇以及香菇、木耳、竹笋为原料的干制品，其中生鲜香菇日供量可达50～80吨。除了国内市场，一些干鲜制品还远销韩国、美国、日本、新加坡等国。

广元无论和全国还是四川发达地区相比，在社会经济的发展上仍然有一定差距，希望并且愿意看到包括剑门石斛康养产业园、广元古柏道农业开发有限公司（他们开发的元宝枫苗木种植及元宝枫系列产品有极大的发展前景）、旺苍县米仓山茶叶（包括黄茶产品）公司，当然也有唯鸿科技股份公司等为广元的未来经济社会发展提供助力，强化广元市可持续发展的引擎作用。

旺苍，米仓山中的兴旺之地

"艳丽得让人睁不开眼睛，完美得让人喘不过气来。"这是著名作家大仲马在赞美郁金香时的名句。借用过来，这就是我对故乡的一种抹不去的记忆。

旺苍县是我的出生地，我的小学和初中一年级有 7 年时间都是在旺苍县五权区五权乡（现在的五权镇）完全小学度过的。那时候，当地政府和教育部门为了让更多的山区孩子接受到必要的基础教育，决定在交通不便的地方设立小学初中班，由小学高年级老师兼任初一年级的教学。我在五权小学初中班完成初一课程后转学到旺苍县普济中学继续完成初二和初三的学业，继而于 1962 年以普济中学第一名的优异成绩考入旺苍第一中学高中班。3 年后的 1965 年考入兰州大学地质地理系自然地理专业就读。

大学毕业后几经社会历练（按照那时不成文规定，大学毕业后必须去部队或者基层锻炼一段时间，我曾经在甘肃省岷县"农宣队"工作了近两年时间），不久被分配到我国科学研究的国家队——中国科学院下属的兰州冰川冻土研究所从事冰川与环境的研究工作，后来又作为"人才引进"调入同样为中国科学院下属的成都山地灾害与环境研究所从事相同专业的科学研究。几十年来，我用自己的脚步丈量过中国西部的新疆、青海、西藏、甘肃、云南和四川等地区的高山高原尤其是举世闻名的青藏高原上百次，也有幸分别五次和四次到访、考察地球的南极与北极地区。我还有个习惯爱好，那就是每当考察归来，除了完成必需的考察报告和学术论文后，还喜欢写写相关的科普文章甚至科普专著。因此，坊间传说我是一个走完地球也写完地球的科学家和科普作家。这些对于我来说，都不重要，只是职业责任和习惯爱好而已。退休之后心心念念的倒是那个我生活过将近 20 年的家乡——绵延几百千米的米仓山和米仓山庇佑下的旺苍县以及旺苍县所在的广元市，还有与我的出生地紧密毗连的巴中市。于是，利用我退休的时间

旺苍县县城

和退休的工资以及后来国家和中国科学院、科学院成都山地所、成都市等给我的奖金（2017年获得了国家科普类最高奖——国家科技进步二等奖），前前后后深入广元市的4县3区，巴中市的3县2区，尤其是旺苍县所在的米仓山中的深山密林和沟壑溪涧以及形形色色的地貌景观地，搜集了大量的图片和第一手资料，先后为家乡创作完成了《唯美四川：米仓山（旺苍篇）》和《唯美四川：米仓山（巴中篇）》两部原创科普著作。换句话说，在这部《唯美四川：话说广元》书稿中，可以不将旺苍县列入写作内容之中了，可是当我将这想法与原五权小学校长李武无意讲了后，李校长说："表爷，这旺苍毕竟是您的出生地，既然要写话说广元，那就不妨再将旺苍县相关内容也写一写吧，哪怕重叠也行啊！要不然，没有读过《唯美四川：米仓山（旺苍篇）》的人还会产生不必要的误解呢。"在家乡，我的辈分高，随便见个年轻人都可能比我低好几辈呢，那些同姓的不是称呼我"敬爸爸"就是叫我"敬爷爷""敬祖祖"甚至"敬高祖祖"，不同姓的由于前辈人转来转去都有通家之谊或者通家之好的，大多数也有表亲、远亲的辈分排序，所以一些异姓晚辈见面时也恭敬地叫一声"敬表叔""敬表爷""高辈子"的。我们中华民族几千年以来的孝道传承文明可见一斑。

"旺苍"原称"望苍"，最早可见于清朝嘉庆年间的《四川通志》，后来在清朝道光年间编撰的《南江县志》中则将旺苍写作"望仓"。在民间早年有望仓之说：站在米仓山南麓，可以将米仓山那绵延百里状如粮仓的浑圆山峰地貌一览无余。后来也许出于希望当地更加兴旺发达的美好愿景吧，不知道何时何人将"望仓"改成了"旺仓"后来又改成了旺苍。也有人推断说，大概因为在东河之滨也长满了苍茫旺盛的兼葭（古代对芦苇的称呼，家乡人都叫"芭茅干儿"）植物，见景生情，于是成就了现在的旺苍这个地理名称。

旺苍县位于广元市昭化区、苍溪县和巴中市南江县之间,北面与陕西省宁强县接壤,一条西自广元昭化东到南江罗坝的东西向构造低地将其分为南部深丘、低山(南山)和北部中高山(米仓山)区。这条低地以南地质岩性以中生代侏罗纪和白垩纪砂岩为主,而北部米仓山则以古生代和中生代石灰岩为主要岩性特征。中间的横向过渡带及其两侧小盆地和山地则是旺苍县世世代代的主要产粮区域。别看这些山间小盆地和层层梯地梯田看似贫瘠,中国南方绝大多数的农作物都有出产,水稻、玉米、小麦、土豆、红薯,还有黄豆、胡豆、豌豆,似乎应有尽有。至于干鲜水果,比如核桃、板栗、桃、李、梨子、猕猴桃、柑橘、樱桃、枇杷,还有茶叶、花椒,样样齐备。即使是20世纪60年代初期的"三年困难时期",只要稍微勤谨一些,单凭那些山里的野葱、野蒜、野菜、野果,就不会使人饥饿难忍。那时自己的年岁还小,正在上初中的我,在课余时间就去学校附近的山里,用勤工俭学的背篓、锄头,在那些收割后的田地中,再翻一遍,一会儿工夫,就会大有收获,几斤甚至十多斤被挖断残留的红薯或者土豆尽入筐中。尤其到了秋冬季节,山坡沟壑里的核桃、板栗,秋风秋雨过后,树上一些成熟的果实就会跌落在树下的草灌之中,趁着放学路过的时候,一时半会也会拾得好大一捧,又能饱肚又有营养。家乡有一个不成文的规矩,即便是有主的果树,一旦被风雨刮落在地以后,就可以任人捡拾,否则就成了"毛二娃"(家乡对松鼠的别称)的食物。当年的桑树上结的桑葚果并不被人看重,可是对我们这些不想挨饿的孩子而言却是美味。至于只有当地人才知道名字的一些野山果,比如水红子(也称为"红军粮")、砂苊儿(一种灌丛植物,结的果实红红的,吃起来又甜又沙)和麦冬、八月瓜、猴仔梨(也叫狐狸桃,就是野生猕猴桃,果实个头很小,那时还没有引起多数人的注意)等,都是我和小伙伴们的挚爱充饥之物。

家乡的米仓山与其周边的山脉在大约4亿年前的古生代志留

米仓山镇老街

旺苍嘉川镇发现的马门溪龙集中埋藏地

纪,还是一望无际的汪洋大海,属于古代"特提斯海"的一部分,在海洋的深处,大量的石灰岩地层被沉积起来,珊瑚等海洋生物也悠然自得地遍布在近海处。石灰岩地层经过大地构造运动隆升—沉降—再隆升而成为目前米仓山主要的地质岩石基础,一些珊瑚自然变成了米仓山不可多得的化石,有的甚至还玉化成了玉石家族中的佼佼者——有机珊瑚玉。就在米仓山之后的几经隆升—沉降—再隆升的过程中,曾几何时,到了距今2亿年~6600万年前的中生代,海洋还未完全退去,大地构造运动还不时间断性地发生,海滨、山地以及平原上的大片原始森林绵延起伏、茫茫无垠,大量的肉食和草食恐龙在这里盛极一时,独霸一方。在强烈的构造运动中,海洋最终彻底退出了这一方亚热带地域,大量的海洋生物连同陆地上的原始森林一层又一层地被新的地层埋到了地下,一些动物的躯体(比如恐龙)形成了与此前珊瑚一样的化石,不同地质时代的原始森林则形成了不同品质不同厚度的煤层。

在海洋变成陆地过程的同时,像氧化铁一类的矿物也会富集形成矿床,因此,家乡也是类似铁矿、煤矿,当然还有青石(石灰岩)等矿产资源比较丰富的地方。到了21世纪,随着生态文明与环保意识的增强,尤其是最近10来年,为了落实"绿水青山就是金山银山"的理念,广元市从青川县开始一直到旺苍县最东端的五权镇,几乎关闭了所有开采了上百年之久的小型铁矿煤矿生产地,森林覆盖率增加了,湿地面积变大了,雾霾几乎没有了,路面更干净了,河水更清澈了,空气越来越通透了,广元连同旺苍等区县成为全省乃至全国的卫生城市。

红城绿谷家乡美

2017年3月29日发布的《国务院关于发布第九批国家级风景名胜区名单的通知》(国函〔2017〕40号),旺苍县米仓山大峡谷赫然在列,并且成为四川省当年唯一被批准的国家级风景名胜区。自此,四川省的国家级风景名胜区增加到了15处。

米仓山大峡谷总面积为265平方千米,是在原来的"鼓城山—七里峡四川省省级风景名胜区"范围的基础上,整合旺苍县境内东河流域以及汉王山、木门会议会址等重要的自然、历史和文化景观,由大大小小极具保护、建设和开发价值的100多个景点构成。景区以山、水、峡谷和丰富的四季多彩变化的气候资源景观为主要特色,融合彩林、山泉、温泉、瀑布、潭池、溶洞和暗河等自然景观和历史文化尤其是保存完好的近现代红色文化为一体,尽显"红城绿谷"的"红城红""绿谷秀"以及米仓山茶的"茶乡美"和米仓古道的"古道奇",淋漓尽致地展现了"红、绿、美、奇"的独特之魅力与惊艳之美丽!

先说说旺苍的"红城红"。

嘉陵江的支流东河从米仓山中一路走来,在南凤山和南凤山下的凤凰梁的阻隔下,不得不急转向西流去,在急转弯的外侧留下了一处面积达好几平方千米的半岛沙洲。在空中鸟瞰,沙洲酷似一只平躺着的长筒靴子,旺苍县老城——旺苍红军城就坐落在这只"长筒靴子"上。红军城内十字形布局的街道两旁的许多建筑的门楣和街道以及院墙上都标记着当年红军驻扎时期的单位名称与相应的文字说明。一座新建的"红军城"仿古牌坊矗立在南门外,与黄洋河对岸南风寺下石壁上"为独立自由领土完整的苏维埃新中国而斗争!"的红军大标语遥相呼应,仿佛一下子就将人们的思路带回到大半个世纪前那轰轰烈烈的红军革命战斗时期。

到了旺苍,给您的第一印象或者第一处想去参观考察的地方应该非旺苍县

旺苍红军城

红军城莫属。

土地革命战争时期（第二次国内革命战争时期），红四方面军经过长途跋涉，离开鄂豫皖苏区辗转来到川陕交界的四川省通江、南江、巴中、平昌以及旺苍一带，建立了著名的川陕革命根据地，成为那时除了中央红军在江西建立的革命根据地之外的第二大革命根据地。

对于红四方面军进军到四川建立的川陕革命根据地和川陕苏区，早在江西中央苏区的毛泽东同志有过高度肯定和积极评价。1934年1月，毛泽东同志在江西革命根据地首府瑞金召开的"第二次全国苏维埃代表大会"报告《中华苏维埃共和国中央执行委员会与人民委员会对第二次全国苏维埃代表大会的报告》中论述道："川陕苏区是中华苏维埃共和国的第二个大区域。川陕苏区有地理上、资源上、战略上和社会条件上的许多优势。川陕苏区是扬子江南北两岸和中国南北两部间苏维埃革命发展的桥梁。川陕苏区在争取苏维埃新中国的伟大战斗中具有非常巨大的作用和意义。"

红四方面军入川后，先后在旺苍境内建立了2个县级苏维埃政府（广元县苏维埃，驻地在旺苍县老城原清江书院；鹰舞县苏维埃，后更名为英安县苏维埃，驻地在旺苍县鹰嘴岩即现英萃镇附近），2个市镇苏维埃政府，12个区苏维埃政府，69个乡苏维埃政府和300多个村级红色政权。我的家乡五郎庙（现今的五权镇）是红四方面军入川后建立的最早乡级苏维埃政权之一。

那时的旺苍没有纳入县一级的编制，在行政上归广元县管辖。

1933年6月底，红四方面军在旺苍木门镇召开了著名的"木门会议"，决定扩编红军，将原来的四个师扩编为四个军：原十师扩编为红四军，原红十二师扩编为红九军，原红十一师扩编为红三十军，原红七十三师扩编为三十一军。扩编后的红军人数由刚刚入川时的1.4万多人壮大到4万多人。扩编前的红七十三师也就是扩编后的红三十一军（军长王树声，政委张广才）军部早在1933年6月就驻扎在旺苍老城的财神庙内，军政治部同时驻扎在老城的禹王宫。木门会议还决定成立西北军事委员会。木门会议对于扩大红军，壮大川陕革命根据地，抵御国民党军阀的多次围攻，尤其是后来策应中央红军长征实现三大红军主力胜利会师以及北上陕北建立抗日根据地，起到了极其重大和非常积极的作用。

木门会议会址

红军石刻标语

　　木门会议之后，旺苍成了重要的兵员补充和物资保障基地之一，红四方面军得以采取主动进攻战略，先后展开并且胜利完成了"仪陇—南部战役""营山—渠县战役"和"宣汉—达县战役"，从而将川陕革命根据地扩大为有500多万人口，4.2万多平方千米土地面积，包括24个县、市苏维埃政权，是中国当时仅次于江西瑞金的第二大革命根据地。

　　1933年7月4日在旺苍老县城清江书院成立了川陕省广元县苏维埃政府后，

徐向前旧居

随后又在旺苍境内的普子岭（现旺苍县普济镇）建立了广元县第一区苏维埃政府，在旺苍坝（现旺苍县老城）建立了第二区苏维埃政府，在嘉川坝庙二湾（现旺苍县嘉川镇）建立了第三区苏维埃政府，在两汇寺（现旺苍县双汇镇）建立了第四区苏维埃政府，在郭家坝（现旺苍县国华镇）建立了第五区苏维埃政府，在李家坝（现广元市朝天区李家乡）建立了第六区苏维埃政府，在鹰嘴岩（现旺苍县英萃镇）建立了第七区苏维埃政府，在水磨坝（现旺苍县水磨乡）建立了第八区苏维埃政府，在檬子潭（现旺苍县檬子乡）建立了第九区苏维埃政府，在薛家桥（现旺苍县尚武镇）建立了第十区苏维埃政府。

1933年10月，在蒋介石3个月内肃清"赤匪"的命令下，时任四川"剿匪"总司令的刘湘纠集四川境内所有军阀110多个团约20万兵力，在18架飞机的配合掩护下，向川陕革命根据地发动了声势浩大的"六路围攻"。六路围攻分为东线和西线，东线的敌人集中在达县到万源一带，主要是军阀刘存厚所属的部队，我方由红四方面军总指挥徐向前亲自指挥红军25个团的兵力御敌。西线则由红四方面军的副总指挥王树声指挥红军第三十军、第三十一军和第九军共12个团，布防在广元、旺苍到渠县的数百千米的战场上抵御田颂尧、杨森、李家钰、罗泽洲和邓锡侯等军阀数倍于红军的疯狂进攻。一时之间，旺苍成了红军反击"六路围攻"的西线主要战场和指挥地。驻扎在旺苍的红军在1933年10月中旬的第一期反击敌人的战斗中和1934年3月第二期反击敌人的战斗中，歼敌2000余人。在1934年3月底敌人发动第三期总攻时，虽然也打了几次胜仗，歼灭敌人好几千人，但为了保存红军实力，西线红军采取了"主动退却，收紧阵地，诱敌深入，歼灭敌人"的战略方针，一度主动放弃了旺苍，将红军主力和所有驻守在旺苍的军政机关撤离到万源一带。在撤离之前，仍然成立了"川陕游击西路指挥部"，留下1000多名红军战士，在敌人占领旺苍期间四处开展游击战争，扰乱和打击敌人，同时也给旺苍人民一种"红军还在，红军还会再回来"的希望。

1934年夏初，占领旺苍的敌人对红军又发起了第四次进攻，进犯南江后，田颂尧和邓锡侯的主力企图再向通江进逼。

在经过几个月的战略准备后，1934年8月，收紧阵地和兵力的红四方面军在万源一带向敌人发动了全线反攻，蓄势待发的红军先后从通江南面的老关庙渡过巴河，突破敌人杨森、邓锡侯、田颂尧和李家钰的防线，在红军第四军、第三十军和第三十一军的穷追猛打下，敌人节节向西败退，红军东线反攻胜利结束。紧接着，在同年9月11日，西线反攻开始。在收复巴中后，总指挥徐向前亲自指挥挥师西进，继而收复南江，又分头向旺苍和苍溪一线的守敌进攻。随后徐向前坐镇旺苍木门附近的九龙场临时指挥部，经过几天的连续追击，敌人继续节节败退。在红三十军副军长陈世才的具体指挥下，红三十军和红三十一军的九十三师在旺苍木门、九龙和苍溪黄猫垭一线的高台寺、二郎庙和松垭子一带，经过9月14~15日的战斗歼灭敌曾南夫部两个旅以及其他敌人共10多个团4000余人，俘虏敌人旅长以下1万多人，击毙敌军官孙震部代旅长傅贵梁、团长陶斋2人，缴枪6000余支，大炮40多门。这是川陕红四方面军在反击和粉碎敌人"六路围攻"以来取得的最大一次胜利。4天后的9月18日，收复南江后的红军三十一军第九十一师和九十二师乘胜向西追击敌人邓锡侯部，经过旺苍分水岭和普子岭直至旺苍坝，于次日收复旺苍城。站稳阵地后，继续追敌于广元城下，逼得邓锡侯等部不得不退守到嘉陵江以西的昭化古城内固守不出。至此，中国工农红军第四方面军反击国民党和四川军阀"六路围攻"终于取得了决定性的胜利。

为了积极配合中央红军长征北上，1934年9月下旬，红四方面军总部决定在旺苍坝开始为期3个月的休整训练，同时决定将川北根据地的重心由巴中向旺苍转移。这年的11月，红四军十二师、第九军二十五师、第三十八军八十八师、九十师二六九团、第三十一军九十三师等共15个团的兵力陆续进驻旺苍坝，于1935年1月将红四方面军总部从通江经过巴中再迁往旺苍。同时进驻旺苍的还有西北革命军事委员会、川陕省委、川陕省苏维埃机关、总部后方机关、川陕省财委、总经理部、红四方面军总医院、兵工厂、造币厂、服装厂等所有的川陕苏

"赤化全川"大标语

维埃和红四方面军党政军机关。红四方面军和川陕革命根据地的主要负责人也同时入住旺苍老城,成为继通江和巴中之后的红四方面军和川陕苏维埃根据地的又一个"红都",成为川北革命根据地后期的军事、政治和后勤供给中心。旺苍地区再次呈现出汹涌澎湃的革命浪潮,土地革命热火朝天,青少年男女踊跃报名参加红军,政工宣传人员教唱革命歌曲、书写篆刻革命标语,兵工厂加紧制造武器,造币厂赶印苏区钞票,服装厂加班加点抢制服装、被盖、鞋袜和医用绷带……伴随着被秋冬季节染红的米仓山红叶,旺苍沸腾了,旺苍的水、旺苍的山、旺苍的人,都沉浸在一片红火而热烈的革命激情之中。这期间,红四方面军的兵力已经达到8万余人,其中有1万多旺苍优秀儿女参加了红军,旺苍人民几乎负担了所有红军将士的后勤保障,他们箪食壶浆,他们抢救伤员,他们传递情报,甚至直接用大刀长矛参加同敌人的战斗。

说到红军标语,我在《唯美四川:米仓山(旺苍篇)》《唯美四川:米仓山(巴中篇)》书中都特别提到位于通江县境内,堪称中国单个字体规模最大的一幅红军标语"赤化全川"。我想,旺苍红军城南面南凤山上那幅"为独立自由领土完整的苏维埃新中国而斗争!"的红军标语不仅字数多(加上标点一共20个字),而且单个字体的高度和宽度都在2米左右,应该是目前全国保存完好字数最多、字体最大的单幅红军标语。

为了配合和迎接中央红军在四川阿坝的胜利会师,1935年4月,红四方面军不得不撤离旺苍和整个川北革命根据地,去迎接中国革命更加光荣、更加艰险、更加灿烂辉煌的明天!

红军走了，一座完整的红军城被旺苍人民完好地保护下来了。旺苍老城位于东河与黄羊河交汇处的冲积沙洲岛屿上，由于特殊的地理位置，加上旺苍人民对红军的深厚情感，中华人民共和国成立后，当年的老城红军驻地建筑几乎完全被保留下来，包括当年红军驻地单位名称和红四方面军领导人的居住地都被翔实地记录了下来。改革开放后，经过恢复修缮，一座红旗猎猎、红星闪闪、红色辉映的红军城巍然矗立在米仓山南麓，成为当地红色教育文化和旺苍县红色旅游文化重要基地，更是旺苍县红城绿谷创新发展的重要组成部分。

再来说说绿谷绿。

"绿水青山就是金山银山"的理念在旺苍的山山水水里到处都能够找到最佳诠释。

旺苍县位于米仓山脉南麓，境内超过海拔2000米的山峰达数十座，比较有名的有汉王山（海拔2005米）、城墙岩峰（2281米）、大光头山（海拔2276米）、老君山（海拔2217米）、云雾山（海拔2189.2米）、东鼓城山（海拔2071米）、西鼓城山（海拔2043米）等。

中国古代讲究"风水"。其实所谓风水就是古代人对地理环境的一种认知称谓。不过在民间长期被封建迷信化，以为风水就是与命运紧密相连的根本，以至于修房造屋、婚丧嫁娶、升官发财、规避灾难等都要与封建迷信化的"风水"连在一起。从科学层面上讲，"风"就是空气，就是由空气在地球运动过程中产生的各种气流现象。"水"当然就是泛指有水的地方——江河湖海以及各种湿地，还有雨雪冰霜。空气新鲜，气流顺畅，风调雨顺，海晏河清，有了好的生态环境，有了好的方针政策，有了正确的思想路线，那就是好"风水"，人民就会安居乐业，国家就会繁荣强盛，自立于世界民族之林。

绿谷就是我们旺苍的好"风水"。

有山就有水，有山有水就有谷地。沧海桑田的地质构造赋予旺苍的北部有米仓山，南部有南山。无论米仓山还是南山，一眼望去都是满目苍翠，在繁茂的林木植被掩映下，一条条山间河流或者激流滚雪似银，或者平静如练如镜，或者潭池映彩，或者瀑布飞溅。

东河，是嘉陵江在广元市境内东边最大的支流，是国务院1997年公布的第九批国家级风景名胜区"米仓山大峡谷"的主要地质地理和地貌景观体,也是旺苍"绿谷"的主要"家园"。

东河在旺苍境内全长110千米,流域面积1370平方千米。东河的支流酷似一片树叶的叶脉,几乎布满了米仓山所有的沟谷盆地,这些大小主干和支流溪水犹如一支支巧夺天工的画笔和刻刀,以几千年几万年乃至百万年千万年以来不懈的执着与坚韧,造就了这里千奇百怪、形形色色的峡谷、峰丛、峭壁、嶂岩、跌水、瀑布、潭池、溶洞、暗河、天坑、天盆、阶地、滩涂……东河的水又像取之不尽用之不竭的乳汁,滋育涵养着这一方物华天宝的旺苍米仓山多样性生物,包括一代又一代勤劳勇敢和质朴善良的旺苍人。

东河上游流域的米仓山分布着许多原始森林,其中最值得一提的是米仓山原生水青冈群落。米仓山的水青冈又叫巴山水青冈,也叫台湾水青冈。因为该树种最早是在中国台湾被科学家考察认定并且命名的。旺苍境内的水青冈主要成片分布在七里峡鼓城山"四川米仓山国家级自然保护区"一带,面积为7000公顷以上。除了七里峡和鼓城山,水青冈在旺苍米仓山范围内的其他乡镇都有分布,总面积估计超过1万公顷以上。

最近,有友人发来《多彩米仓山》有关米仓山自然保护区的鱼类资源介绍,很专业,正好契合东河流域的资源赋存。

根据《四川米仓山自然保护区鱼类及保护对策》项目的考察,仅保护区内就有鱼类70种,分属13科51属。其中鲤形目鱼类最多,有3科38属49种。还有鲶形目,有4科7属14种。鲈形目有3科3属4种。据我所知,这些鱼类在省内外其他许多山区河流也有分布,不过在米仓山就其种类而言分布相对丰

十八龙潭

富一些。

除了东河，在旺苍的普济镇到木门镇还有一条清江河，在三江镇到木门镇还有一条三江河，在五权镇到巴中的南江乐坝镇还有一条龙河，它们都是构成旺苍绿谷的重要组成部分。清江、三江河在旺苍木门镇汇合后向东流去，经过恩阳河汇入巴河；龙河在南江县境内汇入南江河后再汇入巴河。巴河属于渠江水系，渠江在长途奔袭后在重庆市合川区以北7.5千米处的渠河嘴汇入嘉陵江，之后在重庆市的朝天门汇入长江。

一谷河水绿两山。尤其是东河流域，如果不是汛期，两岸青山遮不住，满谷满河都是绿茵茵的长流水。一出红军城北门，沿着旺（苍）双（汇）公路一路向北上行，不远处就到了有东河明珠之称的"立溪长湖"。立溪长湖是旺苍改革开放不久

米仓山鱼类资源

的1984年在东河建成的一座水力发电站的漫水坝人工湖。湖面长约4千米，水面宽50～150米，水深平均8米，水域面积45公顷左右，电站装机容量3000千瓦。东河电站正是利用立溪峡谷的有利地形建立的一座水电站。由于属于漫水坝发电站，所以不会对当地生态环境造成多大的影响。要说遗憾也有，那就是一方人为水域一定程度影响了立溪峡谷的原生地貌形态。但是在那极度缺乏能源动力的年代，类似长江三峡电站和葛洲坝电站都还没有开工建设呢，旺苍只能够靠浓烟滚滚的燃煤火力发电厂供应远远不足的些许电力。东河电站建成后为旺苍县城和米仓山十几个乡镇解决了生产生活用电的大问题，其功不可没。后来，长江

鼓城山

三峡电站建成发电后，我国能源结构和电力供应发生了革命性变化，国家电网通到了包括米仓山在内的边远山区。从历史辩证唯物主义角度出发，我们应该感谢那些年代曾经为我们的经济社会发展提供过帮助和促进作用的某些高能消耗企业，甚至包括那些给环境带来过明显负面效益的"五小"企业（小煤窑、小水泥、小化工、小火电、小水电等）。但是，在新的历史进程中，必须甩掉那些对环境非友好型的建设项目，切实落实好"绿水青山就是金山银山"的新时期中国特色社会主义思想。有人曾经提出在东河再建一座水力发电站，在第一时间就有人提出反对意见。试想，如此一来，许多绿地，许多景观，许多生物多样性原生态，许多人文历史记忆等势必成为水下泽国，哪里还会有国家级风景名胜区米仓山大峡谷啊？哪里还会有完整的"红城绿谷"理念啊！

过了立溪长湖，无论是素有四川第一名泉之称的"鹿亭温泉"所在的鹿亭溪，还是东河上源西支流的盐井河与东支流的东河（与主流同名），两岸都是海拔超过2000米左右的米仓山仓屯模样的山峰。一路所见都是激流连着激流，险滩接着险滩，真是高山峡谷俯仰间。东支流的七里峡、檬子峡和西支流的龙潭子峡、盐井峡都极负盛名。

盐井峡核心地段位于东河西支流的盐河乡境内。一条山间公路从谷肩处蜿蜒通过，一条溪流从谷底款款流出，茂密的森林植被覆盖在两岸的山坡上，一条西北—东南向箱状峡谷在四季变换的色彩中时隐时现，更显幽深静谧。也有喧嚣的时候，不仅盐井峡有，所有米仓山中的峡谷都有喧嚣的时候，那就是在夏天汛期季节，从远处汹涌席卷而来的洪水，瞬时就会将谷地漫漶溢满，低处的河漫滩没有了，河漫滩上好不容易长起来的灌丛草棵没有了，河漫滩上的如牛巨石没有了，两岸伸进峡谷的树桠树枝被洪水齐齐斩断甚至连根拔起，瞬间消失得无影无踪。

顾名思义，盐井乡和盐井峡所在的地方，应该有过产盐的历史？要是进一步考察属实，能够找到原始产盐地层，就地建一座川中大英县那样的盐水游泳池，康复理疗，养生体验米仓山古盐文化的魅力，与近在咫尺的鹿亭温泉南北呼应，洗了盐澡泡温泉，有朋自远方来不亦乐乎！

旺苍境内还有一条东西向的宽浅谷地，从广元进入白水镇后再经过尚武镇、嘉川镇、旺苍县城，一直向东到黄羊镇、普济镇和三江镇，直至南江县的乐坝镇，北面是苍茫入云霄的米仓山，南面是翁耸翠绿连绵的南山。谷地中坝子套着坝子，田亩连着田亩，阡陌纵横，一片兴旺发达的米粮川景象。这里要么绿意盎然，要么百花绽放，要么果实累累，要么谷穗金黄。竹木掩映下的青堂瓦舍经过精准扶贫后的改造升级，水通路通电通，改厕改圈建沼气池，清风拂柳，炊烟袅袅，家家都是前庭后院崭新的吊脚楼或者小洋楼，家家都是农家乐。

米仓山盐井峡

如果说，以东河流向为主的绿谷是古代米仓古道南北向系统分布路径的话，那么米仓山和南山之间的绿谷则是米仓古道东西向主要通道。古代交通非常不发达，平原可以骑马，山中多以步行。要是汛期，米仓山中洪水凶猛无情，道路阻断无法通行，于是来往商贾行旅就要选择水路少旱路多的地方循向而进。久而久之，在旺苍一带的米仓古道就形成了东西与南北互补的道路系统。从陕西、甘肃

米仓古道

南下四川要是少雨季节可以经过嘉陵江金牛古道和东河米仓古道，间断涉水而过；如果夏季大雨滂沱河水暴涨，只能先从汉中翻越米仓山进入南江，再从南江西行经过旺苍到广元剑阁到成都，或者直接南下到巴中，南充再去成都……

现在有广元到旺苍再到南江的公路和铁路，基本上与东西向的米仓古道绿谷同向比肩而行。

广元到南江之间的绿谷是米仓古道系统的一部分，这可以找出许多有力佐证。就地质地理和地貌而言，没有任何问题，从西到东没有大的地形障碍，即使是有类似东河横亘，也有平稳水面可以负舟（马家渡）而过。关键是一路走去，有不少古驿站至今还赫赫有名。比如嘉川（驿站）、林溪寺（驿站）、普济寺（驿站）、琉璃寺（驿站）等。古代许多寺庙同时也兼具驿站的功能。

琉璃寺位于旺苍原金溪镇（现为大德镇）工农村的谢家河流域琉璃寺村。琉璃寺建于唐代，从琉璃寺的名字看，就非同凡响，在唐代能用大量的琉璃材料在此建寺庙，说明其地理位置的重要性。史载，北宋宰相司马光幼年时曾经在琉璃寺上过学。据清乾隆时《广元县志》记载："琉璃寺，县东二百六十里，宋司马池之子祠在焉。今废，尚有司马温公读书台遗址。"《县志》中又说："司马温公读书于此，台在寺前，小山一突，仅容台址，下瞰龙潭，左顾丹口，绿薄青涧，颇足娱情，司马绩此，或有取欤。"

司马池是司马光的父亲，据宋史记载，司马池"……历建德、郫县尉"，后于宋仁宗天圣九年（公元1031年）"擢利州路转运使、知凤翔府"。利州就是今天的广元，转运使当为今天的交通运输局长，同时兼任凤翔府知府，凤翔县今属于陕西宝鸡市辖。四川历来就是物资非常丰富的天府之国，要将大量的丝绸、大米、茶叶以及铜、铁等军用物产物资及时快速转运到陕西进而转送到当时的首都洛阳，可见司马池的责任和权力有多大呢。推算当年的司马光才10岁左右，正是现在就读小学的年龄。琉璃寺距离我的出生地五权镇直线距离不到20千米。

同样是清乾隆时《广元县志》有载，司马光曾经写过一首七言诗《嘉川驿》：

嘉川之西过新栈，几里朱栏绕青壁。
我行落月尚在水，水影照人襟袖白。
繁英杂缀修蔓上，绿锦缬带垂百尺。
青香满马去未休，赖尔春风慰行客。

相传司马光在他52岁时还重访过昔年读书的琉璃寺。这首诗正是他回访琉璃寺途中所作。

嘉川驿与琉璃寺相距不过百里，都是旺苍县境内东西向米仓古道上的古驿站。2001年3月，温家宝同志来四川考察途经琉璃寺时，专门停车并且对当地干部群众说道："当年司马光在你们这里求学读书，后来成了当朝宰相，你们一定要把孩子培养好，使他们成为国家的栋梁。"

"司马光砸缸"的故事在民间家喻户晓。要是真有其事，这故事应该发生在我的家乡旺苍琉璃寺他幼年读书的地方。原因很简单：司马光砸缸的故事就发生在他的幼年时代。

就在距离琉璃寺不远的原金溪镇，居住着同样也是北宋年间的大儒、关学家张载的一支后裔。据明清族谱和当地古碑文记载考证，目前辈分最老的已经传至张载第29代，最小的辈分已经达到第35代孙了。张载（1020—1077）与司马光（1019—1086）出生日期相差仅一年，是苏轼苏辙兄弟同科进士，还是北宋大文学家、政治家、思想家范仲淹最为推崇的人。他的儒学思想对后人影响很大，尤其是在韩国和日本广为流传。"为天地立心，为生民立命，为往圣继绝学，为万世开太平"是张载思想的核心，又称"横渠四句"或者"四为语录"。在新时期中国特色社会主义时期，习近平同志多次引用并且肯定张载"横渠四句"和"民胞物与""欲事立，须是心立"等思想。

陆游，"上马击狂胡，下马草军书"的南宋爱国大诗人。在四川佐理制置使范成大军务时行走于广元、巴中和汉中一带达8年之久，在来往于旺苍时留下了不少诗词文字。比如：

嘉川铺遇雨

一春客路厌风埃，小雨山行亦乐哉。
危栈巧依青嶂出，飞花并下绿岩来。
面前云气翔孤凤，脚底江声转疾雷。
堪笑书生轻性命，每逢险处更徘徊。

雨中过林溪寺

道边相送驿边迎，水隔山遮似有情。
岁晚无聊莫相笑，君方雨立我泥行。

司马光幼年读书地旺苍琉璃寺旧址

遗憾的是，这些地方地名还在，只是寺庙驿站尽皆损毁，包括原金溪镇张载后裔祠堂牌坊也还未曾恢复。

近几年四川文旅部门正在推进"蜀道"考察研究和申遗项目，米仓古道是古蜀道的主要组成部分。建议旺苍党委、政府和相关部门在宣传建设"红城绿谷"的时候，对前述有明确考证记载而且极具历史文化价值的古驿站、古寺庙、古祠堂进行必要的修复重建，为地方经济社会可持续发展锦上添花。

再来说说旺苍的香茶香。

近年来，旺苍县的茶叶产业文化建设与发展可谓独树一帜。

茶（Camellia sinensis）别名茶叶、元茶、苦茶、茶树、槚、茗。属于山茶科，山茶亚科，山茶属。

国学大家郭沫若在解读诠释人的年龄尤其是高寿年龄时，将77岁称为"喜寿"（"七十七"三个字竖写时与"喜"字的草书相似），将88岁称为"米寿"（"米"字可拆分为"八十八"三字），而将108岁称为"茶寿"（"茶"字可拆分为"二十"和"八十八"，加起来正是108）。

中国人喜欢茶，郭沫若也喜欢茶，而且将茶文化与长寿紧密地联系在一起。

茶的原产地当属我国无疑。仅通过各国对茶叶的称谓就一目了然。比如，距离我国比较近的印度将茶称为"chai"，俄罗斯称之为"чай"，而西方的英语国家则根据我国南方方言差异称之为"te"或者"tea"。

广元市的青川县和旺苍县是两个著名的茶叶主产县。广元的产茶历史悠久。包括旺苍县在内的广元市在商周时代属于苴国统治范围。有史料记载说，公元前1066年周武王伐纣胜利后，苴国侯即遣人将当地出产的桑麻、蚕丝和树漆、茶叶等特产送至中原周武王处以示拥护臣服。唐代茶圣陆羽的《茶经》也专门提及"山南"（米仓山—大巴山）的茶叶。在论及茶叶产地的《茶经·八之出》中，陆羽这样写道："山南以峡州上，襄州、荆州次，衡州下，金州、梁州又下。"此处的"上、次、下、又下"不是茶叶的品种或者品质的分类，而是当时茶叶产地面积分布与产量的大致划分。虽然那时广元一带茶叶种植面积和产量也许排名不是很靠前，但毕竟也是跻身于全国六大产区之一了。

行走在米仓山的山林野地中，也许在不经意中就会与一株或者几株古老的野茶树不期而遇。实际上，米仓古道在某种意义上讲，也是一条存在了千年以上的"茶马古道"。只不过这里的茶马古道与四川雅安到西藏的茶马古道的出发地和目的地有所差异罢了。米仓山中的"茶马古道"的始发地就是旺苍县一带的产茶区，目的地便是陕西甘肃等北方地区，主要是天水、兰州与宝鸡、咸阳和西安等地。中

米仓山茶园

国北方尤其是西北一带干旱少雨缺水，几杯熬透的老粗茶水下肚，微苦后的甘甜可以解人一天之渴。那里的农户每天早上起床的第一件事就是在炕头上的小火盆里熬制"罐罐茶"，茶水中还要加些食盐，因为盐分可以固水，最大限度地减少汗水的蒸发。在西藏考察时，藏族同胞最喜欢喝的是酥油茶。先将茶水在大壶里烧开，倒入木制的酥油桶，同时放进酥油和盐，再用带把的"甲洛"（打酥油茶的木棍，一头有圆形木盘，直径略小于酥油桶内径）上下搅动，直至桶内酥油和茶水水乳交融后再置入茶壶内煨在火塘边，随饮随掺。藏族同胞可以一天不吃饭，但是不能不喝酥油茶。要是哪天没有了酥油茶，就会浑身没劲。随着时代的进步，经济社会发展水平的提高，城镇机关等人群也喝绿茶、花茶、黄芽、毛尖，可是一有条件还是想喝酥油茶。

内蒙古和新疆的民族同胞喜欢喝奶茶，是将牛奶与茶水还有盐巴混合搅拌后的必需饮品。

以前一些城镇老人喜欢泡茶馆。一早起来，散步到一家熟悉的老茶馆，或者河边树下，三分钱一碗，后来五分钱一碗，再后来就是几角钱一碗，到了现在，最少也要五元一碗了吧。一把竹椅一座就是大半天，尤其是夏天，那竹椅被汗水浸泡成油光水滑的，老熟人一起一边喝茶，一边聊天，有时候还下下象棋，打打扑克，优哉游哉。成都的人民公园和望江公园等地方仍然还有这样饮茶"发呆"的习惯。

现在有些人讲究"茶道"。茶道喝茶要有讲究的茶桌茶具，还要有一定的程序：小茶壶、小茶杯，洗茶、泡茶、煮茶、倒茶等工序不可少，再渴也不能急，小杯茶水半口就没。要是没有啥急事，

作者考察米仓山古茶树

一边饮茶一边听听轻音乐，倒也乐在其中。

京剧《沙家浜》里的阿庆嫂有一句唱词："垒起七星灶，铜壶煮三江。"铜壶是我们老家烧茶煮茶最爱用的茶具之一。房前屋后摘一把清茶连枝带叶在火炉上燎一燎，再置入铜壶装满水熬开，一天就靠它解渴了。

其实，中国古代是比较讲究茶道的。只是不知道哪个朝代开始就逐渐式微了。改革开放后不少人到了国外，尤其是到了日本，才发现这个东洋邻居将中国的茶道传承了下来，并且发挥到了极致，这才被一些有心的国人重新拾起了本来属于中国古老的茶道技艺。

我的老家旺苍县五权镇就是一个产茶区。我从小就生活在米仓山下那个茶叶飘香的山间盆地中。房前屋后都是茶树茶园，每当清明前后，几场春雨的滋育，那肥嫩的茶叶看着一天一个样，采摘一片两片含入口中，细嚼几下，顿时清香莫名，沁人心脾。人们就会起早贪黑地将第一波"春茶"采摘回家，用传统的炒、揉制方法制成"熟茶"，或者拿到市场上出售，或者卖给专门做茶生意的茶贩子。现在讲究"明前茶"，就是清明前采摘的新茶，价格卖得贵，茶农的收入好。

家乡早先的茶树又高又大，茶农们不得不站在凳子上甚至爬上梯子采摘茶叶。一排排梯地上生长着一笼笼茶叶树，茶树之间留下的空地根据季节的不同先后种着小麦和玉米，或者土豆和红薯。后来政府鼓励农民从事多种经营，尤其是茶叶的科学种植和培育。原来的老茶树几乎都被砍伐殆尽，在茶叶技术员的指导下，按照新的科学规范重新点播茶叶种子或者栽种茶树苗，合理密植。几年后，家乡的茶园焕然一新，面积增加了，产量也增加了，关键是茶叶的品质得到了新的提升。老家那座山坡有个小地名叫作"枫香岭"，茶叶公司经理在登记注册商标时将名称写成了"风香"二字，好几年过去了，没人发现其错误，就在我十多年前撰写《唯美四川：米仓山（旺苍篇）》去旺苍县米仓山中考察时，经理送给了我一包家乡的茶叶，味道和品质自然无可挑剔，因为家乡的土壤中富含包括硒在内的多种微量元素和矿物质，经过多次鉴定，那里的茶叶自然也属于难能可贵的富硒品种，在国内外多次获得优质茶叶等荣誉。可是一看那包装的商标却是"风香牌"，而不是应该的"枫香牌"！我随即将改正建议告诉经理，可是当时似乎并未引起重视，后来我再次问及此事，经理遗憾地说道，几年后他想更改商标名称，相关部门说，"枫香茶叶"的商标品牌已经被别的商家抢注了。但愿他能想办法正本清源，还"枫香"茶叶的地方品牌本色。

"风香"与"枫香"岂止一字之差，品牌的文化很重要！

旺苍一带的米仓山还是黄茶的原产地之一。

就植物分类学意义上讲，黄茶（yellow tea）并非一个单独的物种，只是在生长过程中，有的茶叶由于小气候小地理环境的温度湿度或者肥效有某种差异，加上采摘的时间选择适当，茶叶本身的颜色趋于鹅黄或者金黄，在进一步的制作过程中，掌控适当的湿度和温度，采用"闷堆渥黄"技术，不仅成品茶叶的品色稳定，而且冲泡后的汤色也呈现出特殊的嫩黄、杏黄与鹅黄等光亮颜色。

旺苍县位于米仓山主要山脉地段，四季分明，气候温和，雨水充足，无霜期长，土壤富含锌、硒等有利于人体生长的稀有微量元素。

旺苍县米仓山黄茶以当地黄化茶树为母本，经过茶叶科学技术人员的精心选育培养，再加上引进外地优质茶苗同时进行试点种植，目前已经形成了具有旺苍米仓山品牌效应的黄茶生产基地。旺苍米仓山黄茶具有外形金黄、叶底玉黄、汤色鹅黄及叶黄素含量高达334.9mg/kg、胡萝卜素含量高达159.5mg/kg、氨基酸含量超过7%的"三黄""三高"的独特品质，其中的氨基酸含量为一般绿茶的2～3倍，而咖啡碱和茶多酚的含量则低于普通绿茶。旺苍米仓山黄茶由于颜色靓丽，内涵丰富，既有品茗时的欣赏价值又有品茗后的营养价值。

由于独特的外形与优质的内涵，米仓山黄茶一经面世就显现出惊世骇俗的不凡声名，先后获得国家地理标志商标、第十届国际名茶评比金奖！

目前旺苍县不仅是四川首批茶叶十强县，四川首个绿色食品（茶叶）原材料标准生产示范基地，也是全国绿茶加工示范基地，更是全国最大的黄茶生产基地之一。截至2020年末，旺苍目前的茶叶种植总面积为23万亩，其中黄茶的种植面积为3万亩。县委政府加强政策引导和资金扶持，先后建成了木门、五权、高阳、枣林等4个万亩无污染的茶叶优质生态产业带和10个千亩以上茶叶标准化种植基地，培育茶叶重点龙头企业和茶叶专业合作社以及家庭茶叶农场，实现了质量、规模和效益的三大突破。年产茶叶达到7200吨，综合产值实现25.5亿元，茶农人均增收4000元以上。目前米仓山茶已经与颇有实力的峨眉山茶，蒙顶山茶和宜宾早茶形成了"三山一早"的四川茶叶鼎立态势。在目前的基础上,旺苍人还要"突破性发展黄茶,巩固提升绿茶,全面开发利用夏秋茶""持续加强米仓山茶的品牌品质建设",形成"茶(叶)文(化)旅(游)养(康养)"融合发展的旺苍发展模式,向突破百亿元的茶产业集群化目标迈进。

米仓山黄茶园

旺苍不仅跻身成为四川省的茶叶大县强县,而且还是实至名归的米仓山茶叶之乡和米仓山黄茶之乡。

后　记

几十年的科学研究，几十年的科学考察，几十年的科学探险，总觉得应该将这些经历用某种方式留下来。退休前以科学研究为主，也写一些科普作品；退休后也做一些科学研究，还不时给研究生讲讲课，带一些野外实习，但科普创作却成为"主业"。对坚持科学普及工作，尤其是坚持科普原创写作，我还总结出了自以为可以让人借鉴的文字："用文字写科学叫科研，用文学写科学叫科普，用文学写未来的科学叫科幻。科普就是科学研究的文学延伸。"科普文学编辑家张志敏女士将我的这一段文字称为"张文敬语"。有朋友开玩笑说，这距离"张文敬语录"只差一个字了。

我的科普创作包括科普散文、科学小品、科学诗歌，也出版了不少科普专著，基本上都是对自己科学研究和科学考察探险活动中见到的自然现象的知识点所做的科普诠释以及心领神会的切身感受。散文、小品、诗歌、辞赋等到底写了多少，到底在哪家杂志哪家刊物发表过，我没有统计，也没有时间统计，估计几百篇有吧，包括《中国国家地理》《人民画报》《甘肃日报》《四川日报》《环球时报》《大自然探索》《中国青年》《科技日报》《中国西藏》《飞天》《驼铃》《小学生导刊》等都有我写的文章。至于许多以记者名义刊登的文字（其实都是我提供的基本上不用改写的文章）也有不少，更是不好查找。因为是科普文章，有责任担当，所以我从来不用化名，大凡见到与我同名同姓而且有关地理冰川科学内容的作品，八九不离十都是我写的。原创科普著作算起来大概有20余种吧。我的原创科普专著有科学考察系列，有科学探险系列，青藏高原系列，雅鲁藏布大峡谷系列，南极北极系列，唯美四川系列，等等。《唯美四川：话说广元》是唯美四川系列的第5部作品。前面4部分别是《唯美四川：螺髻山》《唯美四川：海螺沟》《唯美四川：米仓山（旺苍篇）》和《唯美四川：米仓山（巴中篇）》。

后　记

　　由于广元市有四县三区，地域幅员面积大，各地自然条件与社会经济发展也存在一些差异，加上疫情影响的特殊时期，没办法太过深入对各县区进行连续全方位考察，所以很难做到面面俱到甚至有"挂一漏十"或者"挂一漏千"之憾。其实这样也好，给后来有兴趣的作家们留有更多的空间和余地。

　　工夫不负有心人，我的不少科普著作都有过再版印刷，有的章节段落被一些杂志刊登，还先后获得过国家和省部级大奖。尤其是我主创的"科学家带你去探险"系列丛书于2017年获得国家科技进步二等奖，这也是我国设立的科普类国家最高级奖项。

　　特别感谢中国科学院"天地生主题系列科普丛书"项目的支持。谢谢中国科学院山地灾害与环境研究所和文安邦教授的大力支持。尤其要感谢山地所张宁女士的友好助力，是她将该项目推荐给我和出版社的。谢谢广元市科学技术协会和广元市利州区委宣传部以及广元市科学探险协会的多次大力支持，在每次去广元的考察中，他们都为我提供了车辆、食宿和人员的协助。谢谢李季军先生提供部分摄影作品；张昌余、大可先生为本书题写书名；李庆雯女士为本书绘制插图。再次谢谢我的好朋友张兆晋先生，谢谢他在包括此次编辑出版的多次合作中给予我的无条件关照和帮助。

张文敬